1 | 2
3

1. 建造於萬里長城山海關的巨型石碑。
2. 建國之際公開的海報。
3. 一九三二年二月十六日的建國會議。前列右起為臧式毅、熙洽、本庄繁關東軍司令官、張景惠、馬占山。後列右起為片倉衷，第五人為三宅光治參謀長，第六人為石原莞爾，第八人為駒井德三。

4	
5	6
7	8

4. 新京的關東軍司令部。
5. 一九三五年，訪日時的溥儀與昭和天皇。
6. 一九三四年三月一日，即位皇帝時親臨郊祭的溥儀。
7. 滿洲國行政的中樞——國務院。
8. 一九四〇年七月，參加建國神廟鎮座祭的溥儀。

キメラ
満洲国の肖像

山室信一

満洲國の
實相
與幻象

林琪禎、沈玉慧、黃耀進、徐浤馨—譯

（省制是依據1941年7月的修正版。◯記號是省公署所在地。）

「義人必承受地土，永居其上。」

——《聖經》（詩篇，37－29）

死者，緊抓著生者不放，追問著死亡的意義。

序章

重讀滿洲國

◆滿洲國的影子

過去，曾經有個國家叫作滿洲國。

這個叫作滿洲國的國家，於一九三二年三月一日突如其來地出現在中國東北，一九四五年八月一日隨著皇帝溥儀的退位而曇花一現地走入歷史。滿洲國的生命僅有短短的十三年五個月。

不過，對於生活在當地的日本人而言，滿洲國的結束，恐怕才是真正體會到何謂滿洲國生活的開始吧——他們面臨著蘇聯軍的入侵，以及漫長的返鄉路，或者是被送到西伯利亞拘留的命運，徘徊在生死之間的悽慘苦難，絕非三言兩語所能道盡。滿洲國究竟是什麼?滿洲國對其自身而言又代表了什麼?這些問題不停地徘徊在他們的腦海裡，並幻化成對滿洲國的各種想像。這些在滿日人對滿洲國各種片段的記憶，鑲嵌在大量的日記和回憶錄裡，也成了我們得以窺知其神秘面貌的線索。

到了如今，數倍於滿洲國存在時間的歲月已然流逝，而對大多數日本國民而言，滿洲國已經成了單純的歷史名詞，不再帶有任何想像。

確實，半世紀的歲月，對於將體驗轉成記憶，再將記憶化為歷史，已經是段十分足夠的時間。時間長到能夠將嚐遍辛酸的體驗醇化成鄉愁，甚至就連滔天的罪業也如白日夢般地受到遺忘。生活在日本的日本人，就算試圖刻意遺忘，將滿洲國封印在記憶之中，但滿洲國留下來的傷痕，以及殘留在中國的孤兒、婦人問題，即使終將被日本人對常識的無知所埋沒，但如今依舊存在於那片土地上。滿洲國雖然消失了，然而對於在那片大地上生活的人們來說，滿洲國所留下來的傷痕，恐怕仍然在隱隱作痛，難以消散。

話說回來，這些傷痕絕對不是只在日本人身上才有。對於生活在滿洲國的中國人及朝鮮人來說，這些傷痕的印記更為深重。他們在戰後被當成反滿抗日的「匪徒」，遭到人民的「討伐」，或者在戰前被東亞勸業[1]、滿洲拓殖公社奪走安身立命的土地。只要是曾經參與過滿洲國相關活動而被認定為親日派的人們，在文化大革命期間大多會受到同胞們的迫害和清算。對這些人而言，滿洲國的陰影恐怕終生揮之不去。再加上，在日本及滿洲國的開拓移民政策下，半強迫地遷居滿洲國的朝鮮半島人中，不少人受到關東軍的勞役動員，並在戰後被拘留在西伯利亞。其中也有不少人在滿洲國滅亡後，想要回到日本故土，卻因為經濟能力有限被迫留在異地，徒然對著鄉愁嘆息。

滿洲國的影子如今仍然活在時空的軌跡裡。舉一個十分老套的說法——就算日本人早已忘了滿洲國，滿洲國卻永遠不可能忘了日本人。

1〔編註〕東亞勸業株式會社，其總部舊址位於遼寧省瀋陽市，是一九二二年至一九三五年日本掠取和經營中國東北地區的總機關。

以遏止反滿抗日運動為目的之「治安肅正工作」。
（一九三七年一月四日，齊齊哈爾市大營。土屋芳雄先生提供）

◆傀儡國家——滿洲國

如今，從未聽過滿洲國的人已經愈來愈多，但滿洲國所帶來的傷痕，至今仍然像芒刺般如實地扎在日本、中國、朝鮮及其他相關民族的記憶上，伴隨著那些永不間斷的痛。

半個世紀的時間，對於生長於同一個時代，卻不曾聽過滿洲國的人們來說，要忽略這段歷史是綽綽有餘；但對於在那個時代生活在當地的人們而言，要遺忘這段過去卻又過於短暫。再加上，歷史對於滿洲國的評價，人工斧鑿的痕跡過於明顯，因此到目前為止，仍然未有一個定論。

當然，若查閱中國的字典或歷史辭典，關於滿洲國的定位大概都定案了。例如，滿洲國是一九三一年九月發動滿洲事變[2]的關東軍，在中國東北部的佔領區，以清朝末代皇帝溥儀為執政（一九三四年即位為皇帝）所成立的國家。國防、政治的實權皆操縱在關東軍手裡，為日本侵略大陸的軍事經濟基地，一九四五年，隨著日本的戰敗而瓦解。這樣的說明，幾乎已經成為一個定論了。當然，還有不少書籍將滿洲國直接定位為日本或者是關東軍的傀儡國家。

另一方面，在中國的歷史書及辭典之中，對於滿洲國的解釋如下——滿洲國是日本帝國主義武力侵略東三省後所扶植的傀儡政權。依照《日滿議定書》[3]所規定，中國東北的政治、經濟、軍事、文化等一切大權皆掌控於日本帝國手中，等於是日本侵略中國的殖民地基地。一九四五年，滿洲國在中國人民抗日勝利之後瓦解。此外，為了強調滿洲國的傀儡性及反人民性，中國習慣以「偽滿洲國」或「偽滿」稱之，對滿洲國的組織、官職、法令等也多以「偽國務院」、「偽立法院」、「偽《政府組織法》」加以記載。不只限於中國本土，在中華民國（臺灣）出版的書籍也相同。

前述為當事者的國家對於滿洲國的解釋，在英語圈的記載中也雷同：「Manchukuo」（Manchoukuo）——日本於一九三二年在中國東北所建立的傀儡國家（puppet state）。溥儀雖

2〔編註〕即九一八事變，又稱瀋陽事變、奉天事變、盛京事變、滿洲事變、柳條湖事變等，是指一九三一年九月十八日在中國東北爆發的一次軍事衝突和政治事件。衝突雙方是中國國民革命軍東北邊防軍和日本關東軍，日本軍隊以中國軍隊炸毀日本修築的南滿鐵路為藉口而佔領瀋陽。

3〔編註〕《日滿議定書》是在滿洲國大同元年（一九三二年，昭和七年）九月十五日由日本國與滿洲國簽訂的議定書。議定書內容為日本承認滿洲國、滿洲國領土由日本和滿洲共同防衛。

為名義上的統治者，但所有實權都由日本的軍人、官吏、顧問所掌控。滿洲國的成立，等於宣告了日本在長達半世紀面對中國及俄羅斯（蘇聯）在滿洲（Manchuria）大地的競逐中，獲得最終的成功。但即使滿洲國獲得多數國家承認，其本質仍是傀儡國家，隨著二次大戰後日本的投降而瓦解——大多數英語書籍，也是如此記載。

姑且不論由誰主導或統治方式等政體上的問題，若說這種具有獨立國家形式、但其政府卻不是為了自身國民的利益而運作的政體為傀儡國家的話，那麼稱呼滿洲國為傀儡國家，或者說滿洲國是個採取國家型態的殖民地，這類說法應不為過。尤其是對於被無情地奪走畢生財產、並飽受折難的當地人民而言，無論這個國家的建國理念是多麼輝煌壯麗，只要人民的生命財產受到威脅或剝奪，那麼這個國家的正當性就不存在。

當然，即使稱之為魁儡國家，其型態跟實際狀況還是有所差異，因此對於滿洲國的傀儡性質，恐怕也會有許多不同程度的認定。但是，當看到中國長春市偽滿皇宮博物院、哈爾濱市東北烈士紀念館、侵華日軍第七三一部隊[4]罪證陳列館、撫順市平頂山慘案[5]遺址紀念館中所陳列的各種令人鼻酸的資料和照片時，我想就連對於日本人而言過於刺耳的偽國家、傀儡國家的說法和概念，也都無法如實詮釋出滿洲國的真實面貌吧。

此外，自一九三九年起發動的北方振興計劃，有人認為犧牲者恐怕高達上百萬人，東北境內散落在各地的萬人塚，以及傳聞中燃燒人體以煉取脂肪的煉人爐等，都是屬於滿洲國的黑暗歷史。雖說這些黑暗的歷史仍然需要接受近一步的探討與檢視，但可以確定的是，在滿洲國的一般監獄以及矯正輔導機構中的收容人，最後大多難逃死亡的命運，更何況這些執法組織中所監禁的人民，大多未經法律程序就遭到任意強行逮捕。思考至此，與其說滿洲國是個傀儡國家，不如說是類似奧斯威辛集中營[6]的牢獄國家。每當我面對這種油然而生的感觸時，都會感到不寒而慄。

◆理想國家——滿洲國

另一方面，在一九四五年之後，也一直存在著認為滿洲國絕不只是個單純的傀儡國家或殖民地國家的看法。此派論述大多認為滿洲國是為了排除歐美的帝國主義支配、在亞洲打造一個理想國家的運動，也就是一種烏托邦理想的實現。

日本文藝評論家林房雄指出：「在這個短命國家的背後，存在著西洋諸國對亞洲侵略二百年的漫長歷史。明治維新是亞洲首次成功抵抗西方侵略的作為，滿洲國則是在此抵抗精神上的延續。將滿洲國定位為傀儡國家，是不見容於亞洲歷史的結論。在世界史的發展

4〔編註〕全名為日本關東軍駐滿洲第七三一防疫給水部隊，對外稱石井部隊或加茂部隊，是帝國日軍假借研究內容如研究防治疾病與飲水淨化為名，實則使用活體中國人、朝鮮人、聯軍戰俘進行生物武器與化學武器實驗。

5〔編註〕平頂山慘案（平頂山事件），是發生於一九三二年九月十六日，負責看守撫順煤礦的日本軍撫順守備隊（井上小隊）在掃蕩行動之際，對楊柏堡村附近平頂山村居民所進行的屠殺事件。

6〔編註〕奧斯威辛集中營（Auschwitz-Birkenau Concentration Camp），是納粹德國時期最主要的集中營和滅絕營，位於波蘭距克拉科夫西南六十公里的小城奧斯威辛。

描繪建國理念「民族協和」的畫作（岡田三郎助作。展示於國務院總務廳的大門口）。

歷程上，滿洲國仍然是個延續性的課題。」（《滿洲國史．總論》，滿洲國史編纂刊行會編）林房雄認為，滿洲國的評價，在百年後自然會獲得平反。另外，曾任滿洲國總務廳次長、戰後當上首相的岸信介[7]，也曾經回想道：「民族協和、王道樂土的理想十分耀眼，無論在科學上、良心上，滿洲國都果敢地往理想邁進。滿洲國確實是種十分獨特的近代國家建設。直接參與這場建設的人，不只懷抱著滿腔希望跟熱情，還獲得了日滿兩國國民強烈的支持，連印度聖人甘地都從遠方聲援。當時，滿洲國是東亞的希望。」（《嗚呼滿洲》，滿洲國史編纂刊行會編）滿洲國將要瓦解前夕，同樣任職總務廳次長的古海忠之則確信，「滿洲國的建國過程，是歷史上前所未有的嘗試。在歷史上這個侵略及殖民地化萬能的時代，試圖在滿洲這片土地上成立一個理想國家的嘗試，是日本民族的驕傲，當時的日本青年，不計名利只為理想努力邁進的過程，更是日本青年的驕傲」（〈滿洲國的夢不會消逝〉，《頓挫的滿洲國》），認為滿洲國的建國理想將隨著歷史的發展而益發光輝，並永世流傳。推動滿洲國建國的關東軍參謀片倉衷[8]認為，滿洲國所揭櫫的王道樂土及民族協和的理念是人道主義的昇華，「是東亞邁向安定的基石，也是理念的開花結果」（《回想滿洲國》）。曾任總務長官的星野直樹[9]則對滿洲國讚賞道：「不只居於指導者地位的日本人，滿洲國也將廣泛團結東亞諸民族的力量進行開發及發展，並將其福澤與各民族廣泛地分享，以創造出一個全新的安樂天地。」（《未竟的夢—滿洲國外史—》）星野還在回憶滿洲國的文章中以「二十世紀的亞特蘭提斯」（《嗚呼滿洲》）為題。亞特蘭提斯是記錄在柏拉圖的對話錄《克里特阿斯》（*Critias*）和《提邁奧斯》（*Timaeus*）中，一個位於直布羅陀海峽上的西方遠古理想社會。雖然星野並無交代本身在文章中為何以「二十世紀的亞特蘭提斯」比喻滿洲國，因此無法得知其根據。位於海峽對岸的亞特蘭提斯，是具有嚴謹的都市計劃及強大軍事力量的城市，原本正打算稱霸

7〔編註〕岸信介（1896-1987），日本政治家。第五十六、五十七任內閣總理大臣。在太平洋戰爭開戰時任工商大臣，是戰後遠東國際軍事法庭認定的甲級戰犯，但未予起訴，後有「昭和妖怪」之稱。舊姓佐藤，其胞弟佐藤榮作、外孫安倍晉三亦擔任日本內閣總理大臣，號稱「一家三宰相」。

8〔編註〕片倉衷（1898-1991），日本陸軍軍人，最終軍階為陸軍少將。

9〔編註〕星野直樹（1892-1978），日本政治人物，曾任滿洲國財政部次長、國務院總務廳廳長，日本內閣書記官長（內閣官房長官前身）等職。星野是滿洲國政府經濟的實際掌控人之一，一九四八年被遠東國際軍事法庭判為甲級戰犯，判處無期徒刑，一九五八年獲釋。

歐亞大陸，卻在面臨雅典人反攻的前夕，被突如其來的地震及洪水所淹沒——這個虛幻的偉大國度，似乎正與滿洲國的某些形象不謀而合。然而，滿洲國真的會像夢幻的王國亞特蘭提斯般化成千古的傳說嗎？甚至是在英國哲學家法蘭西斯・培根（Francis Bacon）的烏托邦故事《新亞特蘭提斯》（*New Atlantis*）中的描述裡重生，並在歷史上佔有一席之地嗎？

就算無法與相關著作超過二萬冊的亞特蘭提斯傳說相比，但仍有不少書籍持續在描繪理想國家滿洲國的形象。其中有一半的理由，恐怕是因為滿洲國瓦解後的體驗大多太過於悲慘及辛酸，基於不希望這種勞苦白費，而產生的一種對消失的國家產生寄託的心理補償作用。

不過，主張以諸民族共存共榮為理想的滿洲國，與其他殖民地在本質上有所不同，絕不只前述這些站在指導者立場的人的主張。比如以縣參事官或合作社員身分與當地人民直接接觸的日本人，或者來自日本的移民及滿蒙開拓青少年義勇隊等，這些與滿洲國的形成或運作有關的人事物，對於滿洲國本身或多或少都在主張和情感上有某種程度的共識吧。既然如此，對於高喊理想國家的聲音，我們也應靜下來傾聽，並深入探討這些人賭上生命的理想國度究竟為何？滿洲國到底是個什麼樣的國家？對於這些問題，我想不只是日本人，就連中國人也應不斷努力去理解，難道不是嗎？

在戰後的部分研究也指出，對於滿洲國，不應偏重於其侵略的一面，也應對於其在建設方面給予正面評價。此外，在滿洲國的短暫歷史中，對中國東北的近代化帶來不少貢獻的「滿洲國遺產」，比如產業的開發、振興、教育的普及、交通的發達、行政的整備等，不只值得評價，其在民族協和的指導理念下所執行的政治及行政體系，在如今看來不僅可供檢視，其方法中所具有的「未來實驗」的意義，對於將來不同民族之間的合作也提供了可能性。這些主張雖然都有其提出的角度及理由，但究竟是否是妥當的說法呢？

如上所述，從理想國家論到滿洲國遺產論，這些著重於滿洲國正面意義的論調，聽在他國人耳中會產生怎樣的反應？而我們日本人又應用何種角度去接受這類論點？在這些為滿洲國「翻案」的論述散播之際，我們也應認識到，滿洲國的問題並非一個已經過時的課題，反而具有與現今的時代脈絡息息相關的特性。

◆「奇美拉」——異質勘合的滿洲國家

如歌德在《浮士德》中所暗示的，建國或肇國這種詞彙的魅力，對於人類的熱情跟夢想具有無與倫比的吸引力。尤其於昭和初年（一九二六年），在日本帝國這個高度凌駕於個人之上的國度之前，人民面臨的不安及徬徨感受十分強烈——順帶一題，日本小說家芥川龍之介留下「茫然的不安」這個詞後自殺那年，正是一九二七年——因此對當時的日本人而言，建國或肇國等詞彙，或許能給予他們某種程度的解放感，並具有於無形之中賦予他們使命感的獨特魅力。因此，許多日本人「被滿洲國吸引，絕對不是基於利益薰心，也不是為了功名利祿。純粹是基於為了參與滿洲國的建國大業而投入」（星野，《未竟的夢》），對照當時的氣氛，可約略感受到這類證詞並非全盤虛構。從主觀認定到深信不疑，這種現象並不少見。然而，無私無償的主觀善意卻不是善行的保證。畢竟，欲行善事卻得經過必要之惡的手段，這種趨勢在政治的世界是種常態。再加上，政治是個講求責任結果的世界，因此即便相關的行為是出自於純粹的熱情，依舊不可逃避必須為這份熱情所擔負的責任。自己的理想很可能是別人無法忍受的偽善或是難以承受的壓迫。即使對自己而言是種拋開名利、追求理想的行為，但若時間和地點錯誤，恐怕還是成了侵略跟壓迫的代名詞。

到底滿洲國被認定為日本的傀儡國家或所謂殖民地國家的依據為何？這種說法本身是否只是為了迎合戰勝國單方面基於「波茨坦宣言史觀」或「東京審判史觀」的曲解觀點？或者說，建設一個多民族共存的道義國家才是滿洲國在歷史上的真正定位？抑或如賀川豐彥[10]所述，「日本所進行的侵略行動中，只有滿洲國是唯一的浪漫」呢？（武藤富男，《我與滿洲國》）

在下論斷之前，我們首先還是應該回歸滿洲國被建設的目的，並探討其建國的理由，才能有所論據。

到底為何於那個時期的中國東北，會出現一個必須在日本人的主導下而成立的滿洲國呢？其國家形成的過程為何？日本人和中國人又在其中扮演何種角色？另外，這個國家的統治結構及國家理念的實際狀態又是為何？而滿洲國及日本和中國之間，在國家制度、法律制度、政策及政治思想上，又有怎樣的互動？總而言之，這個國家的特性究竟為何？在近代史中又具有怎樣的定位？——本書之目的，就是試圖透過對前述設問的探討，描繪滿洲國的肖像。

會進行前述的課題設定的理由，在於後人對於滿洲國的評價過於兩極化。由傀儡國家的立場來看，滿洲國是個用國家機構及國家理念偽裝實質上由軍事所支配的政體；由理想國家、道義國家的立場來看，對滿洲國的評論則過於重視空泛的國家理論及國家形象，而忽略其建國背景、統治機關及統治實情。無論從哪個角度來看，都不夠全面。

然而，就算滿洲國的國祚不長，但想要充分地將一個國家的總體形象完整地描繪出來，仍然是個十分困難的課題。畢竟，我本身的知識量以及對歷史的想像力十分不足，難免陷入獨斷與偏見。另一方面，與滿洲國有關的日記或回憶錄之類的資料雖然數量龐大，但關於滿洲國的第一手史料卻在戰後滿洲國瓦解時大量受到銷毀，造成史料上的致命缺陷。當然，也有撰寫時篇幅上的限制。

有鑑於上述研究限制，可以預見本書的內容可能會呈現篇幅龐大卻過於粗略的缺失，但本書僅將焦點放在滿洲國的國家肖像上，致力於進行筆者的個人考察、解讀及描述。當然，描述難免流於平面，未必精彩。我在本書中對於滿洲國所假想的形象是，希臘神話中的怪物奇美拉（Chimera）。英國政治哲學家湯瑪斯・霍布斯（Thomas Hobbes）用《舊約聖經》《約伯記》中的大海怪利維坦（Leviathan）比喻國家的「人造」性質；美國數學家約翰・馮・諾伊曼（John von Neumann）則用沙漠怪獸貝比摩斯（Behemoth）比喻納粹第三帝國，我也仿照他們的做法，在此以奇美拉比喻滿洲國。奇美拉是隻獅頭、羊身、蛇尾的勘合體怪物，

⋯⋯

10〔編註〕賀川豐彥（1888-1906），日本基督教社會運動家，是生活協同組合運動中的核心人物。

⋯⋯

獅子象徵關東軍，羊象徵天皇制國家，蛇則象徵中國皇帝或近代中國。這樣的概念，隨著本書的論述，將會逐步釐清。

另外，本書在進行論述時，有下述幾點需要進行事先的說明：

首先，關於滿洲國的指稱，有說法認為這並非當時生活於該地的正確稱呼，亦即，滿洲國是個欠缺正當性的國名。中國對於當時的滿洲國地域，原本的稱呼為「東三省」或「東北」，滿洲是日本的說法，另外，關於國號部分，在國體上滿洲國有過共和制的滿洲國時期及立憲君主制的滿洲帝國兩個時期，這些名稱至今仍未被確認為正式的歷史用語。因此，大多時候會冠上引號強調其特殊性，或以「滿洲國」或「滿洲帝國」加以表記，不過，基於為了反映出當時日本人對滿洲國的印象，以及加上引號將過於繁瑣等理由，本書決定以當時慣用的滿洲國或滿洲帝國進行論述。另外，滿洲國時代的遼寧省被改回奉天省、長春被改為新京等移除中國原有地名的例子並不少，同樣為了反映出當時的時代背景，因此本書也沿用當時的名稱，不另加引號強調。再者，原本應該在中國、朝鮮、蒙古等人名、地名上加上原音的讀法，本書也將其省略，只在第一次出現等必要時候標註（關於中文的假名標音，本書依照京都大學人文科學研究所中國近代研究班竹內實氏的研究成果為依據）。[11]以上方式純粹是為了避免繁雜所做的調整，並無特定價值觀。

最後，書名、史料及論稿的引用中，包含引號，皆維持原樣。因此，引用文中有些明顯不適當的「支那」、「支那人」或者「滿系」、「滿人」、「鮮系」甚至「不逞鮮人」等說法，也都原文照引，不另實施修正。因為這些用語等於反映了滿洲國的建國及統治對於中國及朝鮮的國家觀及民族觀，這些正是史料上的焦點，若以現今觀點任意修正，反而會扭曲當時的實情，影響吾人對滿洲國的評價。為了呈現史料的真實性，還請讀者諒解。另外，引用時為了閱讀方便，已將難讀的片假名文章改成平假名文章，並加上逗號及句點，困難的漢字另標上標音。[12]史料引用方面，本文中只記錄必要的事項。基於篇幅上的限制，對於主要的參考文獻，採用紀錄於書末的方式。雜誌論文，則以刊載雜誌發行的年月日為依據。

11〔編註〕此處所指為日文版之行文方式。
12〔編註〕此處所指為日文版之行文方式。

第一章

日本唯一之活路——關東軍「佔領滿蒙論」的興起

一九二〇年代的滿蒙，正值日本的「特殊權益」和中國高昂的民族主義引發激烈衝突之際，當時解決滿蒙問題是關乎日本生死存亡的重要課題。一九二八年十月，石原莞爾[1]以關東軍作戰主任參謀前往滿蒙赴任時，仍是張作霖遭炸彈攻擊身亡（皇姑屯事件[2]）餘燼未熄之際。

當時石原的心中早已懷抱著根據在德國留學以來，由戰爭史和日蓮宗[3]教義發展出的「世界最終戰論」，作為解決滿蒙問題的對策。

日本對滿蒙的解決對策，原本只是特殊地區化的延長，但隨著石原的登場，解決對策的目的與手段都有了徹底的轉變。解決滿蒙問題，已經不只是日本在滿蒙的特殊權益是什麼、應該如何維護，而是必須把問題重新設定在，為什麼需要滿蒙？用什麼樣的手段才能最有效率地取得滿蒙？在石原登場以前，滿蒙問題的對策始終受限於國際條約和日本國內外的政治局勢而動彈不得，但在皇姑屯事件後，面臨東三省中央化的絕境，轉變局勢的對策，正是石原基於世界最終戰的逆向思考下，提出的「佔領滿蒙論」。

之後，「佔領滿蒙論」雖然觸發了滿洲事變的發生，但日本佔領滿洲的企圖並未實現，而是轉而建立滿洲國。不管滿蒙對策產生了什麼樣的變化，關東軍以嵌合體架構建立滿洲國的意圖，反而更明確地展現在「佔領滿蒙論」中，這可以說是滿洲國性格中最重要的元素。

因此，本章將透過分析石原提出的關東軍「佔領滿蒙論」的結構和目標，以探討關東軍建立滿洲國的意義。因為，筆者認為這正是解答滿洲國為何會成立，並以什麼樣的理由存在等疑問，最直接的方式。

◆滿蒙——難解之結

宛如匕首般插向日本列島側腹的朝鮮半島以及位於朝鮮半島背後的滿蒙大地，日本曾經在這裡兩次賭上國家的命運，進行了艱困但最終獲得勝利的中日和日俄兩場戰爭。耗費了「十萬生靈、二十億國帑」才得到的滿蒙，對日本而言，是無可取代之地，因此，開發和經營滿蒙，甚至被視為是繼承「明治天皇遺業」的國民使命。加上日本合併朝鮮後，滿蒙成為與日本國境接壤的國防要地，日本同時也覬覦著此處所蘊含的關乎日本經濟發展的豐富天然資源，滿蒙也因而被視為是決定日本生死的特殊要地。

然而，滿蒙既是屬於中國，也是賦予中國經濟生機的希望大地。從一九二〇年起，每年約有八十萬到一百萬人跨越長城移居滿蒙。一九二三年至一九三〇年期間，滿蒙的淨增

1〔編註〕石原莞爾（1889-1949），日本陸軍軍人，最終軍階為陸軍中將，作為軍事思想家發表了「世界最終戰論」。在任關東軍作戰主任參謀時和板垣征四郎一起策動了九一八事變。之後因為和東條英機對立而被編入預備役。他認為日本應該滿足於滿洲國的勢力範圍，不應全面侵略中國，以免與英美為敵，讓蘇聯漁翁得利。在二戰結束後未被當成戰犯起訴。

2〔編註〕一九二八年六月四日，奉系軍閥首領張作霖乘坐的專車經過京奉、南滿鐵路交叉處的皇姑屯車站三孔橋時，火車被預埋的炸藥炸毀，張作霖被炸成重傷，送回瀋陽後，於當日死去。當時在日本國內，由於沒有公布兇手，日本政府一直以「滿洲某重大事件」代稱。

3〔編註〕日本佛教主要宗派之一，日蓮在鎌倉時代中期（約十三世紀）所創立，也稱為法華宗。狹義指以日蓮為宗祖的宗派「宗教法人日蓮宗」。

加人口約有二百七十八萬人，中國人在滿蒙的總人口數達到約三千萬人。一九三〇年，連同關東州在內，從寬估算在滿洲的日本人也不過才二十四萬人，因此日本對中國人的經濟競爭屈居弱勢。此外，滿蒙還擁有朝鮮、俄羅斯以及蒙古等少數民族，人口組成複雜，在政治、經濟、文化、宗教與意識型態等方面形成對立，加上美英等國意圖干涉，因此，滿蒙被視為是各民族衝突之地，而有民族問題的十字路口、亞洲的巴爾幹火藥庫、東方的亞爾薩斯・洛林[4]以及遠東的火藥庫等稱號。

被美國漢學家歐文・拉鐵摩爾（Owen Lattimore）稱為「紛爭的搖籃」（Cradle of Conflict）的滿蒙，一九二〇年代在此促成尖銳對立的正是日本和中國。因為，日本把滿蒙視為特殊區域，欲把滿蒙從中國本土分離，並迫使中國承認日本在滿蒙的排他性權益。但是，自五四運動[5]以來，中國民族運動急速興起，其目標是對內整合國家、對外收回主權，而日本的分離和擴大「特殊權益」的政策，正與中國民族運動的兩大目標直接對立。中國統合國家和收回主權之舉，正是把日本排除在滿蒙之外，換句話說，唯有透過排日活動，才能完成這兩項目標。然而，東三省中國民族運動，也就是排日運動，在滿蒙成為焦點運動，先後歷經了一九二三年的收回旅大（旅順、大連）運動、一九二四年的收回關東州裁判權和滿鐵附屬地教育權運動之後，隨著一九二五年的郭松齡事件[6]，和一九二八年張作霖從北京撤退，關東軍宣告將維持東三省治安與出兵滿蒙，而再度高漲。但是，排日運動則是在張作霖遭炸彈襲擊之後，才擴及至東三省，並掀起一陣高潮。

蔣介石的南京國民政府暫時完成北伐後，一九二八年七月七日宣布改訂不平等條約，同月十九日宣告廢止《日華通商條約》，著手透過外交活動收回國家主權，並任命張學良為東三省保安總司令官，以求東三省的中央化。一九二八年十二月，張學良呼應國民政府，將東三省易幟為青天白日旗，日本的滿蒙特殊化工作，因此完全失敗。東三省易幟後，一九二七年一月，東北政務委員會成立，並舉行國民黨入黨儀式。接著於一九三一年三月，東北國民黨黨部成立，這雖然還不是結構嚴謹的組織，但也算是暫且達成了統合國家的課題。之後，東三省的政治課題，也因此集中在收回主權。以一九二九年七月成立的遼寧省國民外交協會為首，東三省內以收回主權為目的之團體陸續成立，而在這些團體的指導下，抵制日貨等排日運動陸續展開。與此同時，基於三民主義編纂而成的排日教科書也傳播於東三省內。

4〔編註〕亞爾薩斯—洛林（Alsace-Lorraine）指的是法國和德國在歷史上有過爭議的一處地區。此地區本屬神聖羅馬帝國，自一六四八年《西發里亞和約》後逐漸成為法國領土。一八七一年普法戰爭後透過《法蘭克福條約》歸於新成立的德意志帝國。第一次世界大戰後曾短暫宣告獨立，後來又再度成為法國的領土。納粹德國於一九四〇年恢復主權至一九四五年，又復歸法國所佔。

5〔編註〕五四運動發生於一九一九年五月四日的北洋政府的北京，為以青年學生為主的學生運動，以及包括廣大公民、市民和工商人士等中基層廣泛參與的一次示威遊行、請願、罷課、罷工和暴力對抗政府等多形式的行動。事件起因於第一次世界大戰完結後舉行的巴黎和會中，列強把德國在山東的權益轉讓給日本，即山東問題。當時北洋政府未能捍衛國家利益，國人極度不滿，從而上街遊行表達不滿。

6〔編註〕郭松齡為奉系將領，是張作霖的下屬，由於長久與奉系其他將領、張作霖意見不合，於一九二五年發動兵變對抗張作霖，此即郭松齡事件。

這波收回主權運動的重點是基於《二十一條》，也就是於一九一五年五月簽訂的「關於南滿洲和東部內蒙古之條約」。中國以這項條約是在不當的壓力下被迫簽署，因此從簽署之初，中國國內輿論即表示該條約無效，要求取消的聲浪不斷，並以袁世凱政府在最後通牒下，於五月九日接受《二十一條》這一天為國恥紀念日，甚至傳唱《國恥歌》（《三民主義唱歌課本》第九）：

一、五月九日　五月九日　嗚呼我國恥
　要求承認無理的二十一條
二、五月九日　五月九日　國恥何極苦痛
　亡韓（朝鮮）手段加於我　我勢不兩立
三、五月九日　五月九日　國恥終須雪

《二十一條》的第一條內容是，旅順、大連的租借期限延長至九十九年。《二十一條》如果無效的話，繼承自俄國的租借權便只到一九二三年三月，旅大收回運動就是據此擴大活動的。

另外，《二十一條》中的第二、三條分別是，承認日本國臣民在南滿洲的土地租借權，以及居住、往來與營業的自由權，中國國內也十分強烈地否認這兩項內容，因為中日兩國對於「土地商租」的解釋不同：日本把「土地商租」解釋為可永久租借，也就是承租人實質擁有土地所有權，而中國則認為「土地商租」是地主自發性的租借，承租人只有使用收益權。日本根據《二十一條》中的第二、三條內容，認為日本已經取得了在南滿洲全境自由居住的權利，但中國則認為這是日本侵略中國的手段，侵害了中國的領土主權，並對把土地借貸給日本人的中國人，處以賣國罪和盜賣土地之責，藉此對抗日本的主張。具體的規定除了《懲辦國賊條例》（一九一五年六月公布）之外，還頒布了國民政府的《土地盜賣嚴禁條令》（一九二八年二月公布）、吉林省政府的《商租禁止令》（一九二九年一月公布）等，共六十條相關法令，以禁止出租土地、房屋，並回收已經租借的土地、房屋。在這些對策下，雖然發生了多起像一九二六年六月奉天榊原農場內中日間的衝突事件[7]，但在這些衝突下，最吃盡苦頭的反而是在滿朝鮮人。因此，救助在滿朝鮮人也成了日本佔領滿洲的正當化依據之一。

除此之外，東三省的收回主權運動還包括：不承認森林採伐權和礦山採礦權；根據條約內容，關東軍在東三省的駐軍權無效，要求關東軍撤兵和接收滿鐵等關乎日本滿蒙權益的根基，甚至在一九二八年九月成立的東北交通委員會上，以南滿鐵路為中國鐵路，建設省營鐵道網，以及在錦州建設葫蘆島以取代大連港等，進行日本滿蒙權益空洞化計

7〔編註〕榊原農場原為華人崔洵生所有，原名溥豐農場，後因經營不善，將農場大部分土地賣給日本人榊原政雄，並改名為榊原農場，榊原政雄購入農場不久，就突然被奉天省政府要求收回土地，因此引起一連串的糾紛。

劃。日本的滿蒙權益因此逐漸緊迫、縮小。光是如此，就讓居留在滿蒙的日本人再度感到危機，為了打破此一困境而不得不以武力解決的氣氛壟罩整個日本陸軍，其中尤以關東軍最為積極。

中日兩國間因為各種條約、慣習利權與民族對抗，甚至受制於「華盛頓體制」[8]，使滿蒙問題更加複雜，糾結成難解的「歌地亞斯之結」，已經無法解開，只能藉由一刀兩斷的方式，才能有個結果，而揮舞這把軍刀的正是石原莞爾。

「歌地亞斯之結」，是由弗里吉亞（Phrygia）國王歌地亞斯（Gordius）打下的結，據說必須成為全亞洲之王才能解開。然而，當時亞歷山大大帝卻毫不猶豫地拔出劍來，將此結一刀斬斷。這就如同石原企圖以滿蒙為據點，使日本取得「東洋選手權」，以揮下一刀。

◆展開佔領滿蒙計劃

一九一九年四月，武官制的關東都督府遭廢除，同時設立了關東廳，而獨立的在滿軍事機關——關東軍——也隨之成立。關東軍的任務是負責守備根據《樸資茅斯條約》[9]俄國讓渡給日本的「長春—旅順」間的鐵路安全。然而，不只守備鐵路，關東軍也逐漸以在滿軍事機關的身分，以軍事力擔負起保護日本在滿權益的任務，同時成為執行對俄戰略的主要機構。儘管滿蒙是中國主權領土，但關東軍也以維持滿蒙治安為己任。

一九二七年在針對國民革命軍北伐行動對策所召開的東方會議上，田中義一[10]首相提出《對支政策綱領》，其中提到萬一動亂波及滿蒙時，「不論動亂來自何方，皆予以保護。為了維護內外人民安居發展之地，不可錯失機會，當採取適當措施」（第八項）。這正宣示了，日本軍——也就是關東軍——具有防衛滿蒙的重要職責，甚至在必要時將排除中國領土主權。當然這時滿蒙並不是日本的領土，本來只是守備滿鐵的關東軍，照理不應越過關東州、滿鐵附屬地，對全滿蒙進行「自衛」。儘管如此，關東軍仍掌控了滿蒙地區的軍事主導權——這同時也意味著政治霸權，並表示滿蒙是「內外人民安居發展之地」。在發動武力是為了給予所有人民安居之地的理論下，石原莞爾建立滿洲國的構想已經清晰可見。關東軍在一九二七年的《對支政策綱領》之前，已經提出《對滿蒙政策意見》（一九二七年六月一日），其中就已經決議，以日本政府認可的適任者擔任東三省長官，在「日支共存共榮的宗旨」下，以擴張日本權益為目標，如果張作霖不認同的話，就以其他適任者取代

8〔編註〕於一九二一年十一月至一九二二年二月間，由美國、英國、日本、法國、義大利、荷蘭、比利時、葡萄牙、中國九國在美國首都華盛頓召開的國際會議，在此會議中締結的一系列條約所構成的外交協調體系就是「華盛頓體制」。這次會議主要討論海軍軍備的限制、東亞與太平洋的和平，所以會中所定的條約也以這兩個主題為核心。

9〔編註〕此條約為日本和俄國在美國總統狄奧多·羅斯福的調停下，於一九〇五年九月五日在美國緬因州的樸資茅斯海軍基地簽署的條約，結束了日俄戰爭。《樸資茅斯條約》的簽訂標誌著日本和俄國對中國東北與朝鮮半島的重新瓜分。

10〔編註〕田中義一（1864-1929），日本陸軍軍人、政治家，官拜陸軍上將，封男爵。歷任陸軍大臣、貴族院議員、內閣總理大臣、外務大臣、內務大臣、拓務大臣等職。

之。這樣的想法滲透至關東軍，一九二八年六月，關東軍高級參謀河本大作大佐[11]等人，決定以炸彈暗殺張作霖，企圖一舉以武力解決滿蒙問題。但是計劃失敗，反而使中國對日本滿蒙特殊化工作的不滿情緒高漲。張作霖暗殺事件後，不僅田中義一內閣，就連日本的滿蒙政策也遭受到決定性的挫敗，面臨深刻危機的日本和關東軍，試圖摸索新對策。

一九二九年五月，河本大作的繼任者板垣征四郎[12]，就任關東軍高級參謀後，召開了解決滿蒙問題新對策的關東軍情報會議。在滿洲正面臨一觸即發、情勢緊迫的局勢，這場會議確定了配置全面性的軍事行動，並著手規劃具體方法。因為，日方為了解決錯綜複雜的滿洲問題，以「幣原外交」與未實質支配滿蒙的南京國民政府進行交涉，但完全失敗。由於外交交涉已經無法解決滿蒙問題，因此判斷只能用武力解決。總之，關東軍根據這項決定，跨出以武力佔領滿蒙的一步，數年後石原便曾說：「昭和四年（一九二九）五月一日是滿洲事變的紀念日。」（伊東六十次郎，《滿洲問題的歷史》）

根據關東軍情報會議的決議，同年七月舉辦以對俄作戰計劃為名的北滿參謀旅行，在旅行期間，石原提出的正是關東軍佔領滿蒙計劃。石原在「解決滿蒙問題是日本唯一之活路」（〈扭轉國運的根本國策——滿蒙問題解決對策〉，一九二九年七月五日，以下簡稱為〈解決對策〉。本書主要根據角田順編《石原莞爾資料》所引用的石原論述）的認識下，做出「滿蒙問題必須由日本佔領滿蒙後，才能完全解決」的結論。之後，石原根據這項結論做出「支那本部的排日運動也應該會在同時間結束」的希望性預測。

石原早在河本大作暗殺張作霖的半年前，即一九二七年十二月時，就做出「絕對必須要佔領滿蒙」(〈日本國防的現在與未來〉，以下簡稱為〈國防〉）的結論，並強調要對未來可能佔領中國，進行必要的準備研究。確實，日軍如果直接佔領滿蒙的話，將可以省去同時與東北政權、中國本土政權進行雙重外交的麻煩，也不會有要如何擁立親日政權、如何擴大日本權益等問題，更不會有叛離、背信的情形發生。光是從支配滿蒙的效率性來看，直接佔領滿蒙，或許可說是革命性的提案。但是，軍事佔領後將會發生嚴重的阻礙和激烈反抗，為了確保佔領的實效性，需要更嚴密的計劃。因此，關東軍委託佐久間亮三大尉研究統治佔領地的具體方案，石原本身則是獲得滿鐵調查課的調查課長佐多弘治郎、俄羅斯股的宮崎正義[13]以及法制股松木俠[14]等人的協助，進行調查研究。佐久間花費一年多的時間，在一九三〇年九月完成了〈滿蒙佔領地統治之相關研究〉，在這份研究報告的基礎上，自一九三一年一月起每週六，關東軍參謀全員和滿鐵調查課員中的有志者，都會舉行滿蒙佔領地統治研究會。佐久間的這份研究報告只留下部分內容，但據說滿洲國第一年度的預

11〔編註〕河本大作（1883-1955），日本陸軍上校，關東軍參謀。以皇姑屯事件主謀而出名。

12〔編註〕板垣征四郎（1885-1948），日本陸軍軍人，官拜上將。歷任滿洲國軍政部最高顧問、關東軍參謀長、陸軍大臣。第二次世界大戰結束時擔任第七方面軍司令官，戰後於東京軍事審判中遭判死刑。

13〔編註〕宮崎正義（1893-1954），早年留學俄國，是滿鐵調查部的俄國通，他先後創立滿鐵經濟調查會、日滿財政經濟研究會，引進俄國的五年計劃模式，在滿洲國與日本建立以官僚主導的統制經濟體制。

14〔編註〕松木俠（1898-1962），滿洲國政治人物。東京帝國大學法學部畢業後至南滿鐵路任職，後於滿洲先後擔任關東軍統制部行政課長、滿洲國總務廳秘書處長、大同學院院長等職，戰後在日本曾經擔任律師、鶴岡市長。

算案，就是根據這份研究報告所編成。

總之，以石原為核心的佔領滿蒙計劃，在關東軍參謀等人的詳細規劃下，於一九三一年六月大致完成。那麼，佔領滿蒙計劃究竟是為了達成何種目標的計劃呢？

日本主張「擁護我國正當既得權」（〈國防〉）引發排日運動，進而導致滿蒙危機。不過，如果順利佔領滿蒙的話，日方就可以自由地設定權益。正因為拒絕在擁護既得權的框架下，防禦性地處理中日兩國糾紛，進而轉變成佔領政策，可以說石原等人根本不重視擁護既得權。他們反倒認為，佔領論的意義在於獲得超越既得權的利益，也就是滿蒙的資源，從「我國之國情幾乎已行至將盡，人口、糧食各項重要問題都沒有解決之道。連輿論也認同的唯一出路，就是斷然地開發滿蒙」（〈國防〉）這句話也可證實這一點。透過開發滿蒙，解決日本國內當前的困境，且為了鞏固未來經濟發展的基礎，佔領滿蒙也有其必要性。「透過合理地開發滿蒙，日本的景氣將自然復甦，同時也可救濟專門的職業者」（〈解決對策〉），甚至在全世界不景氣的嚴重衝擊之下，正如「滿蒙的資源……可救當下之急，且將十分有助於建立大躍進的基礎」（〈滿蒙問題私見〉，一九三一年五月）所言，佔領滿蒙是開發滿蒙資源的第一步，而滿蒙資源正是能使日本克服整體困境的關鍵。當然，石原不只是位把問題著眼於滿蒙無窮盡的資源，認為佔領滿蒙就可以解決所有問題的短視者，從「滿蒙不適於解決我國人口問題，其資源量對大日本而言也不夠充分」（〈滿蒙問題私見〉）這段話，就可明確瞭解這一點。但是，儘管滿蒙的資源對日本不夠充分，但在沒有其他解決對策的情況下，也就只能賭上一把，斷然佔領滿蒙了。

不過，對同時身為軍人的石原等關東軍參謀以及陸軍中央部的將官們來說，他們所關心的，並不全是如何解決日本的經濟、社會問題，如果只是這些問題的話，倒不如就像石橋湛山[15]等人，在柳條湖事件後的批判中提到的，「我國的政治權利不須加諸於滿蒙，以和平的經濟、商業關係，也可慢慢達到目的。不，這個方法反而會達到更好的目的」（〈滿蒙問題解決之根本方針如何〉，《東洋經濟新報》，一九三一年十月十日號）。換言之，這應該才是適當的處理方式。

對石原等人來說，必須佔領滿蒙的原因在於，唯有佔領滿蒙才能解決當前問題，並認為佔領滿蒙將左右日本的國運。那麼決定日本國運的課題是什麼？首先，可以舉出的是，為了進行「總體戰」[16]必須確保自給自足圈，這當然和日本的國家改造相互關聯。接著第二項課題是，確保國防、戰略據點，這一點和統治朝鮮與防共的意識型態相關。當然，除了這兩項課題外，還有其他一連串的問題存在，因此，如果能夠佔領滿蒙，也許就能一舉解決所有課題。另外，「為了解決國內的不安，須要進出海外」（〈解決對策〉），這也是佔領滿蒙的關鍵要素之一。

15〔編註〕石橋湛山（1884-1973），日本第五十五任內閣總理大臣。日蓮宗學僧杉田湛誓之子。早稻田大學文學科畢業後擔任記者。戰後進入政壇，一九五六年當選日本首相，因身體狀況不佳，任職六十五天就被迫辭職，為日本歷史上迄今第二短命的首相。

16〔編註〕「總體戰」（Total war），又稱全面戰爭，是指一個國家動員所有能夠運用的資源，以摧毀另一個國家參與戰爭能力的軍事衝突型態。

◆自給自足圈的形成與國家改造

一九一四年，第一次世界大戰爆發，戰爭期間出現了毒瓦斯、坦克車、潛水艇、飛機等新型武器，並大量地使用彈藥和武器，徹底改變了過去的戰爭型態。四年多的長期抗戰，為了能夠在大規模的消耗戰中勝出，支撐裝備的革新和工業力，以及國民動員力等，都不可或缺，這使得國家所有的元素在質的方面，都和執行「總體戰」直接相關。正如德國參謀總部的魯登道夫（Erich Ludendorff）將軍所強調的，平時國家物力、人力資源動員體制的成功與否，是左右戰爭勝負的關鍵。面對全新的戰爭型態，無論接受與否，各國都必須有所因應。日本也從第一次世界大戰中體認到這一點，予以特別重視，將之納入國家目標。

一九一七年日本法學家千賀鶴太郎在〈日本於歐洲戰亂的地位〉（《太陽》，一九一七年九月二七日號）一文中寫道：

> 從這次大戰中得到的最佳教訓就是，光是眾多的人口和富饒的金錢，無法保證能夠取得戰爭的最終勝利，軍需品必須在本國內自給自足，在此之前不光是機械，就連其他所有物資也都必須在本國內自立取得，不仰賴他國。以目前的狀況來看，日本在未來戰爭發生時，肯定完全無法因應。首先，日本國內不產鐵，煤炭的產量也少，沒有鐵就無法參與未來戰爭。因此，日本的當務之急就是，確保充分的鐵和煤炭量，並建立軍需品獨立制度和經濟組織。

在這樣的體認下，千賀提出日本和中國「根據國際法組成一團體，也就是聯邦體」。如此「戰爭時，日本就可以像在國內一樣，使用支那的土地、鐵路、物資等」，這正說明了，中國是日本生存不可或缺的要素。當然，日本和中國不會是對等的聯邦，從千賀刊登在民間雜誌的激烈政論中提到，「為了自衛，不得不以武力迫使中國與日本結成一體」，由此可知千賀對資源小國日本的生存，具有強烈的危機感。

另一方面，組織大規模的臨時軍事調查委員會，對第一次世界大戰進行調查、分析的陸軍，所受到的衝擊更超越民間。因為，從分析結果顯示，日軍的裝備已經屬於上一個世紀的遺產。儘管該世紀火砲的威力和精準度大增，步兵也以機關槍當作主力武器，但日本陸軍的主要裝備仍是日俄戰爭時所使用的三八式步槍。

因此，日本的當務之急是擴充產業力，以及擁有能夠支撐產業所需之穩定鐵煤炭量，這才是決定軍事力的最大關鍵。戰爭型態轉變成持久戰和大規模消耗戰後，不仰賴交戰國，由參戰國自行確保穩定的資源，便成了戰爭的必要條件，這便與形成自給自足圈的課題相關。由此看來，日本只能向中國取得所需資源。參謀總部支那課兵要地誌班長小磯國昭[17]就曾指出：「對中國的資源等閒視之者，實未意識到神州（日本）將因此破滅。」（《帝國國防資源》，一九一七年）參謀總部作戰部長宇垣一成[18]也認為：「自給自足的經濟範圍，

17〔編註〕小磯國昭（1880-1950），日本軍人、政治家，歷任陸軍次長、關東軍參謀長、朝鮮軍司令官、拓務大臣、朝鮮總督等職。塞班島失陷後接替東條英機擔任日本首相，既無法挽回戰局，與中華民國的單獨和平談判亦失敗，一九四五年四月辭職。戰後東京軍事法庭判決終身監禁，於服刑中過世。

必須立刻擴及至大陸，也就是支那，尤其更重要的是，建立日支經濟共同體。」（《宇垣一成日記》，一九一八年一月）總而言之，日本體認到形成自給自足圈的必要性，進而引導出與中國一體化的重要課題。之後，更於一九一八年公布《軍需工業動員法》，而執行此法的前提，就是把中國產的國防資源運往日本。但是，因為無法一下子把全中國納入日本的自給自足圈內，因此日本的計劃是，先佔領滿蒙，接著佔領全中國。

石原的佔領滿蒙論就是在這股思潮下形成的，而他也主張在佔領滿蒙後，「必須要有東亞可能被封鎖的覺悟，因此，日本必須適時地直接統轄支那本土要地，透過直接統轄……以確保東亞能夠自給自足，這將有利於持久戰的進行，以達到我國之目的」（〈解決對策〉）。也就是說，佔領滿蒙，把滿蒙納入日本的自給自足圈內，如果因此引發對外戰爭的話，就一併佔領中國本土，以確保日本能夠進行持久戰，這正是石原總動員戰的構想。對抱持「以戰養戰，讓大陸負擔海軍一部分或大部分戰爭經費」（〈解決對策〉）論點的石原而言，若不佔領滿蒙，日本將沒有任何希望，找不到日本的倖存之道。關東軍的參謀們也清楚知道這一點，而最重要的就是把滿蒙的資源「當作日本的國防資源，幾乎就可以確保日本所需的資源，這對帝國的自給自足是絕對必要的」（板垣，〈從軍事上所見的滿蒙〉，一九三一年三月，收入於小林龍夫等編，《現代史資料．7．滿洲事變》）。

為了能夠進行「總體戰」，在確保資源的同時，也必須重整日本國內的產業結構，以及建立國民總動員體制，也就是把國家所有要素，投入總動員體制。為了建立總動員體制，則需要有強大領導能力的政府。但是，受到第一次世界大戰正面衝擊的軍人世代，對於當時的政黨政治，在推動國際協調外交、軍備緊縮政策時所呈現的腐敗現象，逐漸感到不滿和不信任，甚至高呼打倒政黨內閣、樹立軍部政權，以改造國家。解決佔領滿蒙和改造國家這兩項與建立「總體戰」體制一體兩面的課題，便成了當務之急。

一九二七年十一月，週四會（國策研究會）成立，主要研究討論革新軍事裝備和滿蒙問題。參與週四會的石原也提出，為了可能發生的日美決戰，應該先進攻中國，把中國當作作戰基地。一九二八年三月，週四會確立了「為了帝國的生存，要在滿蒙建立完全政治權力」方針，亦即佔領滿蒙。隨著軍部的革新，一九二九年五月，週四會和二葉會合併成一夕會[19]，並決議「把解決滿蒙問題列為今後的重點」。在中堅將官橫向的結合下，以武力解決滿蒙問題一事，已經排入日程。在中堅將官等人脈網絡下，除了召開二葉會、週四會、一夕會外，也進行了把石原、板垣派往關東軍的人事布署。

一九三〇年九月，以橋本欣五郎[20]中佐為首的櫻會成立，櫻會的國家改造計劃同樣也

18〔編註〕宇垣一成（1868-1956），大正末期至昭和初期的陸軍實權派「宇垣閥」首腦。三任陸軍大臣，一九三一年因為三月事件被迫辭職。曾被天皇下令組閣，但因陸軍反對而受挫。後外放任朝鮮總督，在第一屆近衛內閣中任外務大臣兼拓務大臣，此後引退，戰後以八十五高齡當選參議院議員。

19〔編註〕一九二九年日本帝國陸軍內部以陸軍士官學校十四期至二十五期生為中心聯絡的佐級少壯軍官組織的秘密團體，由「二葉會」與「周四會」的成員聯合而成。一夕會提出實行「軍主政從」，建設高度國防國家的國家改造主張，大力推進陸軍人事革新。

20〔編註〕橋本欣五郎（1890-1957），昭和時期日本右翼軍人，曾經擔任翼贊政治會總務，後來被遠東國際軍事裁判以甲級戰犯起訴，判處終身監禁。

是在「以目前貧弱的領土，不只內部改革，就連改善國民幸福，也都無法有過高的期待」的認識下，把佔領滿蒙視為必要之舉。但是，橋本等人的想法是，為了佔領滿蒙，必須先改造國家，否則便無法執行「先內後外」的方針。另一方面，石原則認為，「與其先改造國內，先著手解決滿蒙問題，對日本將更有利」（〈滿蒙問題私見〉），因此主張，「先外後內」，也就是先佔領滿蒙。一九三一年三月，橋本等櫻會急進派主導的政變失敗（三月事變），「先外後內」的策略，轉而佔有優勢。同年五月，石原認為：「計謀性地製造機會，由軍部主導國家，也未必是件難事。」（〈滿蒙問題私見〉）同年八月，就任關東軍司令官的本庄繁[21]在訓示時提到，「本職擁有強烈的意志」，到了九月即表示，「現在正接近最後的解決時刻」，顯示軍事行動已經進入最後倒數階段。

在佔領滿蒙計劃中，於建立自給自足圈的同時，也把滿蒙定位為執行國內「革新」根據地。然而，對石原等陸軍將官們而言，佔領滿蒙的意義，不只是為了建立自給自足圈的兵站基地和改造國家的根據地，而是還有其他必須確保滿蒙的理由存在。

◆朝鮮統治與阻斷赤化

滿蒙之所以被視為日本的生命線，主要原因在於，滿蒙和日本殖民地朝鮮的國境相接，同時也是面對蘇聯和中國的國防最前線。換言之，如果蘇聯或中國在滿蒙具有壓倒性的勢力，並打算驅逐日本的話，日本對朝鮮的統治將會面臨危機，不過這個憂慮其實是根源於日本必須在滿蒙擁有勢力的自我強迫。

一九二四年五月，由外務、大藏、陸軍與海軍四省協定完成的《對支政策綱領》中提到，「滿蒙對帝國具有重大利害關係，尤其是關乎統治朝鮮此一特別需要重視之地，因此，要極為注意維持滿蒙秩序一事」。板垣也曾經強調來自蘇聯的威脅，即「一旦俄國跨越了國境，俄國領有朝鮮，不過是時間上的問題而已」（〈從軍事上所見的滿蒙〉），不斷地強烈主張，為了防衛朝鮮，必須佔領滿蒙。

不過，雖然石原等關東軍參謀指出，「把滿蒙置於我國勢力之下，才能穩定地統治朝鮮」，強調佔領滿蒙和統治朝鮮兩者間的緊密性，但這絕不只是基於軍事上的考量。因為，在同一時期，在滿朝鮮人問題和伴隨而來的意識型態，才是更待解決的課題。這個課題來自於「日本—朝鮮」、「朝鮮—中國」和「中國—日本」之間，相互利害關係的對立、政治的競合、意識型態的抗爭，以及各民族間的反目仇視，這些同時也是與滿蒙密切相關的核心問題。

一九一〇年日本合併朝鮮後，朝鮮人開始正式移居滿洲。一九三〇年主要移往間島[22]和東邊道[23]地方的朝鮮人，約有八十萬人。其中，大部分是在日本的統治政策下，因土地

21〔編註〕本庄繁（1876-1945），日本陸軍上將，男爵，原有二戰甲級戰犯之嫌（後未遭起訴），九一八事變的主要策劃者之一。

22〔編註〕中國朝鮮界河圖們江以北、海蘭江以南的中國延邊朝鮮族聚居地區。

23〔編註〕中華民國北洋政府時期設置的道，屬奉天省，治安東縣。一九二八年撤。一九一五年轄二十縣。

調查和產米增殖計劃，而失去土地、糧食，進而被迫流浪、移民的朝鮮人。另外，也有不少是因為反對日本統治，要求獨立，對抗日本統治政府的抗日運動家。因此，被視為「反日運動根據地」的滿洲，對日本統治朝鮮形成威脅。然而，朝鮮總督府在人口過剩的壓力下，雖然嚴格管制朝鮮人移往日本內地，但卻任其移居滿洲。對於在滿朝鮮人，日本一方面把朝鮮農民視為「善良的日本臣民」，加以保護，另一方面，也以取締「不逞鮮人」的抗日運動家為名，把日本的警察權擴充到租借地之外。

對此，中國因為「朝鮮人的背後有日本人，日本人以保護朝鮮人為藉口，使警察侵入滿洲內地」（佐藤安之助，〈滿洲問題〉，那須皓編，《在上海的太平洋會議》，一九三二年）而加強警戒，並視在滿朝鮮人是日本侵略滿洲的尖兵，除了嚴格限制在滿朝鮮人的租佃契約和居住外，在一九三一年二月的國民黨會議上，更直接決議，嚴禁朝鮮人移居滿蒙，並發布《鮮人驅逐令》等，施行把朝鮮人驅逐出滿洲的政策。另一方面，中國也透過獎勵朝鮮人歸化中國，以解決在滿朝鮮人問題。但是，因為包含承認歸化權條款在內的日本國籍法，沒有在朝鮮實施，因此日本的警察權依舊及於歸化中國但具有雙重國籍的朝鮮人。中日兩國即因為警察權，發生激烈衝突。

在中國民族運動和排日運動下衍生出的排斥在滿朝鮮人運動，產生了日、朝、中三民族間對立的連鎖反應：

> 日本加諸在支那的政治打壓，勢必會反映在支那人對朝鮮人的壓迫上，結果就是，

強化朝鮮人的排日、怨日思想，並助長相關運動，如果向支那表示應該取締這類壓迫行為，反而會助長中國壓迫朝鮮人。（滿鐵社長室人事課編，《在滿朝鮮人壓迫情事》，一九二八年）

想當然爾，引起連鎖對立的關鍵是日本，在現實情況中，從事農業的在滿朝鮮人和中國人之間的對立、糾紛愈來愈多。從一九二八年到一九三〇年期間，光是浮上檯面的壓迫事件就有一百件，在這一波壓迫的最高點，發生了萬寶山事件（一九三一年五月至七月）。在長春近郊的萬寶山上，中國農民和在滿朝鮮人發生衝突。然而相較於衝突本身，衝突事件後的不實報導，反而引發朝鮮各地對中國人進行報復攻擊。根據中國公布的《李頓報告書》中，這波衝突下的死者有一百二十七人，傷者達三百九十三人。

萬寶山事件和中村震太郎大尉殺害事件[24]，煽動了日本輿論，認為應該要強硬地解決滿蒙問題。也就在這恰好的時機點，關東軍藉此發動滿洲事變。

然而，在滿朝鮮人的問題，不只是民族問題，同時也是抗日運動，以及朝鮮人和中國人共同進行共產主義運動下的思想與治安問題。

24（編註）一九三一年六月二十七日，陸軍參謀中村震太郎等人受命前往中國大興安嶺東側進行為繪製軍用地圖而實施的調查，但這次調查是違反了禁止進入區域條約。中村等人謊稱是農業專家開始在當地進行調查，途中被張學良部下關玉衡扣留。中村等人隨即被處決，張學良之後下令滅跡。

一九一九年的三一運動[25]以後，洪範圖等民族主義者在間島地方組織獨立軍，展開抗日鬥爭。接著於一九二〇年十月，吉林琿春的日本領事館遭襲擊，日本以「為了一掃不逞鮮人和攻擊匪徒，去除與我國接壤地帶的威脅」（〈間島出兵聲明〉）為名，出兵間島，眾多朝鮮居民遭到虐殺，一九二〇年代的抗日鬥爭和鎮壓活動，也因此愈演愈烈。

另一方面，朝鮮和滿蒙的共產主義活動也正在擴大。一九二五年成立的朝鮮共產黨，以滿洲亡命活動家之姿，隔年在間島設置滿洲總局，其影響力因而廣及在滿朝鮮人。即便一九二八年朝鮮共產黨解散以後，滿洲總局仍舊持續活動。一九三〇年左右，根據共產國際的指示，解散滿洲總局，改隸屬於中國共產黨滿洲省執行委員會。因此，確立了中朝共產主義者，以滿洲為舞台，依循中國共產黨「李立三路線」[26]的共同鬥爭活動。一九三〇年五月三十日，朝鮮共產主義者組織朝鮮農民，以「打倒一切地主，打倒日本帝國主義」為口號，發起大規模武裝運動，這就是五三〇間島共產黨事件。事件雖然遭到鎮壓，但之後各地的響應活動不斷蜂起，不只滿洲，就連維持朝鮮的治安，對日本而言也成了重大問題。就像滿洲事變時，朝鮮軍不等命令就擅自越境出兵滿洲一樣，因為朝鮮軍認為，滿洲的抗日共產主義運動，會動搖朝鮮的統治結構。朝鮮參謀豐嶋房太郎就曾經提到，滿洲事變前的滿洲「正因為是活動的根據地以及日本警察權不及的國境線彼方，因此有不少擾亂朝鮮治安的人存在……隨著滿洲的排日、侮日思潮甚囂塵上，朝鮮國內也挾著這張令牌，導致朝鮮國內的排日、侮日行為，日漸激烈」（〈朝鮮軍越境進擊〉，《別冊知性》，一九五六年十二月），並認為必須越境出兵滿洲：

盡速解決滿洲問題，可以提升日本的威信，維繫朝鮮民眾的信任感，進而有助於統治朝鮮……因此，朝鮮軍並不是附和他人，而是為了拂去落在自己頭上的星星之火。

如上所述，佔領滿蒙是為了安定朝鮮統治，不得不進行的斷然之舉。另外，如前文已經明確指出的，除了安定朝鮮統治以外，佔領滿蒙還包含回復日本威信和防止赤化兩項目的。

板垣也指出，如果放任滿蒙問題不管，朝鮮人的「民族心理將會惡化，最後會認為不應該仰賴日本，進而嚴重影響朝鮮統治，使統治情勢堪慮，結果就會是，如果不解決滿蒙問題，將難以期待能夠真正統治朝鮮」（〈關於滿蒙問題〉，一九三一年五月，稻葉正夫等編，《前往太平洋戰爭之路．別卷．資料編》），同樣強調恢復日本威信論，並提到，「滿蒙的赤化，將會造成朝鮮治安不穩，同時也會對日本內地治安造成嚴重影響」（外務省編，《日本與滿蒙》，一九三二年），即意圖藉由佔領滿蒙，以避免朝鮮、日本受到共產主義的波及、滲透。把維持滿蒙治安視為己任的關東軍也認為，「滿蒙赤化」將會成為孕育抗日運動的

25〔編註〕三一運動，為朝鮮日治時期的一次韓國獨立運動，由於發起日為一九一九年三月一日而得名，也被稱為「三一起義」及「三一獨立運動」等。三一運動是韓國近現代史規模最大的全民反日救國運動，對韓國獨立運動產生了深遠的影響，增強了韓民族的凝聚力。

26〔編註〕李立三（1899-1967），原名李隆郅，中國政治家，中國工人運動領袖。「李立三路線」指一九三〇年李立三實際主持中共中央時期推行的攻打中心城市、奪取全國勝利的冒險主義路線。

溫床，不可等閒視之。透過「淨化滿蒙」，以防止朝鮮或日本受到「不良外來思想的浸淫」，也是佔領滿蒙的目的之一。對關東軍而言，滿蒙是與中國共產黨和革命的大山頭——蘇聯——對峙的最前線，尤其蘇聯「趁我國之危，不只打算赤化滿蒙，還企圖破壞帝國內部」（〈關東軍參謀部意見〉，一九三一年），認為蘇聯是災禍的元凶。所以必須對蘇聯築起一道思想的防波堤，以作為阻斷赤化的緩衝區，為了達成這個目的，就必須佔領滿蒙。

因此，反共也是建立滿洲國的理念之一。

◆對蘇戰略據點

然而，對在滿軍事機關的關東軍而言，蘇聯的軍事力量所帶來的威脅，更勝於共產主義思想。對被稱為北向軍隊的關東軍來說，滿蒙的重要性在於作為對蘇戰略的據點，因此佔領滿蒙具有重大意義。

在一九一七年的蘇聯革命和之後的干涉戰爭後，蘇聯的遠東軍暫時瓦解，蘇聯改以東清鐵路[27]為據點，在北滿洲扶植一股地下勢力。一九二七年新成立不久的特別遠東軍，在同一年的中蘇東清鐵路糾紛中，便展現了技壓軍備近代化的張學良軍隊的軍事力。「如果日本在滿蒙沒有擁有任何勢力的話，俄軍恐怕會毫不猶豫地以武力佔領北滿一帶，甚至南滿洲」（板垣，〈從軍事上所見的滿蒙〉）。這未必是杞人憂天，因為從一九二八年開始，蘇聯展開第一次五年計劃[28]後，便全力開發向來被稱為蘇聯阿基里斯腱的西部西伯利亞，守備遠東的西伯利亞特別遠東軍也逐漸整備。這時被捲入世界經濟恐慌而陷入不景氣的日本，和透過第一次五年計劃扎實前進的蘇聯，兩者之間日漸擴大的軍事落差顯而易見。

一九三一年四月，在師團長集會上，建川美次[29]參謀總部第二部長認為，蘇聯目前還不至於對日本的國策造成阻礙，但預測「等五年計劃完成，蘇聯國力大增後，將以獨裁政治，肆無忌憚地推行政策，假以時日，這對日本帝國將會是一大威脅」，並指出：「綜觀國際情勢可知，日本帝國盡速積極地出兵滿蒙，對我將甚為有利，一旦拖延將會逐漸不利於我。」積極出兵滿蒙是基於「取得海外領土」的佔領論，佔領範圍則為「滿洲和東部內蒙古，以及更進一步的遠東蘇聯領土」，即佔領蘇聯領土也在預想的規劃之內。

在對蘇聯軍的警戒感下，身為滿蒙當地軍隊的關東軍，也因此更加緊迫了。蘇聯「伴隨著國力的充實，將可能對遠東展開積極的企圖」（板垣，〈關於滿蒙問題〉），預測蘇聯可能實行奪回滿蒙的作戰行動，因此深切建議：「誠如先前所述，盡可能盡速解決滿蒙問題。」另一方面，從東三省的情況來看，張學良軍隊也已經從一九二九年中蘇紛爭的打擊中重新

27〔編註〕指沙俄修築的從俄國赤塔經中國滿洲里、哈爾濱、綏芬河到達海參崴的鐵路中在中國境內的一段鐵路，簡稱「東清路」。

28〔編註〕蘇聯五年計劃，是蘇聯在史達林統治時期的全國性經濟計劃，目標是令蘇聯的經濟迅速發展。該計劃是由史達林推展，由蘇聯國家計劃委員會在生產理論的基礎上制定細節及執行，成為蘇聯共產黨經濟發展的總方針。自一九二八年起至一九九一年蘇聯解體共實行了十三個五年計劃。

29〔編註〕建川美次（1880-1945），明治至昭和時期日本陸軍軍人。最終階級為陸軍中將。

振作，因此，也出現了趁張學良增強以前，先佔領滿蒙對日本才有利的聲音。總之，根據對蘇戰略觀點佔領滿蒙，不只是把日本的特殊權益，放眼於南滿洲和東部內蒙古，還要把蘇聯驅逐出北滿洲，這表示日本的國防線將從黑龍江到大興安嶺，並以呼倫貝爾為前線，下一步將擴張到沿海洲，如此「將可以牽制俄國東進，不僅對俄作戰將變得容易，也可以藉此掌握軍備不完全的支那」（板垣，〈關於滿蒙問題〉）。

另外，石原也表示，「為了以東洋保護者之姿，免於俄國的威脅，安定國防，必須深刻體認到，解決滿蒙問題，除了把滿蒙佔為我國之領土外，別無他法」（〈滿蒙問題私見〉），力陳在蘇聯尚未完成復興以前，應斷然佔領包含北滿在內的滿蒙。對石原而言，興安嶺、呼倫貝爾一帶「在戰略上尤其具有重要價值，把北滿完全置於我國勢力之下，俄國的東進將變得極為不易，只以滿蒙的力量阻止蘇聯東進，將不再困難」。從佔領滿蒙就可由朝鮮甚至日本阻止蘇聯的東進政策來看，滿蒙無疑是一重要戰略據點。

然而，石原並不像建川或板垣等北進論者，除了穩定統治滿蒙外，甚至打算佔領蘇聯領土，而是要透過佔領滿蒙，讓日本「首次能夠藉此免去來自北方的負擔，並把中國資源作為日本所用列為國策，進而得以果敢地向支那本土或南洋發展」，這意味著「滿蒙正是發展我國國運最重要的戰略據點」。石原考量的是，著眼於對蘇戰略來佔領滿蒙，以阻止蘇聯東進。「持續致力於和蘇聯的親善關係」（〈為解決滿蒙問題的戰爭計劃大綱〉，一九三一年四月）是石原對蘇戰略的基本態度，即使到了不得不開戰的情況，也不會出兵到滿蒙境外，只會在蘇聯境內進行反蘇維埃宣傳，促使蘇聯崩解。但隨著一九二四年蒙古人民共和國成立，面對日後可能必須經略外蒙古時，石原則強調：「佔領滿蒙後，適時地致力於懷柔蒙人、復興其產業，以及編整武力團隊，以期在對俄戰爭時，能夠發揮十足的威力。」

石原對蘇戰略的背景，和一九二三年二月改訂的〈帝國國防方針〉相關。改訂內容中，把「假想敵國」、「預想敵國」等詞，改為「目標」，並把蘇聯從「預想敵國」的第一順位移除，對蘇策略轉變為「以親善為宗旨，同時時常裝備具威嚇性的軍事力」。對蘇策略的轉變，是因為一九二五年一月締結的《日蘇基本條約》中提到，「相互維持和平與友好關係」，同時認為蘇聯暫時沒有發動對外軍事行動的餘力。確實，滿洲事變發生時，相較於關東軍企圖進出北滿，陸軍中央部認為，如果在此時蘇聯以武力介入，將可能導致中蘇合作，所以反對出兵北滿。但是，最後即使日軍佔領齊齊哈爾和哈爾濱，蘇聯也沒有出兵干涉。結果，對蘇威脅論以杞人憂天而終。儘管關東軍擅自出兵北滿，但是其發言權卻因此提升，而這也是現地解決逐漸被認同的原因之一。

不過，即使蘇聯沒有以武力介入滿洲事變，但是大約從一九三一年十一月起，蘇聯開始強化特別遠東軍的軍事力。比如在滿洲建國後，一九三二年四月組成遠東海軍（一九三五年，改編為太平洋艦隊），同年十二月，中蘇恢復國交（一九三七年簽訂《中蘇互不侵犯條約》）等，蘇聯對滿洲國的戰備體制，逐漸確實地強化。這表示，在沒有大規模的軍事衝突下，滿洲得以建國的原因，是當時的蘇聯不得不專注於復興經濟之故。不，正因為石原等人知道蘇聯當時的情況，所以判斷「俄國之現狀，正賦予吾人大好機會」（〈解決對策〉），所以毅然決然地在一九三一年九月佔領滿蒙。不過雖然蘇聯沒有以武力介入，滿洲國得以成功建國，但這使得關東軍輕忽了蘇聯的軍事力和戰鬥意志。這項輕忽正是造成日後張鼓峰事件[30]（一九三八年）、諾門罕戰役[31]（一九三九年）等戰役中，與蘇對戰慘敗，死傷嚴重的原因之一。

滿洲國建國後，以「日滿共同防衛」的名義，透過關東軍實質負責滿洲國全境的國防，實現滿蒙成為對蘇戰略據點。但是，這卻和石原主張「可免除日本對北方負擔」的想法背道而馳，隔著長長的國界線和蘇聯直接對峙，將可能捲入蘇聯和蒙古人民共和國的國境糾紛，而陷入不得不強化兵備的窘境。

那麼，為什麼石原早已預想到，蘇聯將增強軍事力以及日蘇逐漸升高的緊張情勢，甚至樂觀以待，並以滿蒙作為進攻中國本土、南方的戰略據點呢？事實上，對石原而言，有比蘇聯更重要且要盡快做好開戰準備的假想敵，也就是「目標」的存在，而佔領滿蒙其實正是企圖與這個「目標」對戰——也就是美國。

◆日美戰爭與世界最終戰論

石原早在一九二七年就已經確信日美兩國終將一戰——一九四一年十二月八日，珍珠港事變促使日美開戰。距離日美實際開戰的十四年前，就已經認識到日美將會開戰，甚至把這一點和佔領滿蒙緊密地結合在一起，這在現在或許會令人感到不可思議，但在當時並不奇怪。

先前提到隨著一九二三年〈帝國國防方針〉的改訂，蘇聯被排除於日本「假想敵國」的第一順位之外。那是因為，從日俄戰爭以來，始終被視為日本國防威脅的俄羅斯（蘇聯）不會帶給日本更甚於日俄戰爭的威脅，但這同時也表示，將有其他與日本交戰的國家出現。當時代替蘇聯成為日本陸海軍第一「目標」的，正是美國。一九〇七年四月裁議的〈帝國國防方針〉中就已經提到，「雖然應該與之（美國）保持友邦關係……但不能保證日後不會引發嚴重的衝突」，把美國列為僅次於蘇聯的假想敵，並在海軍兵備方面，把「在東洋對美國海軍採取積極戰略」作為對美戰爭策略。從一九一九年起，日本海軍就已經為可能發生的日美潛艇戰進行準備。

對此，美國從日俄戰爭以後，也以日本為假想敵，擬定了「橘色戰爭計劃」[32]，為可能引發的日美衝突進行準備。從一八九〇年代起，美國的排日移民運動日漸高漲，一九二〇年，加州的第二次排日土地法成立後，這波風潮影響了美國其他州。隨著一九二四年包含排日條款在內的移民法在美國國會決議，排日行動持續進行，日本國內各地也出現不少

30〔編註〕一九三八年七月末八月初，日、蘇兩國之間圍繞著張鼓峰、沙草峰這兩個高地所進行的一場軍事衝突。滿洲國軍隊也捲入了這場衝突。

31〔編註〕一九三九年日本及蘇聯在與中國境內內蒙古海拉爾接壤的外蒙古境內的諾門罕地區發生的一場戰爭。

32〔編註〕「橘色戰爭計劃」（War Plan Orange），指參謀長聯席會議所制定於戰間期與日本開戰時的戰爭計劃，該計劃於一九一一年制定，於一九二四年由陸海軍聯合委員會所通過。不同於支援盟軍的彩虹戰爭計劃，橘色計劃是以美國單獨對抗日本為前提所設計。

反美的抗議集會活動，主張對美開戰。佐藤鋼次郎的《如果日美開戰的話》（一九二〇年）、石丸藤太的《日美戰爭・日本不敗》（一九二四年）、川島清治郎的《日美一戰論》（一九二五年）等書籍陸續出版，顯示日本國內的反美情緒正在醞釀當中。

一九二〇年代，加深兩國對立的中國問題，尤其是滿蒙問題，更成為日美兩國衝突的焦點。

美國從鐵路大王哈里曼（E. H. Harriman）的收購滿鐵計劃以來，一九〇九年，美國國務卿諾克斯（Philander C. Knox）提出滿洲各鐵路中立案，透過一九一〇年和一九二〇年成立的對中國國際借款團為優先活動，尤其關注包含滿蒙在內，日本進出中國市場一事。特別是第一次世界大戰後，「華盛頓體制」成立，除了透過中國的領土保全和門戶開放政策，規範日本的擴張政策以外，也支持由國民政府統一中國、投資滿鐵並行線的建設等，藉此在日本的中國、滿蒙政策中，突顯美國的存在。

美國歷史學家比爾德（Charles A. Beard）指出，一九二〇年代，日美間實際的衝突點在於中國問題。對此，板垣也有以下看法：

最近的太平洋問題雖然引來世界的關注，但滿蒙似乎成為該問題的焦點……除了中國本土以外，美國現在以偉大的經濟力，積極努力地持續擴張對滿蒙的商權，如果太平洋發生任何波動的話，遠端的中國也會引發問題，而如果有任何干涉帝國滿蒙問題的勢力的話，除了美國之外，無他。（〈從軍事上所見的滿蒙〉）

如上所述，日美雙方對立的焦點，正是中國問題，尤其是滿蒙問題。隨此糾紛的發展，日美戰爭的可能性也逐漸提升。石原強烈認知到此問題，甚至深信不疑：「支那問題、滿蒙問題，不是對支問題，而是對美問題。如果沒有擊潰這個敵人的覺悟，那麼想要解決這些問題，根本就是緣木求魚。」（〈滿蒙問題私見〉）對石原而言，要解決滿蒙問題，只有以武力佔領滿蒙一途，但這必然會引發日美戰爭。因此，為了解決滿蒙問題，就必須要有對美開戰的覺悟，石原甚至極端地認為：「如果真的無法對抗美國的話，就乾脆自行解除全部武裝，這對日本才是有利之舉。」（〈解決對策〉）

究竟佔領滿蒙是不是引發日美直接對戰的原因？關於這一點，同樣主張佔領滿蒙，聚集於一夕會等會的將官們大多認為，對美國而言，滿蒙並不是關乎國家生存不可或缺的土地，所以應不至於為此開戰。因此，大多表示應極力避免與美國開戰，這和石原的看法，有著極大差異。對石原而言，從世界史發展的必然性來看，日美開戰無法避免，包含滿蒙問題在內，所有日本政策都毫無疑問是為了因應日美戰爭。這表示解決滿蒙問題，是為了執行日美戰爭這一項至高無上的課題，如果日美兩國不打算開戰的話，滿蒙對日本而言就失去其必要性，進而放棄軍備，以此作為轉機避免戰爭，其實對日本反而是好事。但是，根據石原說法，當時日本已經難逃日美戰爭的宿命了。因為，日美戰爭不只是一場爭奪太平洋政治霸權的戰爭，更是人類史上，歷經數千年發展而成的東西兩大文明——日本和美國——將決定誰是勝者的戰爭，對此石原認為：「現在正一步步逼近為了整合東西文明的最後戰爭。」（〈國防〉）這樣的想法早從岡倉天心[33]就已經可以看到，之後除了由內藤湖南、滿川龜太郎[35]以及長野朗[36]等人提出以外，尤其大川周明[37]更提倡，日本為了對抗盎格魯薩克遜的壓制，以建設世界新秩序為目標，日美兩國的衝突是無可避免的命運，這樣的想法和東西對抗史觀、東西文明對決論，如出一轍。

然而，石原的論點是結合戰爭史和日蓮宗信仰的產物，以此結合滿蒙問題可以說相當獨特。石原根據世界戰爭史，也就是在持久戰（消耗戰）和決勝戰（殲滅戰）交互重複發展下，認為在第一次世界大戰的持久戰後，未來的戰爭型態將會是決勝戰。石原也認為，隨著殺戮武器和搬運武器——飛機——的出現，接下來的決勝戰將會是最後一場世界戰爭。正因為是最後戰爭，為了實現日蓮統一世界的目標，首先「一閻浮提（人間界）將會掀起前所未聞的大鬪諍」，這裡所說的前所未聞的戰爭，指的正是日美戰爭，這就是石原的最終戰爭論。歷經世界最終戰後，世界文明將會統一，並達到「一天四海皆歸妙法」的境界。石原的最終戰爭論是來自其信仰導師，也就是國柱會的田中智學[38]。但是，當時的日本還沒辦法進行這場最後戰爭，首先「為了取得東洋選手權」（〈滿蒙問題私見〉）必須以中國、甚至東亞作為戰爭基地，因此，必須先從佔領滿蒙下手。佔領滿蒙雖然會導致日美戰爭，但是這場戰爭不會是決勝戰，而不過是場持久戰而已。石原還構想著，「日本近期內，首先要進行的是，比日美持久戰更重要的，統一國內、鞏固國運的基礎，接著透過決戰完成統一世界大業」（〈從軍事上所見的日美戰爭〉，一九三〇年五月）的藍圖。因為，將會有一場長期且是最終戰爭的日美之戰。準備這場戰爭的中期課題，是日美持久戰。而在這場持久戰中，既是決勝戰的大前提，同時也是必須執行的課題，就是佔領滿蒙。石原在長時間分三階段進行的連鎖課題中，定位滿蒙佔領計劃，從這裡更可看出石原滿蒙問題對策的獨特性。

這三階段的連鎖計劃極為緊密，如果有跳躍性的發展，比如使日本放棄以武力佔領滿蒙，或是美國未對日本佔領滿蒙直接開戰——事實上正是如此——則日美決勝戰將不會發生。在這個假設下，石原的理論明顯出現破綻。因為，在石原的理論中，先有世界最終戰的構想，再把佔領滿蒙填入其中，這造成了因果關係倒置、進退兩難的困境。因為，儘管可以假設滿洲事變以後，日本的對中軍事行動，就像支流注入日美戰爭開戰這一條大河，但對中軍事行動歷經了十四年之久日美兩國才開戰，所以石原的預測並沒有實現。但是，石原本身認為，日美決勝戰爆發應該是在一九三〇年起的「數十年後」。日本敗戰後的一九四五年十二月，石原也提到：「因為原子彈的爆發，人類將進入吾輩所提出的最終世界戰爭時代」（〈新日本的建設〉），即石原一開始並沒有明確地指出世界最終戰爭的時間。因

33〔編註〕岡倉天心（1863-1913），日本明治時期的美術評論家。
34〔編註〕內藤湖南（1866-1934），本名虎次郎，日本歷史學者，曾提出著名的「唐宋變革論」。
35〔編註〕滿川龜太郎（1888-1936），日本昭和時代右翼人士，一九一八年與大川周明組織猶存社。
36〔編註〕長野朗（1888-1975），日本昭和時代的國家主義者、農本主義者。
37〔編註〕大川周明（1886-1957），日本極端民族主義者，大亞細亞主義作家，日本法西斯主義在思想界的代表人物，被稱為「日本法西斯主義之父」。
38〔編註〕田中智學（1891-1939），日本宗教改革運動者。先後創有蓮華會、國柱會，鼓吹在家佛教運動與日蓮主義，影響當時學者甚大。

此，對石原來說，石原並沒有把太平洋戰爭視為世界最終戰爭。

如此看來，石原的佔領滿蒙計劃，未必和世界最終戰爭直接相關。不過，石原把日美戰爭加進「佔領滿蒙論」的想法，為迄今總是被視為局部孤立個案的滿蒙問題，帶來新的轉變。透過結合以美國為假想敵的國防方針，把佔領滿蒙納入日本今後政策的一環，並予以長時間的觀測，賦予世界史的意義，這正是從擁護既得權益的防禦立場，給予期待以武力解決滿蒙問題的關東軍，首次積極地轉守為攻的明確方針，不可否認的，石原的論點大大地促進了佔領滿蒙一事。

給予一定的目的和預想，藉此整合內部，但卻無法抹去因武力佔領而產生的愧疚或不道德感。為了說服佔領滿蒙是正當行使武力，就必須集結集團內部的力量和效率化的理論，即使這個理論絕對無法使他人信服。

◆佔領滿蒙的正當依據

石原「佔領滿蒙論」的獨特性在於，顛覆國內外的常識，也就是重新以正義之名，定義以武力佔領他國主權領土一事。

對石原而言，佔領滿蒙「不只對日本而言是必須的，為了多數的支那民眾，這也是一件應該且最值得高興的事。這是日本為了正義，應斷然進行之事」（〈解決對策〉），石原以此作為佔領滿蒙正當化的依據。即，先承認中國的主權，然後以東三省自治的型態，企圖掩蓋日本人實際支配滿蒙一事，這很明顯的是不義之舉。不過，反之日本直接以軍事力支配滿蒙就是正義了嗎？這兩者是不同層次的問題。

雖然，以國際協調為口號的外交官幣原喜重郎[39]，以「正義支配之處，無需武器」（*Où règne la justice, les armes sont inutiles*）為緘言，作為自己外交的終極目標，但是出身軍人，同時也是戰爭史研究者的石原則認為，「武器支配之處，正義由此而生」，這樣的想法或許是來自其軍事現實主義思想，又或者如同古羅馬歷史學家蒂托．李維（Titus Livius）所言：「如果戰爭有其必要性時，戰爭就是正義。」

總而言之，石原或板垣等關東軍參謀們，之所以主張佔領滿蒙是正義之舉，並不只是因為「力量就是正義」的虛無見解，倒不如說，是來自於他們本身對中國的認識。正如石原認為，「支那人是否真的能夠創造出近代國家一事，我深感疑問，反倒確信在我國的治安維持下，期待漢民族自然地發展，這對他們而言才是幸福」（〈滿蒙問題私見〉），以此作為佔領滿蒙是正義之舉的依據。

根據石原之後的回顧，石原從幼年起，就衷心地期盼中國重生以及日中兩國合作，一心對中國的革命抱著希望。當一九一一年得知辛亥革命成功時「從很久以前就對中國的重生抱著希望，並十分期待革命後中國前途的發展，因此就和當時教導我的（朝鮮守備隊）

39〔編註〕幣原喜重郎（1872-1951），日本政治家、外交家，第四十四任內閣總理大臣，歷任日本駐荷蘭大使、外務次官、外務大臣、眾議院議長等職。

軍隊一起爬到附近的山上，高喊萬歲，發自內心地對新中國的前途表示欣喜」（〈滿洲建國前夕的心境〉，一九四二年）。但是，這個喜悅十分短暫，因為之後孫文對袁世凱的妥協、袁世凱踐踏革命的理想，以及之後的軍閥割據，石原即表示：「看到這樣的情況，我們不禁對中國人的政治能力感到懷疑。漢民族雖然擁有高度文化，但我開始覺得中國沒有辦法建設近代化國家，這樣的懷疑一直持續到滿洲事變前，因此，提倡解決當時滿蒙問題的唯一方法，就是滿蒙佔領論。因為，漢民族本身沒有政治能力，所以我強烈主張，日本佔領滿蒙，不只是因為滿蒙關乎日本的存亡，同時也是為了中國本身的幸福。」

另一方面，一九一七年八月，原本駐在雲南省昆明，出發前往漢口（當時石原也在漢口）、北京（輔佐本庄繁）以及奉天等地值勤，也就是所謂的「支那通軍人」板垣認為，中國的情勢「從辛亥革命以後，二十多年來，內亂接連不斷，國家統一的前途渺茫……仍舊是軍閥權力鬥爭的時代，實在無法認同這就是民主革命的果實、人民的幸福」（〈關於滿蒙問題〉，一九三二年）。因此，板垣也下了這樣的結論，「為了支那民眾的幸福……除了英雄出現，以徹底的武力一掃職業軍權者、職業政治家外，還應委託外國適當地維持治安，這才是民眾追尋幸福的唯一之路」，並不斷強調，由日本軍佔領滿蒙，才能解決滿蒙問題，同時保證當地各民族的幸福。其中的中國民眾觀正是，中國人的「理想是安居樂業」，加上中國人缺乏國家意識，因此「由誰來執政、掌控軍權與維持國家秩序，都不會有任何問題」。從板垣長年以來對中國的觀察，他確信只要軍事行動能夠成功，反抗佔領滿蒙的活動或混亂將不會發生。

板垣進而衍生出堅定不搖的信念，即「打倒在滿洲三千萬民眾的共同敵人——軍閥，是我日本國民被賦予的使命」（石原，〈滿蒙問題私見〉），並保證滿蒙在日本的佔領下，日、朝、中、滿、蒙各民族將共存共榮。這個由日本軍打倒封建軍閥和建設各民族樂土的正當化理論，除了石原以外，在滿日人也都異口同聲一齊提倡，佐久間亮三的〈滿蒙佔領地統治之相關研究〉也提出，「在佔領地實施善政，確保治安，並開拓產業交通，以增進支鮮蒙和其他在滿居住各民族的福祉，達到共存共榮真樂土」的統治方針。

板垣甚至指出，由日本佔領滿蒙的成果，將不會只限於滿蒙，因為出現由日本軍統治滿蒙的典範後，中國民眾必然會認識到，中國本土及其病根將會朝著應有的方向改進，「如此，支那人將會由衷地歡迎並接受我國統治支那本土，我國武力的真正價值將永留於史」（石原，〈為了解決滿蒙問題的戰爭計劃大綱〉），這樣的想法甚至論及，由日本統治中國本土的正當性。不，不僅如此，由日本軍佔領滿蒙解決滿蒙問題，可以「促進中國全體的統一和安定，確保東洋的和平」（石原，〈滿蒙問題私見〉），甚至認為連「東洋和平」的基礎，都是立基於關東軍佔領滿蒙。

但是，到底為什麼要把日本佔領中國領土一部分的滿蒙佔領論正當化？用來支持正當化理論的，是滿蒙非中國固有領土論和人種說。

滿蒙並非漢民族的領土，反而更緊鄰我國。之所以要以民族自決為口號，是因為滿蒙是滿洲和蒙古人的土地，與其說是漢民族，倒不如說是滿洲、蒙古人更接近大和民

族。雖然現在的居民以漢人最多，但是和支那本土相比，滿蒙的經濟關係與我國更密切。（石原，〈國防〉）

即便滿蒙不是漢民族固有的領土，但以此為理由，認為滿蒙應由日本佔領的論點，也未免太跳躍了。如果這個論點可行的話，那麼即使遭日本佔領，滿洲、蒙古人也應該不會反抗才對。但是，石原是基於開發經濟和維持治安的考量下，認為滿蒙應該由日本佔領，並認為如果日本勢力衰退的話，滿蒙和中國本土必將陷入混亂。

這樣的主張，除了石原在陸軍大學時代的教官——歷史學者稻葉岩吉——以外，包括矢野仁一、和田清等東洋史學家在內，多數日本人也強調同樣的論點，在滿洲事變以後，更不斷地被提出。為此，中國方面傅斯年等人便撰寫《東北史綱》（一九三二年）予以駁斥，指出中國和東北「同體不離」；國際聯盟理事會[40]的中國代表顏惠慶也提出：「說滿洲是滿洲人的土地，這根本是大錯特錯……現在的中國由五族所構成，滿洲人只是其中之一。今日大部分的滿洲人早已不住在滿洲……因此，滿洲完全是屬於中國的。」（一九三二年二月十九日演說）石原應該也知道這樣的事實，所以在闡述世界最終戰論的脈絡時強辯道：「由日本綜合世界所有文明，給予他們憧憬的絕對和平，是我大日本的天業」（〈國防〉），並揚言「這是為了拯救全人類的偉大天職」，也就是以日本的天職作為正當化的依據。

如上所述，儘管從各方面提出正當化的論證，但佔領滿蒙的計劃在滿洲事變發生後短短四天內，就不得不「退縮」成獨立國家的方案。這也意味著，石原等關東軍參謀所準備好的正當化論述，既無法說服各國，也無法說服站在相同立場、贊成以武力解決滿蒙問題的陸軍中央，當然更無法影響排日、反日運動高漲的中國與領導「華盛頓體制」的美國。即便多麼嚴密地建構正當化理論，當時的國際情勢早已無法接受軍事佔領行動。

這裡指出的幾個論點，儘管有佔領或獨立國家等型態上的不同，但是，透過把滿蒙拉進這些論點中，進而達到了各種效果。比如，中國人缺乏國家意識、政治意識的論點，首先藉由一度予以否認，然後發現東三省人其實具有建立國家的能力，建立從中國本土分離、獨立的滿洲國，是東三省人的自發性行為，再以此作為滿洲國獨立的正當化根據。但是，滿洲國建國後，則改以東三省人不具有國家意識，給予參政權並不妥當為由，以此作為拒絕開設議會的理論根據。另外，關於打倒張學良軍閥，以維持滿蒙治安是日本軍使命，滿蒙三千萬民眾將首次可以實現真正共存共榮理想的主張，則和之後轉化成滿洲國的國防全面委任日本軍，施行善政主義、五族和諧的樂土滿洲國的內容相關。

也就是說，石原等人所提倡的佔領滿蒙理論的基幹是，只有在日本人的指導下，滿蒙各民族的幸福才可以受到保障、獲得增進，這個幸福主義（Eudämonismus）把滿洲國的理想和日本人所認為的理想——也就是以日本民族作為指導民族的「民族和諧」，和據此達成的「王道樂土」——極為緊密地結合在一起。不明確表明佔領滿蒙的目的，改為提出基於

40〔編註〕國際聯盟，簡稱國聯，是一九一九年《凡爾賽條約》簽訂後組成的國際組織，宗旨是減少武器數量、平息國際糾紛及維持民眾的生活水平。

東三省人自發意識建立滿洲國的建國理念，試圖將佔領滿蒙的行為正當化。但是，這樣的修正路線，並不表示關東軍支配滿蒙的目的有任何改變。只要滿洲國一直處於關東軍的指導之下，「佔領滿蒙論」的目的和目標就不會消失，並成為經營滿洲國不變的方針與方向。

第二章

建造滿蒙各民族之樂土——

摸索新國家的建設工作與建國理念

石原等人的「佔領滿蒙論」之構想是把當時規範東亞世界，比如和中國相關的《九國公約》[1]、與太平洋相關的《四國公約》[2]、《非戰公約》[3]，以及國際聯盟規範等置之度外，且無視於現實中，日中兩國間發生糾紛時產生的各種問題。從這一點不僅能掌握過去的趨向，更能夠直接顯現石原、關東軍，甚至陸軍內部的「革新」派，對滿蒙究竟有什麼樣的要求，以及想要從滿蒙獲得什麼樣的利益。

姑且不論國際情勢，光是關東軍執行軍事佔領、實施軍政、軍事補給、補充行政人才，以及財政基礎等現實問題，無論哪一項關東軍都無法自行處理。儘管取得軍事上的勝利，但關東軍面對陸軍中央部頑強地反對佔領案，也不得不將之轉換成獨立國家建設案，從此踏上滿洲國建國之路。

當然，一開始只想到軍事佔領的關東軍，並沒有做好建設獨立國家案的準備，而是以佔領滿蒙計劃為基礎，於在滿中國人和日本人的協助下，朝著構想新獨立國家的國制、摸索建國理念之路前進。其中，當然會反映出當地中國人的意圖、中國東北的地理和歷史背景以及國際情勢，這些都強烈地影響了滿洲國的國家性質。

在不到半年的短暫建國之路上，日本人面臨歷史上首次多民族複合國家的形成，其中包含多民族共存的各種夢想與希望。對在滿日、中、朝的各民族人們而言，他們已經疲於各民族間的相互鬥爭，自然殷切期盼出現沒有紛爭且和平的國家。然而，這個夢想、希望與和平，卻是建立在關東軍這把達摩克里斯之劍[4]之下……。

總之，夢想和民族的熔爐——滿洲國的建國之路正在展開。

◆轉而建設獨立國家

一九三一年九月十八日，關東軍展開多年來早該執行的佔領滿蒙計劃，在柳條湖爆破滿鐵鐵道，並聲稱那是「暴戾的支那軍隊」所為，關東軍藉此展開軍事行動，滿洲事變因此爆發。之後，率領一萬四千名左右兵力的關東軍，佔領了奉天、營口、安東、遼陽、長春等南滿洲的主要城市，並獲得擅自越境的朝鮮軍（約四千名）的援助。即使陸軍中央和日本政府都下達事變不擴大的指示，但戰火仍不斷擴大，甚至擴及管轄外的北滿，關東軍

1〔編註〕一九二二年二月，美、英、法、日、義、比、荷、葡和中國北洋政府在華盛頓會議上簽訂《九國關於中國事件適用各原則及政策之條約》，通稱《九國公約》。條約規定：「尊重中國之主權與獨立及領土與行政之完整」；「施用各種之權勢，以期切實設立並維持各國在中國全境之商務實業機會均等之原則」。實質上是要挾中國政府執行「門戶開放」、「機會均等」原則。

2〔編註〕一九九一年十二月，美、英、日、法簽訂《關於太平洋所有島嶼屬地和領地的條約》，通稱《四國條約》。條約規定，締約各國互相尊重它們在太平洋區域內島嶼屬地和領地的權利，一旦遭受別國侵略行動的威脅時，締約國應協商採取有效措施。條約批准後，英日同盟即行廢除。

3〔編註〕全稱《關於廢棄戰爭作為國家政策工具的普遍公約》，亦稱《巴黎非戰公約》或《凱洛格—白里安公約》，是一九二八年八月在巴黎簽署的一項國際公約，該公約規定放棄以戰爭作為國家政策的手段和只能以和平方法解決國際爭端或衝突。

4〔譯註〕喻臨頭的危險，源於希臘傳說，古敘拉古（Syracuse）國王命其臣子達摩克里斯坐在以一根頭髮懸掛的劍下，以示君王多危。達摩克里斯之劍（The Sword of Damocles）代表擁有強大的力量非常不安全，很容易被奪走，或者簡單來說，就是感到末日的降臨。人們常用這一典故來比喻隨時可能發生的潛在危機。

更在隔年一九三二年二月佔領哈爾濱，壓制東北三省。

關東軍的軍事行動之所以能夠如此順利地進行，原因在於美國、英國尚未從經濟大恐慌中恢復；蘇聯為了專注於第一個五年計劃，發表中立聲明；蔣介石率領的國民黨以「攘外必先安內」，以統一國內為最優先課題，採取不對抗主義，致力於對共產黨進行包圍掃蕩作戰（圍剿）。另外，擁有二十五萬兵力的東北軍，其中約有十一萬的主力兵力，追隨張學良集結在長城線以南，殘留的部隊則分散在各地。因此，關東軍計劃性地趁虛發動攻擊。加上，在北平養病的張學良為了避免戰事擴大，對東北軍下達不抵抗、撤退的命令，這更是關東軍得以佔領滿蒙的決定性因素。

在這些可說是僥倖的條件下，關東軍在首場戰役取得壓倒性的勝利，但在事變發生僅四天後的二十二日，關東軍在三宅光治[5]參謀長以下，板垣、石原、土肥原賢二[6]大佐以及片倉衷大尉等幕僚的協議下，決定放棄佔領滿蒙，改為建設滿蒙成一全新的獨立國家。

在我國的支持下，以東北四省及蒙古為領土，以宣統帝（溥儀）為首，成立支那政權，建設在滿蒙各民族的樂土。

這就是當時決定的〈滿蒙問題對策案〉。從字面上來看，對策案訴諸的是樹立獨立政權，所以稱不上是獨立國家。但是，根據片倉《滿洲事變機密政略日誌》（收入於小林龍夫等編，《現代史資料．7．滿洲事變》，以下引用時簡稱為《片倉日誌》）中的註記提到，對於滿蒙問題不明言獨立國家，「予以含混」。由此可見，對策案的本意是建立獨立國家。此時，雖然石原仍執著於佔領案，但土肥原則提倡滿蒙五族共和國案，最後以獨立政權案，得到採取事變不擴大原則的陸軍大臣和參謀總長的支持，獲得軍費、兵員以及兵器的補充，打算在實際達成獨立國家以前，藉此杜絕反對意見。陸軍中央察覺到關東軍軍事行動，於是派遣建川美次前往「仲裁」。建川美次原本主張以軍事解決滿蒙問題，默認關東軍行動，但此時也強烈反對佔領滿蒙案，因此「（關東）軍對長年以來的佔領案做出明顯的讓步」（《片倉日誌》）。石原對二十二日對策案的意見為：「九月十九日佔領滿蒙的意見不被中央接受，建川少將甚至完全不同意。得知佔領一事不可行，吞忍下萬斛的眼淚，退讓為滿蒙獨立國案，以此作為最後的陣地，期盼時機再度來臨，終有實現滿蒙領土論之日。」吞忍下萬斛的眼淚，做出讓步，滿蒙成了等待時機以實現宿願的最後陣地，這就是石原的滿蒙獨立國家案。自一九二八年以來，以石原為中心商議完成的「佔領滿蒙論」，一開始陸軍中央就不接受，因此不得不「退讓」。然而，甚至連最後陣地的獨立國家案，也無法搬上檯面，最後只能以樹立親日政權的方式進行。從這裡就可看出，關東軍和陸軍中央，對滿蒙問題的處理方針和日本國內外情勢的判斷有著極大差異。

5〔編註〕三宅光治（1881-1945），九一八事變時的關東軍參謀長，陸軍中將，滿洲國協和會中央本部長。

6〔編註〕土肥原賢二（1883-1948），日本陸軍上將。從一九一三年起在中國從事策劃侵略活動，有「帝國陸軍頭號中國通」之稱，參與策劃了九一八事變，扶植溥儀在中國東北地區成立滿洲國，在日軍入侵中國華北地區中發揮核心作用。被遠東國際軍事法庭列為甲級戰犯，東京審判被判處死刑。

一九三一年四月，參謀本部制定了〈昭和六年（一九三一）度情勢判斷〉，其中對滿蒙問題對策，預想了三個階段：在國民政府主權下，樹立親日政權（第一階段）；建設獨立國家（第二階段）；佔領滿蒙（第三階段）。但是陸軍大臣、參謀總長等軍部首腦甚至對第一階段就強烈反對。為了顧及中央軍部的想法，建川便對石原強硬地主張：「應該以宣統帝為盟主，接受日本的援助，樹立政權，這才是上策。」（《片倉日誌》）因此，石原等人決定先擴大佔領區域，然後建立獨立國家，在達到與實質佔領滿蒙同樣效果的方針下，於十月二日，把九月二十二日的對策案具體化為〈滿蒙問題解決對策〉。對策中提到，在把滿蒙的國防委任於日本、鐵路和通信也委由日本管理等條件下，即在日本的保護之下，建立滿蒙為獨立國家，如果（日本）政府不接受這項方針的話，決議「在滿有志軍人將會先脫離日本國籍，以達到目的」（《片倉日誌》），並把迄今為止的「『既得擁護權』的舊標語改為『建設滿蒙』」，同時決定廣泛地向日本海內外宣傳新標語，藉以製造建設新國家的氛圍。

在樹立獨立政權的包裝下，以遼寧（奉天）、吉林、黑龍江以及熱河等東北四省和內蒙古為領域範圍，建設滿蒙為獨立國家，同時開始正式接收中國各種勢力。早在九月二十二日的〈滿蒙問題解決對策〉中便提到，為了統治各地方的秩序，起用吉林的熙洽[7]、洮南的張海鵬[8]、熱河的湯玉麟[9]、東邊道的于芷山[10]，以及哈爾濱的張景惠[11]等人。關東軍的建國計劃，是讓這些「過去就屬宣統帝派，和本軍互有往來」的人，在各地成立獨立政權，然後「自發性」地聯合，建立與中國本土分離的獨立國家。因此，九月二十四日即由袁金鎧[12]出任委員，闞朝璽[13]和于沖漢[14]任副委員，成立奉天地方自治維持會（二十六日改組為遼寧地方維持委員會），二十六日熙洽設立吉林省長官公署，並以電報宣布，從南京國民政府獨立，二十七日，哈爾濱的張景惠也跟著成立東省特別區治安維持委員會，除此之外，關東軍也收買與懷柔張海鵬、于芷山、湯玉麟、馬占山[15]等尚未表態的軍閥，如提供軍費、兵器、彈藥、軍用服等。其實，熙洽、張景惠等關東軍仰賴的勢力，並不具壓倒性的軍事優勢，東北四省內也有不少屬於張學良派的反對勢力，也因為這些反對勢力，省內的情勢極為不安定。此外，即使是「內部策動」的懷柔工作，仍舊無法克服「從事變的

7〔編註〕熙洽（1883-1950），愛新覺羅氏，滿洲正藍旗。中華民國軍事及政治人物，滿洲國的締造者之一。

8〔編註〕張海鵬（1867-1949），字仙濤，別號連溪，綽號「張大麻子」。盛京將軍轄區奉天府蓋平縣人，中華民國及滿洲國軍事將領。

9〔編註〕湯玉麟（1871-1949），字閣臣。清末及中華民國軍事人物。

10〔編註〕于芷山（1882-1951），原名世文，字瀾波，號芷山，以號行。盛京將軍管轄區台安人，中華民國、滿洲國軍事將領。

11〔編註〕張景惠（1871-1959），字敘五。滿洲國第二任國務總理大臣。

12〔編註〕袁金鎧（1870-1947），字潔珊、兆傭，晚號傭廬。盛京將軍管轄區奉天府遼陽州人，清朝、中華民國、滿洲國政治人物。

13〔編註〕闞朝璽（1888-1952），字子珍，奉天省錦州府廣寧縣（今盤山縣）人，清末及中華民國、滿洲國的軍人、政治家。

14〔編註〕于沖漢（1871-1932），字雲章。別號逸園。盛京將軍管轄區奉天府遼陽州人。中華民國及滿洲國政治人物。

15〔編註〕馬占山（1885-1950），東北軍將領，曾率部抗日，指揮了名震中外的江橋抗戰。與日軍多次交戰，其間曾詐降於日軍並參與創建滿洲國，獲得休養後，再次率兵對抗日軍。

性質來說，難以利用支那人進行日支抗爭」的困境（《片倉日誌》），因此，關東軍不得不派遣軍隊，以威嚇手段，執行強行歸順。然而，不知道是不是分別提供于芷山和張海鵬十萬、二十萬日元資金的作法奏效，十月十六日的《滿洲日報》中的標題寫著，「擁立宣統帝，建設獨立國家？東北各省串連」，甚至具體預測：「東北四省的主權者，最終應該會擁立宣統帝為大統領，成立袁金鎧內閣，建設聯邦共和的獨立國家。」

另一方面，對於關東軍性急地進行滿蒙建國工作，若槻禮次郎[16]內閣下的幣原喜重郎外相，則向國際表示事變不擴大，關東軍將會盡早撤兵，顯示內閣不僅不贊成建設獨立國家，甚至強力反對關東軍樹立獨立政權，而是主張應該和南京政府交涉處理滿洲事變一事。對此，至今為止和內閣的不擴大方針同調的陸軍中央部，在九月三十日決定讓滿蒙從中國本土獨立，成立獨立政權，採取和幣原外交不同的路線，即「（日本）帝國在背面指導、操縱該政權，使該政權信任、仰賴帝國」。十月八日，本應牽制國際聯盟行動的關東軍，因為砲擊張學良政權的移駐地——錦州——使得幣原的早期撤兵和與南京政府交涉的目標，陷入窘境。之後，由於響應關東軍的十月事件[17]在事前曝光，關東軍獨立等情報外洩，形成軍部中央被關東軍牽著走的情況，十月二十三日，今村均參謀本部作戰課長對關東軍幕僚下達「在滿洲成立確實執行日本意志的政治中心」之命令，並要「刻不容緩地進行」。

隔天十月二十四日，國際聯盟理事會以十三比一表決通過日本要在十一月十六日前從滿洲撤兵的勸告案。關東軍則宛如再度挑釁般地於同一天決議〈解決滿蒙問題的根本對策〉，確認對策方針：「新國家建設運動表面上是由支那人執行，但實際上是在背地裡，給予更強力的支援，促進新國家的建設。」具體來說，就是關東軍「在背地裡給予支持，以盡速達成宗旨」，進行的順序為，由吉林、黑龍江與遼寧三省「進行聯省統合，使其承認我國要求的條件，宣布成立新國家」。

在這段期間，日本國內甚至出現「在滿洲事變的某段時期，之所以可以看到軍部牽動政府，是因為相較於政府，輿論更支持軍部。不是軍部牽動政府，而是輿論鞭策政府」（橘樸編，《滿洲與日本》，一九三一年）此論調，顯示支持關東軍行動的聲音逐漸高漲。之所以如此，是因為從一九二九年秋天以來的世界大恐慌，「資本主義日本的國民經濟出現絕境」（《滿洲與日本》），日本國民欲向滿洲尋求解決之道。另外，軍部從暗殺張作霖事件無法一舉解決滿蒙問題的教訓中察覺到：「今後必須要有輿論作後盾，並研究如何喚起輿論的注意，以期達到組織性的目的。」（林久治郎，《滿洲事變與奉天總領事》）由此可知，極盡全力地操控輿論也是關東軍有所進展的原因之一。就在輿論高漲的情況下，十一月，社會民眾黨也決議支持滿洲事變，十二月十一日，隨著若槻內閣下台，幣原外交宣布終結，事態急轉直下，改由關東軍握有處理滿蒙一事的主導權。

十二月二十三日，陸軍中央部根據《省部協定第一案》，決定誘使滿蒙「從支那本土

16〔編註〕若槻禮次郎（1866-1949），日本大正、昭和初期政治家，日本第二十五、二十八任內閣總理大臣。

17〔編註〕日本極右組織櫻會策劃的一次未遂政變。櫻會首領橋本欣五郎中佐、長勇少佐等陸軍軍官密謀通過武裝政變建立軍人專政，並一舉解決中國東北和內蒙問題。後計劃洩露，橋本欣五郎等主謀者於十月十七日被捕。

政府分離，獨立成一統治支配之區域，逐漸成為帝國的保護國」，把至今為止，僅止於獨立政權的階段，轉變成保護國形式，承認獨立國家案。終於確定了建設獨立國家的方針，決定「今後的建設，將與中央支署機關同調，善加處理」（《片倉日誌》）。到了一九三二年，要求板垣前往東京的日本政府在一月六日提出，由陸、海、外務三省協定的〈支那問題處理方針綱要〉，除了追認由關東軍執行的聯省統合政權，建立獨立國家外，同時採取與南京政府「直接交涉，但盡可能拖延」的策略，以達到成立獨立國家的既成事實，「使其自然而然地放棄對滿蒙的一切主張，並以此為執行宗旨」。

就這樣，因為關東軍獨斷佔領滿蒙計劃，促成了獨立國家案，同時也被視為日本國策。但是，如果把眼光轉向當時的國際情勢就可以發現，從柳條湖事件以來，中國各地的對日抵制運動和抗日鬥爭更加激烈，美國國務卿史汀生（Henry L. Stimson）不斷強烈指責日本的侵略行動，因此日本意圖使國際間「自然而然地放棄對滿蒙一切主張」的方針，難以實現。因此，板垣要求上海日本公使館的武官——田中隆吉[18]少佐——發動上海事變，以轉移中國和列國對滿洲的關注。上海事變造成四萬人死傷，十六萬戶房舍全倒或半毀。這是為了轉移國際間對滿洲建國工作的關注所付出的犧牲。在這段期間，從二月五日起關東軍幕僚召開了十次建國會議，詳細討論建國日程和國制細目。在此情勢下，二月十六日，聚集在奉天的張景惠、臧式毅[19]、熙洽、馬占山、湯玉麟、齊默特色木丕勒[20]、凌陞[21]等滿蒙在地勢力，成立了東北行政委員會，十八日，由以上委員宣布：「從此脫離黨國（國民）政府，東北省區完全獨立……這是為了追求我東亞各族人民之幸福」，三月一日，在東北行政委員會委員長張景惠的宅邸內，宣布滿洲建國。

在這波行動下，東北各地組成自治委員會、地方政權，脫離中央，宣布自治或是獨立（〈分而治之〉），接著統合成新政府，並盡可能拖延和中央政權的直接交涉，以形成既定事實，透過所有可能使國際自然而然放棄的方式，策動滿洲國建國。

透過「分斷以至統合」的手法，滿洲國建國算是成功了，一九三五年以後，日本更承襲滿洲國建國模式，在華北、華中進行統治佔領，先後在一九三五年十一月成立冀東防共自治委員會（河北省）；一九三六年五月成立蒙古軍政府（察哈爾省）；一九三七年十月成立蒙古聯盟自治政府（一九三九年九月，蒙疆聯合自治政府）；一九三七年十二月成立中華民國臨時政府（北京）；一九三八年三月成立中華民國維新政府（南京）等，最後再整合成中央政權，也就是一九四〇年三月成立的南京中華民國國民政府。這顯示出，滿洲國

18〔編註〕田中隆吉（1893-1972），日本軍人，官拜陸軍少將。一九三〇年於上海結識川島芳子並交往，並利用川島芳子，成為上海一二八事變主要策劃者。之後擔任陸軍省兵務局長，但在對美作戰時只擔任預備役。東京軍事法庭上以證人身分協助檢方，做出不利日本被告的證詞。

19〔編註〕臧式毅（1884-1956），字奉久，為中華民國政治家、奉系軍人，及後來的滿洲國要人。

20〔編註〕齊默特色木丕勒（1874-1942），字克莊，博爾濟吉特氏，蒙古族，哲里木盟郭爾羅斯前旗人，是成吉思汗仲弟哈布圖哈薩爾的後代，郭爾羅斯前旗札薩克輔國公。中華民國政治人物。在民國二年以前人稱「齊公」，又稱「南公」，民國二年以後，人稱「齊王」。

21〔編註〕凌陞（1886-1936），又名福賢，字雲志，莫日登氏，達斡爾族，內蒙古呼倫貝爾盟索倫右翼正黃旗人。呼倫貝爾副都統貴福之子。

建國是採取由日本統治在中國的佔領地（中國稱之為淪陷區）的方式，也就是「分治合作」的原型。

然而，這並不表示滿洲的建國工作，沒有遭到任何抵抗，完全照著關東軍的企圖實現。應該說，表面上看似順利地進行，但實際上關東軍和各地的政治勢力間互不信任，在政治意圖上的相互鬥爭，反而促成了獨立國家成立這種違反常理的事情。

◆省政府獨立工作與石原的轉變

然而，使地方政權從中央政府獨立、分離，再進行整合的建國工作，即使勉強成功了，在當地所需要的人才、能夠承接的政治勢力，也都不可或缺。在建國的過程中，正如九月二十二日在〈滿蒙問題解決對策〉中提到的，由遼寧省的袁金鎧、吉林省的熙洽、東省特別區的張景惠等，陸續成立維持治安的自治團體，並透過聯省自治，以發揮凝聚建國核心的機能。

當然，在成立的過程中，每個人各有各的意圖、利害關係，但仍然具有共通的條件。比如，因為張學良政權的地方官相繼避難、逃亡，導致地方行政和維持治安的機能空轉，取而代之的正是這些自治團體。戰亂造成政治權力空白，對飽受戰亂之苦的中國人來說，尋求自保對策正是在各地區成立自治團體，以恢復民生，因此滿洲事變時，各地便有不少治安維持會成立。橘樸[22]把這稱之為「自療行為」，但是，各地的地方勢力不只成立自治團體，甚至還附和關東軍。這些自治團體之所以宣布獨立自張學良政權，除了受迫於關東軍外，中國東北地方固有的地理條件、對外和歷史背景，還有當地勢力對當時政治情勢的判斷也不可忽視。為什麼張景惠等人會附和關東軍呢？關於這一點，來自日本方面的觀察，即哈爾濱總領事大橋忠一在一九三一年十月四日致幣原外相的電報中，提到以下三點原因：第一，張景惠等人從日俄戰爭以後，熟知日本的實力，並從歷史上的經驗判斷，在經濟上與日本共存共榮，似乎比張學良和英美結盟所產生的弊害來得少；第二，他們把中國東北當作東北人的東北，「抱著一種民族的，乃至地方主義（provincialism）的情懷，傾向於保境安民主義，對張學良只想把滿洲當作支那一部分的作法，感到強烈的反感」，所以比較容易附和關東軍的東北分離案；第三，「對蘇聯的東進政策和支那的赤化，感到極端恐懼和憎惡，為了對抗這兩股勢力，不得不期待日本的援助」（外務省編，《日本外交文書．滿洲事變》）。從和日本交涉的勢力與張學良政權的政策，兩者互不相容甚至反目，以及這些勢力從張作霖時代以來即具有親日傾向，造成在張學良排日政策下，遭到冷淡待遇等情況來看，大橋的觀察沒有太大的偏頗。

然而，即使在這些情況下，也未必能保證這些自治團體一定會附和關東軍。因為，這些自治團體附和關東軍的意圖和方式不僅天差地別，也不像關東軍對外宣傳所說的，

22〔編註〕橘樸（1881-1945），日本記者、評論家，在清末至中日戰爭期間，經常於中國的《遼東新報》、《京津日日新聞》發表文章，曾擔任滿鐵僱員。

東北四省都一致想從中國本土獨立出來。比如，吉林的熙洽因為是滿洲旗人，希望清朝復辟，所以積極地利用關東軍達成企圖。加上，在吉林有吉林門羅主義，即地區獨立的意志強烈，因此容易附和推動從張政權或國民政府分離、獨立行動的關東軍。不過，即使是吉林省臨時政府也出現，「即使熙長官不得不成立臨時政府……但卻欠缺最壞打算的覺悟」，「別說是失勢者，就連一般人的心也早已背離新政府」的情況（一九三一年十月七日，〈石射吉林總領事致幣原外相電報〉）。另外，黑龍江省的張景惠雖然是滿蒙獨立論的急先鋒，但其勢力卻居於反對派的馬占山、張作相[23]及萬福麟[24]等人之下，處在極為薄弱的政治基礎之上。

在這樣的情況下，作為關東軍聯省統合中核的遼寧省，表面上在事變發生後，立即成立了以袁金鎧為委員長的地方自治委員會，但因為遼寧省是張學良政權的根據地，所以即使予以協助，事態也沒有照著關東軍的意圖順利進行。成了委員長的袁金鎧，雖然曾經擔任東北政務委員會委員、國民政府監察委員等職務，是奉天文治派的巨頭，但事變發生後，因為惑於關東軍不逮捕文官的聲明，結果在被軟禁的情況下，就任委員長，對關東軍的要求獨立宣言，也是抱持著消極協助的態度，即：「如果受到脅迫的話，就只好逃走。地方維持會只是為了暫時安定無政府狀態的過渡作法而已，這表示自己只是與之相關而已。」（一九三一年十月三日，〈林奉天總領事致幣原外相電報〉）當然，文治派的袁金鎧雖然抱持保境安民主義，希望能夠「避免東北捲入中國內戰，想要脫離國民政府，施行民政」，但對獨立政權則抱持著極為否定的看法，認為：「政府如果在錦州的話，應該也不會獨立吧。因為如果是無賴漢的話，也許會想獨立，但知識階級是不會考慮獨立的。」（一九三一年十月三日，〈林奉天總領事致幣原外相電報〉）以袁金鎧為首的地方自治維持委員會，之所以反對關東軍，避諱獨立政權的氣氛強烈，不只是因為在兵力上佔有優勢的張學良軍奪回失地、返回奉天的可能性相當高，而且在抗日運動高漲的氣氛下，來自關內，視該委員會委員為賣國奴，應該加以誅戮的廣播、傳單傳到了關外，對該委員會造成心理層面的壓抑。不僅袁金鎧，多數人都認為能夠收拾東三省局勢的只有張學良、吉林省長張作相，或是被關東軍軟禁的臧式毅三人而已，這一點就和欲翦除張學良、張作相勢力的關東軍有著極大差異。

十月四日，關東軍發布〈關東軍司令部公表〉，其中提到：「目前各地正進行樹立政權運動，庶民齊聲讚頌皇軍的威儀，完全沒有要擁戴舊黨首的風潮，這可以說是對軍閥經年累月的私欲橫行，感到激憤的結果」，即否認張學良並強調徹底排除舊政權。另外，之所以強調各地政權「為了居住在滿蒙三千萬民眾，應盡速實現共存共榮的樂土」，是因為不只遼寧省地方維持委員會，即使在日本政府中，原本根深蒂固地期待張學良重返的看法也不再出現，這也是能夠斷然推行獨立國家案的原因之一。關東軍為了更加明確地展現這項意圖，十月八日斷然在錦州發動爆破行動，以擊潰張學良政權恢復的可能性，但是，這項

23〔編註〕張作相（1881-1949），字輔臣，盛京將軍管轄區錦州府義州南雜木村人。中華民國軍事將領。為有「吉林抗日第一人」之稱的馮占海之姨夫。

24〔編註〕萬福麟（1880-1951），字壽山，吉林將軍管轄區吉林副都統管轄區長春廳人。中華民國軍事將領。

舉動卻失去了日本主張自衛行動正當化的依據，美國、英國及法國等，都轉而對日本採取強硬姿態。

跨越了這條回不了頭的界線後，關東軍以遼寧省地方維持委員會為代理省政府，接下來就是宣布斷絕和張學良政權、國民政府間的關係了。但是，在斷絕與國民政府關係的聲明中提到，「來自國民譏諷為賣國奴的言論相當多」（一九三一年十一月六日，〈林奉天總領事致幣原外相電報〉），拒絕斷絕關係的氛圍強烈。為此急得跳腳的「軍司令部對袁金鎧施壓的結果……如軍方所要求的，在代理政權的布告中，一定要再加入和張學良舊政權、國民政府斷絕關係的內容」（一九三一年十一月六日，同前電報），並在十一月七日正式發表上述指令。對於當時的情況《片倉日誌》中寫道：「袁金鎧受到軍司令部的召集，感覺生命受到威脅而戰戰兢兢。如果不在由地方維持會提出的獨立宣言上署名的話，（關東）軍將會做好軟禁他的準備」，在參謀本部編纂的《滿洲事變史，滿洲事變中的軍統帥（案）》（以下簡稱為《滿洲事變史》，收入於小林龍夫等編，《現代史資料．11．續滿洲事變》）中可以一窺當時的情況：「如果關東軍能察覺他（袁）的本意，也許會對他留下同情的眼淚，但仍舊會說服他。」

就在這個情況下，遼寧省獨立了（十一月二十日改稱奉天省）。不過，袁金鎧「依舊優柔寡斷，不願正式成為省長，改採暫時代理省政的形式」（《滿洲事變史》）。當時在和美國的記者愛德加．史諾[25]會談後，袁金鎧表述了自己的心境：

我不認為滿洲的支配者愚昧，也不想成為這個省的省長。這樣的地位沒有任何意義，又或者具有極大的麻煩。我由衷地希望滿洲不要從中國脫離。有我署名的獨立宣言是假的。那是由日本軍部起草，我只是在軍部的強押下署名而已。（Edgar Snow, *Far Eastern Front*, 1934. 梶谷善久譯，《遠東戰線》）

由於這次的會談內容是以電報通知美國，所以在公開後關東軍即表示：「袁金鎧因最近有對外國人宣洩不滿的跡象，因此軍部將予以更嚴格的監控，以阻止惡意的宣傳」（一九三一年十一月二十日，〈森島奉天代理總領事致幣原外相電報〉）。但是，袁金鎧甚至祕密地和張學良聯絡，依舊採取未來張學良重返奉天時，將成立正式省政府的反對態度。為此（關東軍）認為：「為了建立新國家，無論如何一定要起用臧，排斥袁」（一九三一年十二月十五日，〈林總領事致犬養外相電報〉），因此，決定正式起用臧式毅為省長，成立奉天省政府。臧在一九一一年從日本的陸軍士官學校畢業，先後擔任東三省兵工廠督辦、遼寧省政府主席等職務，事變發生後三個月期間遭到監禁。臧獲得解放後，板垣便要求臧積極地組織東三省政權，讓日本軍隊能夠駐紮在東三省內，負責當地的國防，並要求臧負擔軍事費用，臧因為感到人身危險，不得不在準備好的文件上署名（〈臧式毅筆供〉），一九五

25〔編註〕愛德加．史諾（Edgar Snow, 1905-1972），美國記者，因其在中國革命期間著作而聞名。他被認為是第一個參訪中共領導人毛澤東的西方記者。一九三七年的《紅星照耀中國》（*Red Star Over China*）是史諾最為著名的作品，該書紀錄了從中共創建至一九三〇年期間的中國共產主義運動。

四年八月九日，中央檔案館等編《九一八事變》)。之後，更在《日滿議定書》內，正式協定日本軍隊駐紮的條件。順帶一提，據說臧的母親曾經躲過重重監視，把鴉片附在碗底送給遭受監視的兒子，暗示他殉國。一得知臧投降獲釋後，臧的母親便上吊自殺(周君適，《偽滿宮廷雜憶》；鄭然權譯，《悲劇皇帝 溥儀》)。

歷經了以上波折，十二月十六日，關東軍解散地方自治維持委員會，令臧式毅就任省長，奉天省政府獨立。同一天，關東軍發布〈關東軍司令部公表〉表示，「現在奉天、吉林兩省各自自立的型態完備，和舊政權斷絕關係，黑龍江省也變更了陣容，熱河省和內蒙古也恰巧一同響應。在滿蒙的三千萬民眾都渴望善政，持續期盼團結」，並高聲宣布：「在各地可以看到建設獨立國家的機運到來。」但是，兩個月後關東軍才完全壓制黑龍江省，熱河省則是花費了將近一年半的時間。

儘管建國工作持續在進行，但吞忍下萬斛眼淚不得不退讓為獨立國家案的石原，始終沒有把佔領滿蒙的構想從腦海中抹去。十月一日起草的〈滿蒙統治方策〉中提到，「以日本的武力確保東北四省統一的安定，在此掩護下，施行適合支那人的簡明政治」，在縣、市層級施行「真正符合漢民族特性的制度」，任其自治，但在中央設立滿蒙總督府，採取實質軍事支配。即使到了以宣統帝溥儀為元首的獨立國家架構幾乎確立的十二月二日，仍舊斷言，「建設新滿蒙，委任支那人擔任最高支配者終於可以說是不可能了，已經可以清楚地知道，完成不久後將會再遭受同樣的弊害。所以必須百尺竿頭更進一步，應該把中央政府完全委託給日本」，不贊同建設獨立國家。

儘管石原執著於「佔領滿蒙論」，但到了十二月底奉天省獨立，以臧式毅為首，由熙洽、張景惠聯省自治的建設獨立國家日程逐漸具體化，原本無法放棄滿蒙佔領論的石原，也終於轉而接受滿洲獨立國家案。

之後，石原對自己的轉變做了說明：「滿洲事變期間，我看到了具有權勢的滿洲人們，積極地協助日本軍，抱持著打倒軍閥的激昂情緒，在這股情緒下盡力奉獻，甚至發揮政治才能。」（〈滿洲建國前夕的心境〉，一九四二年，以下簡稱〈心境〉）即石原一掃過去對中國人政治能力的懷疑，並認為：「以為對方（中國）的民族沒有政治能力，也不知道他們具有這樣的能力。認定他們的能力，同時基於信任後，就沒有必要佔領統治了。」就像先前提到的，石原佔領滿蒙正當化的根據之一，正是中國人欠缺建立國家和政治的能力。對此有了全新的認識後，轉換成獨立國家論，也就不會覺得不可思議了。不過，如果比較迄今為止中國要人的反應來看，就不會認為那是石原真正的心聲。加上，轉換成獨立國家論後，以石原為中心，在一九三二年一月彙整而成的〈板垣參謀上京時的下達指示〉（《片倉日誌》）中指出，獨立國家的必要性在於：

> 現在各省新政權者如果選擇前項（回歸中央政府）就會被視為反叛者，在不安情緒的驅使下，無法與日本合作，並積極地執行其職務。因此，體認到為了使各省脫離支那本土，還是需要名實相符的獨立國家。

與其說這是石原轉換為獨立國家的理由，倒不如說是完全相反。石原之所以積極支持獨立國家案，並不是因為認同當地中國人的政治能力，而是考慮到各省新政權者如果回歸中央政府的話，將會對各省政府中搖擺不定的中國人產生不信任感，因此判斷必須成立獨立國家。當然，從當時的局勢來看，對石原而言只有成立獨立國家，才是消除各省新政權關係者和關東軍幕僚間相互猜疑和不信任感的解決之道，因此必須採取獨立國家的型態。也就是要切斷各省新政權者的後路，使之成為生死與共的命運共同體，因而接受獨立國家案。當然，因為就連陸軍中央也確定要建設獨立國家，所以石原也就無法再繼續拘泥於「佔領滿蒙論」了，另外，在這段期間接觸到民族諧和、王道樂土等建國理念，也是促成石原轉變的主因之一，甚至覺得：「從形式上來說，放棄佔領論雖然看似變得消極，但實際上正好相反，反而是大大地前進，是積極飛躍性的躍進。」（〈心境〉）從最初極度執著於「佔領滿蒙論」，到最終轉變為獨立國家論，石原也不斷猛進，不到極致不罷休，這正是石原的個人特質。

一九三二年一月十一日，在《朝日新聞》主辦的日中人士座談會上，石原說道：「本來不喜歡出席這種場合，但我想對同志傳達我轉變的心情，所以勉強出席了」（〈心境〉），並首次在公開場合明確表示，支持滿洲國獨立。石原在會上對新國家的建設大膽發言：「不應區分日本人、支那人。而且如果全數歸還附屬地關東州的話，關東長官也會因此失業」，所以要「把日本機關縮小到最低限度」，認為在滿日本人「如果要在新國家生活的話，都應該把國籍改為新國家的國籍」。這樣大膽的發言，連報社都只婉轉刊載。石原預想的滿洲國願景，早已和其他關東軍幕僚出現差異。從軍事意義的角度來看，原本冷靜看待滿蒙的石原，在接觸了於當地展開的建國運動的各種理念後，也產生了巨大變化。

石原從佔領滿蒙轉變成建設獨立國家，這當然也意味著，將從以關東軍為唯一推動力，轉變為以關東軍為核心，統合當地各種勢力並一同擔負建國工作。石原也因為和各個潮流相互衝撞，而在世界最終戰爭、建設兵站基地國家的軍事現實主義，和建設民族和諧的王道樂土理想主義，這兩個極端的選項中激烈擺盪。

◆于沖漢與保境安民及不養兵主義

前文提到石原轉而支持獨立國家案的理由之一，是因為對各省新政權關係者，抱有難以去除的不信任感。但是，石原當然不是對所有中國人都抱著不信任感。因為，如果是這樣的話，石原應該會堅持「佔領滿蒙論」。

石原在滿洲國建國八週年紀念日的演講上曾經提到，他在出席日中人士座談會時，對其中一位中國人說的話深受感動：

當時主辦人一開始的問題就是，滿洲應該成立獨立國家好，還是獨立政權好？各位應該不知道，八年前即使在日本的軍隊裡，也認為滿洲獨立是荒謬的想法，當時的主流想法認為，應該像內蒙一樣，建立在支那主權下的獨立政權才穩當。在這種情況下，

《朝日新聞》的主辦人問：「于沖漢先生，您覺得滿洲應該成立獨立國家好，還是成立獨立政權好呢？」于沖漢當時明確地回答：「必須成立獨立國家。」他可是一位支那人，我覺得他的勇氣勝過現在的汪兆銘[26]。滿洲要人在公開的座談會上斷言，必須成立獨立國家……位居樞要位置、卻毫無畏懼地說出滿洲應該成立獨立國的滿洲大官並不多。今天，在滿洲建國紀念日上，雖然我和於先生沒有什麼特別的淵源，但是能夠在大家的面前說出建國最大功勞者——于沖漢先生——的功績，我感到非常欣悅。（石原，《滿洲建國與支那事變》）

如上所提，石原把于沖漢定位為「建國的最大功勞者」，予以稱頌。當然，石原指出滿洲大官中提倡成立獨立國的人不多，這或許只是突顯于沖漢的存在比較特別而已。不過，姑且不論提倡人數的多寡，在滿洲國建國的理念活動中，把于沖漢比擬為在滿洲建國的浪潮中操縱大槳的人物，即使不是由石原提出，這樣的比喻也一點不為過。這個評價並不是把于沖漢當作是奉承關東軍的走狗，而是把于沖漢多年來保境安民主義的信念、立場，明確地表達出來而已。但是，包含石原的反對在內，對提出建設獨立國家、但無法明確堅定理念的關東軍而言，把中國人于沖漢提出的中國東北脫離中國本土、建立獨立國家的想法，作為滿洲建國的正當依據，這毫無疑問具有十分重要的意義。

九月二十四日，奉天地方自治維持會成立，擔任掛名聯名委員、人在遼陽養病的于沖漢，在奉天日本人居留民會長守田福松的懇切邀請下，於十一月三日現身奉天。由於委員長袁金鎧對斷絕與張學良政權和國民政府間的關係猶豫不決，加上正式成立省政府等事並不順利，且因為東北四省聯省自治的建國工作停滯不前，而焦躁不安的關東軍，為了打開僵局，便透過守田強力要求于沖漢出馬。

參謀本部編纂的《滿洲事變史》中，對于沖漢出馬的意義寫道：「于沖漢自入奉以來，在奉天城內的暫時住所裡，與治安維持委員會等人會面，提倡今後東北四省的統治方針，是絕對的保境安民主義。這使得猶豫不決、無法輕易下定決心的袁金鎧，到了十一月六日終於宣布和張學良政權、南京中央政府斷絕關係。」

儘管如此，從這裡可以看出，關東軍委任于沖漢的課題之一雖然有了進展，但對關東軍而言，于沖漢的出馬具有更重要的意義，那就是由他提出的建設新滿蒙政見。《滿洲事變史》中對於這一點是這麼描述的：「（于沖漢）造訪司令部，對建設滿蒙提出了適切的意見。軍司令官當然對他的意見全都表示贊同，（關東）軍在爾後的建設滿蒙方策參考了不少他的意見。」十月二日，關東軍雖然把口號由「擁護既得權」改為「建設新滿蒙」，但對

26〔編註〕汪兆銘（1883-1944），表字季新，別號精衛，歷史多沿用其號，稱其「汪精衛」，中國近代政治人物。青年時曾參與中國同盟會，一九一〇年，因謀刺清朝攝政王載灃失敗，被捕下獄問死。後在肅親王善耆斡旋下，改判終身監禁；翌年辛亥革命成功後獲釋。早年擔任孫文的秘書及文膽，歷任國民政府常務委員會主席、軍事委員會主席、行政院長、國防最高會議副主席及中國國民黨副總裁等。直到中國抗日戰爭初期，汪精衛仍是蔣中正主要政敵之一。中國抗日戰爭期間，汪兆銘主張「和平救國」，與日本合作組建中華民國南京國民政府汪兆銘政權。

仍在摸索建設新滿蒙具體對策的關東軍而言，于沖漢的政見彷彿天降甘霖。

于沖漢曾經在東京外國語學校擔任中文講師，在日俄戰爭時曾加入日軍活動，並敘勳六等，和日本的關係匪淺。之後加入張作霖勢力，先後擔任東三省保安司令部參議、東北特別區行政長官以及中東鐵路總辦等要職，期間也與擔任張作霖顧問的本庄繁相識。于沖漢在一九二七年下野，於張作霖死後雖復任東三省保安總司令部參議，但不久後就辭去該職，重返實業界。在政治方面，于沖漢雖然一開始擔任張作霖的幕僚，但反對張作霖進出關內，在王永江[27]死後，于沖漢和袁金鎧被稱為奉天文治派雙璧。之所以有這個稱號，主要是因為在于沖漢主張的「保境安民」主義中，提到了東三省政治、經濟自立，以及民生暢達。但是，在決心和中國本土一體化的張學良政權下，于沖漢屬於舊派遭到疏遠，失去政治影響力。不過，這樣的政治立場，對想要一掃張軍閥、以建設獨立國家為目標的關東軍而言，反而相當有幫助。

那麼于沖漢的政見，究竟包含什麼樣的內容呢？簡單來說就是：（1）打破軍閥政治，廢止惡稅，培養民力；（2）改善官吏薪資，提升位階；（3）創設審計院（會計檢查院）；（4）改革警察制度；（5）開發交通產業；（6）參酌歷史、人情、風俗等，逐漸完成自治制度。透過這些政策，使東北地方成為安居樂業之地。不過，對構想建立滿洲獨立國的關東軍來說，這些政策中最即時也最重要的就是：（1）絕對保境安民主義；（2）欲廢除軍隊將國防委任日本，即不養兵主義。

第一點的絕對保境安民主義是指，把東三省與中國本土隔絕，為了在此地實現王道政治、孕育理想樂土，和採取霸道政治的張軍閥政權、南京政府斷絕關係，建立獨立國家，貫徹此觀念的絕對條件也就是實行閉關自守。這也被稱為東北四省門羅主義，無庸贅言，這個想法和關東軍欲使滿蒙從中國本土分離的方針相吻合。據說，當時受到關東軍的命令起草新國家國制和法制的松木俠，看到這點雀躍不已。後來接觸到的橘樸，在新國家建國方針的開頭中，也以于沖漢的政見為準則，舉出建設獨立國家的絕對必要理由，便是徹底的保境安民。

第二點的不養兵主義是基於「在神聖的王道政治前，不需要軍隊……吾不侵人，人不侵我」（〈于沖漢的出馬及其政見〉）的國防論，于沖漢並且強調，「不養兵主義，在歐洲有瑞西（瑞士）之例，未必是不可實現之事」，這個看法可能是受到畢業於瑞士砲兵學校的長子——于靜遠[28]——的影響。總之，東北之地「若無爭端，也無歧視，一切待以平等、無差別，共同創造出凡事皆和樂的境地」，為了「在這裡建設冠絕世界的極樂淨土」，最首要之事就是廢除軍隊，如此軍閥政治將不會故態復萌，這就是于沖漢決定一搏的結論。于沖漢的不養兵主義被評價為，「這是于沖漢先生對新政權的政見中，最有卓見的想法，同時也是具有條理的大方針」，同時于沖漢也認為，獨立國完全不需要軍備，而面對來自蘇

27〔編註〕王永江（1872-1927），字岷源，號鐵龕，盛京將軍管轄區奉天府金州廳人。中華民國政治人物。東北大學首任校長。

28〔編註〕于靜遠（1898-1969），字任朴，盛京將軍管轄區奉天府遼陽州人，中華民國、滿洲國政治人物及軍事將領。

聯或關內的攻擊時，則將國防委任於日本。這對把由日本「掌理國防外交」列為新政權建設獨立國家首要條件的關東軍而言，可是求之不得的意見。

不過必須注意到的是，當時的中國因為軍閥肆虐，軍費大增，早就已經有了以孫文為首，提出「裁兵」的軍備縮小論，也有主張王道政治中重要的一環就是不擁有軍隊，所以絕不是只有于沖漢提出放棄軍備的論點。袁金鎧也提到：「完成警察制度，維持治安，絕不培育軍隊。」（〈余之理想〉，《滿洲日報》，一九三二年一月一日）滿洲國首任國務總理鄭孝胥[29]，也著眼於王道主義，大力提倡廢止軍備的「弭兵說」。甚至，國際間在一九二八年締結的《非戰公約》也同樣主張：「不以戰爭解決國際紛爭，放棄以戰爭作為國家政策的手段。」因此，放棄軍備的論點，絕非于沖漢突發而來的奇想。然而，為了貫徹不養兵主義，把國防全面委任給以戰爭為至上課題的軍隊——也就是關東軍——這不禁讓人覺得，于沖漢不養兵主義理念的矛盾和諷刺。不過，換個角度來看，高舉不養兵主義的和平主義理念，把國防委任他國，提供自國國土作為戰略基地的構想，不就正和戰後日本選擇的方向相似嗎？這樣具有諷刺意味的事情，在歷史上不僅于沖漢一人，因此不應該對這樣的過去一笑置之。

總之，于沖漢滿洲國建國根基的主要論點是：滿洲國獨立；在當地實現王道樂土；廢除軍隊，把國防委任於關東軍等，這些必定影響了關東軍和石原。這也表示，石原把于沖漢評價為「建國的最高功勞者」未必不中肯。當然，于沖漢等人之所以附和關東軍，不只是為了想要實現絕對保境安民主義而已，在東三省內政界的政治角力、經濟基礎以及利害關係等所衍生的問題也不能忽略。對此，橘樸關注到以下兩點，即相較於張學良系統的大地主，同時擁有軍閥和資本家的性格，反之于沖漢、袁金鎧等人，只是單純的地主，所以在張學良的近代化政策下，不論是在政治還是經濟方面，于沖漢、袁金鎧等人都是敗者，因而飽受威脅。東三省大多是單純的地主，所以有不少鄉紳在經濟方面，私下厭惡奉天軍閥，傾向袁、於陣營。因此，「（關東軍）想要把這些人拉入自己的陣營，並體認到要緊抓住他們」（〈大陸政策十年的檢討〉，一九四一年十月二十五日號）。

根據橘樸的觀察，他認為于沖漢、袁金鎧等人的保境安民主義和不養兵主義，不只是利用和平主義和分權主義制度，為地主階級永久掃滅敵對的軍閥勢力而已，同時也要拒絕來自中國本土的國民黨，和與之俱來欲侵入滿洲的資本家和無產階級勢力。這表示，于沖漢、袁金鎧等人追求的利害關係與政策，未必完全迎合關東軍。然而不可否認的，從結果來看，于沖漢等人的存在和其活動，助長了關東軍的建國工作。石原也因為接觸了于沖漢的活動和政見，促成了從「佔領滿蒙論」轉變成獨立國家論的契機。不過，反觀于沖漢，是否真的建立了如他所願的滿洲獨立國呢？

滿洲建國後，主張廢除治外法權、將附屬地行政機關權歸還給滿洲國的石原，前往探視了病況惡化的于沖漢，石原對當時的會面描述道：

29〔編註〕鄭孝胥（1860-1938），字蘇龕，號海藏。清朝改革派政治家，滿洲國建國的參與者之一，後出任滿洲國首任國務總理。

于沖漢非常開心地從病床起身，然後握著我的手說：「石原先生，您真是會做生意。附屬地竟然是連滿洲鐵道這不用顯微鏡都看不到的小地方，都歸入附屬地，然後把滿洲全給奪走了。」于沖漢緊握著我的手，流下斗大的淚水。當時的景象，我到現在也無法忘記。（前引，《滿洲建國與支那事變》）

以瘦弱的手緊握石原的手、流下斗大淚水的于沖漢，心中究竟想著什麼呢？在滿洲建國之初，擁有最大貢獻的于沖漢在當時心中浮現的滿洲，究竟是什麼樣的景象？

總之，于沖漢的出馬對滿洲國建國的意義在於，提出斷絕和奉天省政府張學良政權、國民政府間的關係，以及建設獨立國家的理念，也就是並非致力於從上而下的建國工作。關東軍需要于沖漢的更大動機還包含為了集結和張學良政權不相容的勢力，以獲得中國居民對新政權的支持。推動由下而上的建國機關，這正是等待于沖漢出馬後成立的自治指導部。

一九三一年十一月十日，關東軍採用于沖漢的提案，由于沖漢擔任部長，成立自治指導部。于沖漢本身極為重視地方自治在中國社會具備的意義，甚至也曾向關東軍表示：「地方自治是最適合支那國民性的制度。」關東軍因此更深入地討論，「直接以于沖漢為領導，同意成立自治指導部」（《片倉日誌》）。于沖漢對於自治的立場是，「所謂的自治，應該要參酌並關心當地的歷史、習慣、人情、風俗，一步就達到高遠的理想是很困難的」，也就是尊重舊慣論，與指導自治、改變當地舊有風俗習慣的論點完全相反。但是，對在兵馬倥傯之際進行建國工作的關東軍而言，當務之急是「創造新滿蒙，對上是排除軍閥政治，同時對下完備地方自治制度，以達到安定民心的福祉」（《滿洲事變》）。更重要的是「啟蒙各縣民眾，以此進行精神的結合，防止反逆行為」（《片倉日誌》）。關東軍深切地體認到，必須要消除佔領區居民對日本軍的敵心和抗日意識，收攬民心，以獲得其支持並協助建設新國家。

早在柳條湖事件發生以後，以奉天為首，撫順、安東、本溪湖、四平街、開原、遼陽、公主嶺等地，陸續成立地方自治會、治安維持會，這些組織大多是由日本人擔任顧問，也因此出現各會為了尋求利權的不法行為，與當地居民發生衝突。另外，關東軍對於像野田蘭藏[30]派這樣佔領鐵嶺縣政府成立自治會、義勇軍，欲強行進行激進自治改革，進而引發問題的地方自治會，認為：「他們的行動、體系擾亂庶民，反而導致混亂、不利的情況。深切地覺得必須著手強化統制、聯繫。」（《片倉日誌》）

因此，關東軍在十月二十四日于沖漢出馬前，就已經確立了統轄各縣地方自治會、治安委員會的〈地方自治指導部設置綱要〉，請求在滿日本人協助執行。呼應關東軍的包括滿洲青年聯盟、大雄峯會，還有由橘樸擔任主筆的《滿洲評論》雜誌社的人們。他們的積極參與，成了建國運動極大的推動力，在這裡編織出善政主義、民族和諧、建設王道樂土、復興亞洲、解放人類等各種夢想，並進而提出滿洲國的建國理念。

……

30〔編註〕野田蘭藏（生卒年不詳），滿鐵本社情報課課員。

……

◆滿洲青年聯盟與民族和諧

滿洲青年聯盟成立於一九二八年十一月。這一年，日本對國民革命軍的北伐，進行第二次的強行出兵山東行動，引發濟南事件（也稱五三慘案或濟南慘案）[31]，為排日運動火上加油。

同一年，日本國內舉行了第一次普選，這次普選雖然稱不上完善，但成年男子的意見可以藉此反映在國政上。不過，對於住在中國的日本人而言，卻有種被遺忘的感覺。在滿洲的日本人為了改變這種現況並活化言論，由《大連新聞》企劃了模擬議會——滿洲青年議會——並在第二次議會決議成立滿洲青年聯盟。聯盟的成立宣言中提倡：「滿蒙是日華共存之地，提高滿蒙文化，開拓滿蒙富源，彼此互益，確保兩民族無窮的繁榮和東洋永遠的和平，是我國一大使命」（《滿洲青年聯盟史》），把滿蒙定位為日中共存之地，並以提升滿蒙的文化和產業前驅性，當作日本的民族責任。然而，儘管高聲宣揚日中共存共榮和「大和民族無限發展滿蒙」，但在出兵山東、砲擊張作霖，以及張學良出馬等接連不斷激變的局勢中，在滿日本人直接面對了高昂的中國民族主義，甚至「如果順著這股情勢發展的話，日軍或許將面臨舉白旗撤退的命運」（第一屆支部長會議小日山直登理事長致詞）。在柳條湖事件爆發三個月前，在滿洲青年聯盟舉辦的打開僵局演說會上，即發表第二次宣言前，就已經感受到危機，即：「因為支那政府系統性的壓迫產業和蹂躪條約的不法行為，吾等在滿邦人的生存權目前正面臨覆滅的危機……如果坐視不管的話，帝國的權益將會遭受損害，進而引來亡國的厄運，覆滅祖國。」

滿洲青年聯盟為了突破當時的困境，從一九三一年初開始著手進行「新滿蒙政策確立運動」，製作並發放《滿蒙問題及其真相》、《致全日本國民——滿蒙問題及其真相》等說明排日實情的小冊子；派遣母國遊說隊；在滿蒙各地舉辦排日行為調查和時局演說會等，以喚起輿論的注意。在活動的全盛時期，全滿洲有二十二個支部，號稱擁有五千名會員（實際人數約二千三百人）。但是，在滿日本人活躍的活動，反而激起了遼寧省國民外交協會等中國方面排日運動的趨勢，滿洲青年聯盟為了防禦、對抗這股排日攻勢，就必須有支持其行動的理論與口號。一九三一年六月，聯盟便提出「期盼滿蒙諸民族和諧」的要求。所謂「諸民族和諧」是在三千萬在滿人口中，佔不到百分之一且遭受排擠的弱小民族——日本人——為了追求在滿蒙的生存權和平等，而提出的具有防禦性的口號。早在聯盟成立以來，就已經提倡「日華和合」、「日華青年和諧」、「日華共存共榮」等口號，但是，這些都是日中不具對等性、以日本居於優勢地位的口號。提出「諸民族和諧」的主要著眼點，是為了訴求逐漸居於頹勢的日本民族在滿蒙居住的正當性。確實，正如日本學者伊東六十次郎所描述的，「民族和諧」是面臨生存危機的「滿洲在住日本人，尤其是中小企業家，為了因應民族主義下支那人的排日運動，所提倡的口號」（《滿洲問題的歷史》）。

31〔編註〕指一九二八年五月三日國民革命軍在北伐途中經過山東濟南城時，日本方面藉口革命軍對城內的日本僑民進行燒殺擄掠，而出動軍隊展開報復，蓄意屠殺中國軍人與民眾的事件。

不過，同時要留意的是，滿洲青年聯盟在「期盼諸民族和諧」的同時，卻決議「無視國際信義，期許根絕排日教育」，而且原文寫著「期許撲滅排日政權」，這其中暗藏了對抗張學良政權的意圖。滿洲青年聯盟在滿洲國建國後說明「期許諸民族和諧」，一開始就是為了「創造民族和諧的國家」。事實是否真是如此，無從得知，但根據擔任滿洲青年理事長的金井章次[32]所提到的，第一次世界大戰後，風靡世界的民族自決主義促使了民族意識的覺醒與高昂，相較於人類的同質性，民族的異質性更受到重視，而這也就加劇了民族間的對立，使世界陷入混亂，為了匡正此弊害，必須創造民族和諧的國家。這樣的想法在滿洲青年聯盟中成為主流，但是，如果在張學良政權下提出「期許撲滅排日政權」，就會被視為政治犯，所以改成「期許諸民族和諧」的抽象說法。所謂民族和諧的國家就是：「俟強國指導，集結各民族成立複合民族國家，如此可確保國家的主體性。這樣就必須以指導國家（日本）為中心，重組世界……然後張學良的惡政將會倒下，民族必然會滙集，建立道義國家。這樣的想法支配著青年聯盟。」（金井，〈滿洲建國與青年聯盟的活躍〉，宮內勇編，《滿洲建國側面史》）。不過，很難同意在滿洲事變以前，當時的主流想法是「創造民族和諧的國家」，因為在協助關東軍的戰後處理、政略工作，甚至從事自治指導的過程中，滿洲青年聯盟對於民族和諧的想法，才從要求確保日本民族生存權，轉變成以指導國日本為核心，成立複合民族國家的指導理念。

在滿洲事變以前，滿蒙青年聯盟基於民族協同，建立滿蒙獨立國家的構想，並不是完全沒有問題。比如，主要成員之一的山口重次[33]，在一九二七年六月以〈三十年後的滿蒙〉

為題，刊載在滿鐵員工會雜誌《協和》的這篇文章中建議：「廢除舊有省政，結合蒙古和東三省成為自治國」，並期待「新自治區內的各個國籍者，不論漢人、滿洲人、蒙古人、鮮人、日本人皆無分別，同為自治區的市民，一同參與政治、共同負擔義務……以實現人類相愛、共存共榮的理想境界」。的確，這裡描述的是各民族皆平等互助、理想的滿蒙自治國景象。不過，就像這篇文章的標題一樣，描述的是三十年後的滿蒙，山口本身在一九二七年時，可能還沒考慮到新國家實現的可能性。但是，在兩年後的第一次滿洲青年聯盟會議上，營口支部的中尾優提出，「把滿蒙這一特殊地區，從支那動亂的漩渦中救出，並為了維持永久的和平，確定援助國民，以期達成滿蒙自治制」的議案，接著在第二次會議上，對同樣的議案進行討論。中尾之所以提出此議案，是因為滿蒙本來就不是中國固有的領土，儘管日本耗費龐大的犧牲進行開發，但卻因為軍閥的野心遭受災難，陷入慘澹荒廢的狀態，民眾也為暴戾壓制所苦。在這樣的認識下，中尾相信為了使滿蒙三千萬民眾「脫離恐怖時代，帶來永久的和平……在此發揮自治的機能，向全支那展現自治的典範，才得以確保東洋永遠的和平。吾人以善鄰之誠意，給予國民援助，確保帝國權益，開發滿蒙，這才是共存共榮的本義」（《滿洲青年聯盟史》）。

滿洲國建國運動的理論結構已經準備好了，也就是視滿蒙為特殊地區，日本人和三千

32〔編註〕金井章次（1886-1967），日本長野縣人，日本大正、昭和時代前期的醫生、官僚。
33〔編註〕山口重次（1892-1979），昭和時期的右翼運動家。

萬中國民眾都是受到張軍閥壓制的犧牲者，打倒張學良成立自治國家，展現日本人誠意，這同時也是民族和諧的本義。然而，因為在滿蒙建立新國家屬於干涉內政，加上新國家成立後，讓眾人放棄國籍並不妥當，將出現外交上的窒礙，因此中尾的這項論點被予以保留。但是，在柳條湖事件後，於十月十六、十七日召開的第四次會議上，出現了大轉變，通過了《聯省自治滿蒙共和國案》、《民族和諧具體案確立案》、《促進滿蒙現在居民福祉運動案》等決議。接受這些決議後，十月二十三日滿洲青年聯盟以理事長金井章次之名，向關東軍司令官本庄繁提出〈滿蒙自由國家建設綱領〉。其中強調：（1）東北四省徹底開放門戶；（2）在各民族和諧的旨趣下，以自由平等為宗旨，目前居住在滿蒙的居民為自由國民；（3）藉由排除軍閥，徹底施行文治主義，使東北四省脫離兵亂的中國本土，以期東北四省徹底地進行經濟開發。可以看到，綱領中所說的民族和諧和建設滿蒙獨立國家是一體的。另外，自由國家的自由「與自由主義不同，是指各民族不論在政治上、經濟上，都可以自由活動」（平島敏夫，〈青年聯盟當時的國際環境〉，《滿洲建國側面史》），即徹底開放門戶的同時，在不變更在滿日本人國籍的條件之下，保證他們可以自由活動。然而，這其實是在被排日運動逼得走投無路的情況下，滿洲青年聯盟即使抱著舉白旗退回日本的覺悟，也要期盼著「大和民族的發展」。

對滿洲青年聯盟來說，關東軍發動武力就可一舉解決積年累月的弊害，這同時也是千載難逢的好機會。九月二十日，滿洲青年聯盟排除國際聯盟、南京政府的干涉，支持關東軍以自衛權起而行動，並發表聲明，「滿蒙應由其善良的居民自治」，「這是大和民族向大陸發展的第一步，爽朗地跨入，高昂地飛進」，決議協助關東軍。對受日本政府的不擴大方針影響，因而得不到在滿機關、滿鐵官方參與的關東軍而言，滿洲青年聯盟的聲援就像是雪中送炭，並由滿洲青年聯盟員代為擔任恢復產業、交通、通信，及掌握商務會、農務會等政略工作。比如，以原口純允管理營運奉天電燈廠；由山口重次接收、復興瀋海鐵路；小澤開作（指揮家小澤征爾的父親。順帶一提，征爾這個名字是分別取板垣征四郎和石原莞爾中的「征」和「爾」字而來）等成立東北交通委員會；是安正利設置產業委員會負責礦山、電話局、軍服廠、兵工廠等官營事業的復興。另外，滿洲青年聯盟也參與行政機構的整編，在遼寧地方治安維持會顧問金井章次之下，色部貢等人負責開設財政廳；星野龍南等人負責開設實業廳；阿比留乾二負責法院的營運。有關行政機關整編的方針是，以日本人為顧問、諮議，「基本上施行善政主義，並由日本人掌握實權」（〈恢復遼寧省政治機關要領〉）。金井就任顧問不久後，就令升巴倉吉進行省政調查，同時委託中西敏憲擬定地方行政制度和地方營運。中西和關東軍的板垣、花谷正協議制定〈地方自治指導部設置綱要〉，根據這個綱要，透過金井下達各縣有關自治之事，要接受地方自治指導員的指示，同時為了推動新國家建設，設置自治指導部。

在這一連串的活動中，滿洲青年聯盟先打出民族和諧的口號，因此成功地動員了丁鑑修[34]（早稻田大學政治經濟科畢業）、金璧東[35]（日本陸軍士官校畢業）復興瀋海鐵路、重

34〔編註〕丁鑑修（1886-1944），盛京將軍管轄區奉天府蓋平縣人，中華民國、滿洲國政治人物。

整東北交通委員會，于靜遠、王子衡（早稻田大學政治經濟科畢業）、王秉鐸（京都帝大法學部畢業）等中國人進入自治指導部。石原等人也認識到，打著民族和諧的旗幟，能夠使滿洲的建國事業更容易、更圓滑地進行。滿洲青年聯盟在柳條湖事變發生後，三次向日本派遣母國遊說隊，致力於宣傳以王道主義為建國的理想，建設民族和諧的新國家這樣的輿論。這項活動奏效，民族和諧成為新國家的口號廣為流傳。協助滿洲青年聯盟的中國人幾乎都有留學日本的經驗，在〈自治指導員服務心得〉的注意事項中也規定：「盡量採用日本留學生和通曉日文者擔任縣吏」，從這點就不難推測，推動民族和諧的實際情況和口號的有效性。不過，在激烈反抗關東軍軍事行動的東北三省，則利用在滿民間人士的地緣關係和長年累積而成的人脈關係，透過在滿人士參與維持治安、協助歸順關東軍的工作，新國家建設的工作比石原預期來得更加順利。

另外，和滿洲青年聯盟一起進行建國工作、擁有更強的思想性和使命感，且挺身於朔北之地的正是以笠木良明[36]為首的大雄峯會的成員們。

◆大雄峯會與興亞的大浪潮

一九二八年九月，滿鐵東亞經濟調查會的大川周明，為了對抗國民黨的三民主義，前往拜訪張學良，建議「在東三省實現王道國家，寫下世界史的新篇章」（大川，〈訪張學良先生記〉，《月刊日本》，一九二八年十一月）。大川雖然寫下張學良贊同建設王道國家，但實際上東三省在斷然改旗易幟後，事態卻朝著與大川勸說時完全相反的方向發展。不過，滿蒙脫離中國本土，建設王道國家，以作為復興亞洲基地的想法，至少對大川成立的猶存社、行他社，以及在其旗下成立的東京帝大「日之會」、京都帝大「猶興學會」等關係者產生影響，受此思想感召的青年們，都為了實現夢想動身前往滿蒙。

在奉天，以和猶興學會相關，一九二七年前往滿洲後成為開業律師的中野琥逸為中心，包含庭川辰雄、江藤夏雄等人在內，基於想在滿蒙建設道義國家的想法，與奉天特務機關、關東軍接觸，並受其扶植。一九二九年，在東亞經濟調查局大川的影響下，參加猶存社並參與創立行地社的笠木良明被調往滿鐵本社，前往滿洲後在大連也成立同樣的團體。大雄峯會正是在這兩個團體合而為一後發展而成的組織，一九三〇年秋天，笠木良明仿效百丈懷海禪師[37]安住在百丈山，取其獨立不羈「獨坐大雄峯」的意境，作為會名。

大雄峯會的總成員數約三十多人，和滿洲青年聯盟不同，大雄峯會不進行對外宣傳活動，也沒有組織綱領，所以不清楚大雄峯會究竟是根據什麼主張進行活動。不過，基本上是以笠木為中心，集結對其思想有共鳴的同道者，所以大雄峯會應該是以笠木的復興亞洲

35〔編註〕金璧東（1897-?），清肅親王善耆第七子，旅順日本振武學校畢業。金早年隨其父來旅順定居，是宗社黨的有力成員之一，也是著名女諜川島芳子之兄。

36〔編註〕笠木良明（1892-1955），大正至昭和時期的國家主義者、右翼運動家。

37〔編註〕百丈懷海（749-814），俗姓王，名懷海，福州長樂人，唐朝禪宗禪師，為馬祖道一門下，承繼洪州宗禪法。因居洪州大雄山百丈巖（位於今江西宜春市奉新縣），人稱百丈懷海。

思想和佛教信仰為根基。

笠木投稿於以「解放有色人種」、「世界道義的統一」為綱領的行地社所屬雜誌的文章中，認為理想的國家應該是：「國家的目的、理想，在於體現理法之處。」（〈愛國者的唯一之路〉，《月刊日本》，一九二五年七月）從使用「理法」一詞，就可看出笠木醉心於佛教，而所謂體現理法的國家則是：「不是為了利己，以統一世界之野心為目的之舊式國家，而是擁有統治世界的正確力量、擁有正義之人，以及王道國家，即神能夠對現實虛偽的世界進行審判的正直國家」（同前）。當然，一九二五年時，笠木構想的王道國家是以正義理念統一世界的道義國家，只是一個理想的國家概念。這樣的國家只是理想，現實中則要透過民間運動努力復興亞洲、解放被壓迫的民族。

一九二六年，笠木脫離行地社，自行成立東興聯盟，並以「致力於實現全世界受壓迫的有色民族的正當要求」為綱領。就如同綱領中所明確指出的，笠木的興亞主義不光是復興亞洲，還要解放全世界遭受壓迫的有色民族，這一點和滿洲青年聯盟山口重次否定種族偏見、民族偏見，主張人類相愛想法的有一脈相通之處。不過，笠木認為歐美世界各地的有色人種遭受壓迫，日本民族同樣也是屬於遭受壓迫的一方，雖然抱著如同救世主般的使命感，必須一馬當先引導同樣遭受壓迫的有色民族獲得解放，但卻完全沒有意識到日本壓迫臺灣、朝鮮的事實。即使是笠木也不例外地擁有日本興亞主義運動的特質，也就是過度地覺得受到壓迫，但卻沒有壓迫他人的自覺。不過，在前往滿洲以後，笠木的興亞主義主導東亞青年居士會，並配合此會提出「藉由在家修行佛教，進行東亞的精神復興」。相較於政治方面的主張，笠木吸引眾多青年的原因在於，笠木具有修行者或教主性（有建立新的思想、運動傾向的人）的人格和處事。大雄峯會也以猶存社、行地社系統的人們為基礎，逐漸發展成笠木信奉者集團，事變後會員數更超過八十人。

事變發生後的十月十八日，大雄峯會在奉天的妙心寺召開總會，呼應一同出席的板垣、石原等關東軍幕僚的要求，決定協助建國運動。大雄峯會的具體行動為，首先對由大雄峯會員中野琥逸、庭川辰雄制定的〈關於地方自治指導之私案〉進行決議，最後決定大雄峯會全面地參與自治指導。之後，關東司令部採用了參照〈關於地方自治指導之私案〉，和由滿洲青年聯盟的中西敏憲等人制定的自治指導方針、要領，於十月二十四日確定了〈地方自治指導部設置綱要〉。根據這項綱要，地方自治指導部的目的是：「遵循善政之旨趣，以廢止惡稅、改善縣吏待遇、融合各民族、斷絕與舊軍閥間的關係，啟蒙各縣民眾，並以精神統合為任務，致力於防止反逆行為。」由地方的權勢者、團體成立縣自治執行委員會，由自治指導部派遣的縣自治執行委員會進行具體的指導監督，並決議縣自治執行委員會的成員——即自治指導員——「以日本人為主」。這個制度的目的是為了掌握地方的權勢者、團體，並將其拉進統治機關，從這裡就可看出，關東軍打算建立擴及末端的統治途徑。然而，為了讓地方勢力與舊軍閥斷絕關係，同時讓不知道會採取什麼行動的他國軍隊提供協助，必須提出廢止惡稅、改善縣吏待遇、各民族融合等理念。十一月十日，自治指導部制定的〈地方自治指導部條例〉提出，「一掃與軍閥有關的舊勢力，以縣民自治的善政主義為主」，即高唱依循善政主義，因為所謂的善政與批判、排斥張軍閥的惡政、暴政以及秕政（跟惡政同義）是一體兩面的。然而，善政主義是讓「自治指導員不顧危險，抱著犧牲的覺悟」在戰火硝煙彌漫之地說服他人，這讓自治指導員面對這項任務時的動力薄弱（〈關於地方自治指導之私案〉）。要賭上性命，投身於危險之地，必須鼓起熱情、自我鼓舞，因此，在困境中更需要遠大的理念、使命感支持身心。相較於理論，更需要接近於宗教信仰的信仰體系，能夠提供這個信仰體系的正是笠木良明。

十一月十日自治指導部成立後，即刻以部長于沖漢的名義，在遼寧省內廣泛地發布〈自治指導部布告第一號〉。布告中首先提到，「自治指導部真正的精神是，志在竭力掃蕩天底下所有的苛政、誤解、困惑、糾紛等，建立極樂樂土」，接著寫道：

> 不論居民是哪國人，要喚起其心中的大慈悲心、重信義，以共敬相愛，完成這劃時代天業的至誠，應具有實踐襟懷的覺悟。
>
> 亞細亞的不安將會轉化成東亞的光明，這道光明將會照耀全世界，成為帶來全人類真誠大和諧的徵兆。在這大乘相應之地上，傾全力建立歷史上前所未有的理想境地，也就是乘著興亞的大浪潮，導正人種的偏見，以確立不悖中外的世界正義為目標……指導部面對前途困難重重的難關，以大理想實踐者之姿，邁向無我之路。

這項布告據說是由笠木起草，經于沖漢裁決後發布，但實際上應該是完全由笠木制定，因為其中顯示了笠木的思想特徵，即興亞主義和佛教信仰的結合。在滿蒙這一大乘相應的土地上，建立史上首處的理想境地、極樂樂土，以作為興盛亞洲、沒有種族偏見的世界正義之根據地，實踐這項建設是劃時代的天業，所以必須抱持著大慈悲心，以共敬相愛、至誠、無我的境界進行，也就是以歷史神聖的使命定位滿洲國的建國意義。笠木認為：「滿洲王道建國的聖業是一項偉大的思想運動……即使從別的角度，把這項運動稱為精神、倫理，或是宗教運動也沒有任何問題。」（〈滿洲國憲參事官的大理想〉，《大亞細亞》，一九三三年十月）自治指導員在這項「千年大業」中，必須以「無所求之行」、「菩薩道的行者」為己任，以身為「建設王道國家的犧牲者」不惜生命，捨棄世俗的一切煩惱遵從聖業。這就是自治指導部的指導精神，同時也可以說是笠木精神、笠木學說的概念。這個可以稱得上是超脫狂熱的處世之道，醞釀出崇高自我的氛圍。不過，這對信念不同的人而言，便會是一種困擾。在強烈使命感支撐下的笠木學說信徒，和「天業組」交織出一種畏懼、藐視的想法，這也使得滿洲青年聯盟體系之間逐漸產生鴻溝。

儘管如此，基於笠木的精神基礎，自治指導員們以建國的犧牲者之姿「勇往直前」地赴任。到一九三二年三月自治指導部解散前，自治指導部派遣指導員前往奉天省和部分吉林省，共計五十八個縣，自治指導員成為建國運動的基層推手。在建國後，隨著一九三二年七月自治縣制和縣官制的公布，自治指導員改名為縣參事官，一九三七年，因修改縣官制，再改名為副縣長。儘管如此，自治指導員仍舊以厭離名利、無我至純為本，繼承自治指導部的道統，即「真誠地發揮符合王道國家的精神和德力，教導官民」。即便是現在認為滿洲國是理想國的人們，仍舊根據自治指導部崇高的理想、道義性的奮鬥、一股腦成立理想國的熱情，給予評價。

至純、無我、無償奉獻、善政等口號，對擁有共同信念的人而言，也許具有提高士氣的作用，但如果換個立場來看，對不具有共同信念的人而言，則是片面且被迫接受這些口號，沒有選擇餘地被「教導」，甚至鬱悶地無法退縮。不難想像相信此一真理信徒的信念愈是堅定，或者傾注的熱情愈專注執著時，對想要自立的人們而言，其加諸在心理的壓力應該會沉重得難以抵抗。再換個角度想，自治指導本身就是帶有矛盾的詞彙。自治的本義是，根據自己的主體意志治理自身之事，因此，不應該存在指導。由上而下的指導一開始雖然帶來自治，但是如果一直都是這種狀態的話，那就稱不上是自治了。不過，大多數匯集在自治指導部的人，無疑地把指導、教導政治能力低落的中國人自治，當作是理所當然的使命。笠木對於這一點有以下描述：

現在的滿洲如果達到真正發達的自治的話，那為什麼民眾會持續生活在惡政的桎梏之下呢？為什麼會因為土匪、政匪、商匪、學匪跋扈肆虐，使得自由受到壓迫呢？所謂發達的自治，其實潛藏著他們惡意的毒牙，只以維持物質層面，拙劣地拼湊而成。在政治方面，甚至沒有進取的精神、道德的根基，真、假自治的差異相差萬里。即使是由具有道義、勇氣的年輕一輩日本人推動真自治，也綽綽有餘。（笠木，〈滿洲國縣參事官制度的重要性〉）

也就是說，如果不使不知道真正自治的中國人覺醒，將無法建設民族和諧的王道國家，這正是笠木認為自治指導不可或缺的理由，自治指導員是「思想、感情，以及精神上的大導師，要求教所應教，拒所應拒之事」（〈自治指導員服務心得〉）。從這裡也可看出，這跟以麥克阿瑟為首的盟軍最高司令官總司令部（GHQ）[38]，把日本人當作十二歲的孩童，認為日本沒有落實真正的民主主義，所以沒有抵抗軍國主義，因而發動戰爭，為了真正地解放日本人，必須教導他們民主主義，必須以民主主義的學校中的「地方自治的宗旨」，使日本人覺醒的想法一樣，同樣具有威權干涉主義。

笠木提倡民族和諧的同時，不只對日本民族身為「興亞大導師」的主導立場深信不疑，甚至把滿洲建國當作是繼承明治天皇的遺業，以發展日本皇道。在沒有經過于沖漢校閱，由笠木制定的關東軍司令部極機密文件，即十一月四日自治指導部成立以前制定的〈地方自治指導員服務心得〉中也清楚地記載：「自治指導部的理想是，繼承明治天皇的偉業，在因緣甚深的滿蒙之地，跨出日本背負世界這一大使命的第一步。」笠木確信「明治天皇的大心和觀音的大慈悲，將發自亞細亞，廣及世界，這就是所謂的大亞細亞」（前揭，〈滿洲國縣旗參事官的大使命〉），這正是規範笠木所有思想舉止的準則。

38〔編註〕此單位為戰後美國根據《波茨坦宣言》接管日本，進行軍事佔領，在日本所設立的最高軍事單位。此單位間接統治日本，至一九五二年結束，日本恢復完整主權，但部分領土如沖繩則遲至一九七二年才結束軍事佔領、代管的狀態。

把滿洲國當作是皇道聯邦下的一個子邦，達到八紘一宇[39]的歷經之路，此一建國後的滿洲國觀，早在著手進行建國運動時，已經有了雛形。其中，還帶著唯有日本民族才能使沒有自覺的亞洲民族覺醒，奪回被奪走的亞洲，背負難以擺脫的、導向解放之路的重大使命的救世主和指導民族的天職觀念。兩者同樣把滿洲建國視為解放被壓迫民族的基礎，建設王道聯邦的序幕，不，除此之外還存在著與自治指導部相關的人們強調，滿洲建國更應該在由下而上的居民自治組織湧出的力量下達成。他們就是橘樸、野田蘭藏等人，尤其是橘樸，他主張由中國農民自己主導的國家建設，才是王道立國的理想，並提出在自治下的王道政治、王道主義，才是滿洲國的指導理念。

◆橘樸與自治的王道

瞭解自己的祖國——中國——不落人後的魯迅所評價為「那個人比我們更瞭解中國」的日本人，正是橘樸。

一九〇六年前往中國後，橘樸以《遼東新報》、《濟南日報》、《京津日日新聞》等為據點，從「個性自由延展」的個人主義、自由主義的角度出發，振筆寫作，並被稱為「滿洲的（長谷川）如是閑」[40]。他不僅是名記者，同時還出版《月刊支那研究》、《支那研究資料》，之後更著作《支那社會研究》、《支那思想研究》（皆為一九三六年出版），從事中國社會研究，逐漸地以在地派中國學者之姿，聲名高漲。橘樸對自己的活動表示：「往往被誤解為支那學者，但是我的專長始終如一，就是觀察支那社會、進行評論的評論家。我評論支那的動機不是基於好奇心，或是對知識的渴求，主要的政治目的是為了，尋求日支兩民族正常關係的理論和方法。」(《職域奉公論》，一九四二年）在日俄戰爭後，隨著日中戰爭結束，橘樸的言論活動主要是因為對日益惡化的日中關係感到憂慮和氣憤，迫切地想要改善，甚至可以說，在中國沒有像他這樣具領導性的日本人。在中國的日本記者幾乎都是從自身國家利益的角度，以日本人高高在上的眼光來看日中關係，因此即使是有良心的日本人，有時或許覺得自己成了強烈的「中國愛好者」(Sinophile)，但放下自己心中的尺後，總不免轉而嚴厲批判中國的落後。在這樣的情況下，橘樸的存在確實相當特別。橘樸之所以能夠以凜然的角度觀察中國，那是因為他在中國生活的同時，也把仔細觀察眼前活生生的中國人和中國社會，當作自己的課題，並拒絕安於一般的論述。

透過橘樸所看到的中國，既不是停滯不前，也不是毫無秩序的國家，也不像稻葉岩吉、矢野仁一等東洋史學家所說，之後石原、板垣等人也跟著附和的，即中國國民欠缺成立國家的能力。橘樸認為中國只不過是「在武力鬥爭中，相互分持不當的政治組織而已」(〈支

39〔編註〕八紘一宇是由日本佛教在家眾團體國柱會的日蓮主義者田中智學所生造出來的詞語，據稱有「道義上的世界統一」之意義。大正二年（一九一五年）三月十一日，國柱會機關報《國柱新聞》刊登的文章〈神武天皇的建國〉首次提及這一片語。

40〔編註〕長谷川如是閑（1875-1969），日本記者、作家、評論家，反法西斯主義者，一生橫貫明治、大正、昭和三代，著作多達三千本左右。

那會變得如何〉《月刊支那研究》，一九二五年二月），認為中國民眾社會中蘊藏著尚未開發且無限的能量。因此，橘樸認為日本人抱著「自豪自己比中國先進，卻沒有進行反省」，和「認為支那人大多是欠缺道德情操的民族」（〈認識支那之路〉《月刊支那研究》，一九二四年十二月）等想法，不只是對中國錯誤的認識，同時也是極為危險的日中關係偏見。

在導正這些偏見時，橘樸最著重在日本人身上，因此不斷從海的另一邊發出警告，提醒日本人要正視中國的民族主義，不要做出錯誤的對應。對一九二五年以「收回租界、打倒帝國主義」為口號的五卅事件[41]，橘樸認為，在以「第二團匪事件」強烈批判中國的論調中，應該勇於承認中國人的要求具有正當性，甚至指出日本人要進行歷史性的反省，即「過去對支那人犯下嚴重過錯的日本人，應該斷然在這個時候，以過去犯下的過錯為恥，有義務對支那的態度做出巨大轉變」（〈支那最近的民族運動及上海事件的思想背景〉《月刊支那研究》，一九二五年八月）。橘樸所說的巨大的轉變，正是終止把中國當作奪取權益的場域，應該轉變成民族同等發展的「對等主義」、「平等主義」，從這個立場致力於「總是為支那著想，不，應為了地球上所有有色人種的權益，減少西洋各國的獨斷與偏見」（同前），如此中國將會真摯地接受日本和日本人。這個對等主義、平等主義的原則當然也適用於滿洲，要求「第一，把政治、軍事企圖從日本的滿洲政策中排除」、「第二，努力發現民眾的意志和利害關係並據此行動，以取代和（張作霖）軍閥締結私人關係的外交活動」，並「斷絕把滿蒙當作解決人口政策的想法」（〈批判支那的新基調〉《讀書會雜誌》，一九二六年十一月）。不用說，這些要求不只是要日本放棄在滿蒙的權益，更和石原等人所追求的佔領滿蒙完全對立。儘管如此，橘樸為什麼要附和關東軍的軍事行動，並灌注自己全部的學識和熱情，以協助建立滿洲國呢？

橘樸批判滿洲事變發生後的關東軍和朝鮮軍的行動違反了軍規，他為了想要更瞭解事變內容，十月初在位於奉天東拓樓上的關東司令部，與板垣、石原等關東軍參謀會談。會談後，橘樸認為關東軍的行動是「解放亞洲的基石，把東北四省納入版圖，建設成一獨立國家，日本不只會以絕對的信任，全數歸還一切既得權益，還將竭盡所能給予援助」的正義之舉，並「懷抱著此舉同時可以間接地期待祖國的改造，使勞動大眾從資本家政黨的獨裁和壓榨中解放，以此作為真正解放亞洲的原動力，趁此之勢建設理想國家」。對橘樸而言，關東軍的行動不是順著資本家政黨的意圖、妄動的軍閥行為，反而是抱持著反資本家、反政黨的志向，以全新國民性、職業性的自覺，在日本全國農民大眾熱烈支持下的行動。由於「一旦觸動到異常緊張的國民氣氛，多少會有所感慨」，因此，橘樸把石原等將校團「當作是在抵達某目的地為止，值得依賴的同行者，並期待這股新勢力」，所以努力地構想滿洲國建國的指導理論。以上內容是橘樸在會談後約三年，在〈我的方向轉變〉（《滿洲評論》，一九三四年八月十一日號）一文中所做的說明，這篇文章中包含了不少事後的補充

41〔編註〕又稱五卅慘案。因發生於一九二五年五月三十日而得名，是反帝國主義運動五卅運動的導火線。是日，上海學生兩千餘人在租界內散發傳單，發表演說，抗議日本資本家鎮壓工人大罷工、打死工人，並號召收回租界，被英國巡捕逮捕一百餘人。下午萬餘群眾聚集在英租界南京路老閘巡捕房門首，要求釋放被捕學生。英國巡捕當場開槍射擊，死傷多人，造成震驚中外的五卅事件。

解釋。不過，以自由主義者之姿，對矛盾的資本主義經濟體制抱持深刻懷疑的橘樸而言，反資本、反政黨的色彩鮮明，以建立新國家為目標的關東軍，或許正是打破資本主義窘況、促進勞動者民主主義的推動力。另外，在惡化的日中關係中，不斷尋找解決對策的橘樸，對於妨礙中國民眾自由發展的軍閥勢力，不論用什麼方法，總之都要先予以驅逐，以開拓中國變革之途的想法，和關東軍的行動幾乎沒什麼兩樣。不過，橘樸不把滿洲事變視為侵略，而是解放中國民眾和亞洲，甚至是改造日本的契機，從這一點來看，不可否認的，橘樸已經不自覺地陷入了自己迄今以來一直批判的、以日本觀點討論中國問題的非對等主義之中了。至少，橘樸如果始終保持迄今為止深切關注中國人立場態度的話，那麼應該會從張學良軍閥的經濟政策、排日政策中，發現中國的民族主義，並預想到可能由此孕育出自強運動。結果，橘樸也被關東軍、在滿日本人「賭上生命，在我眼前勇往進行」的建國運動吸引住了，在其中看到解決自己思想上窒礙的契機。這對橘樸來說，就像是死裡求生的一搏。

即便如此，橘樸「還記得且覺得最有趣的是，為了建立滿洲國，特別提出農民民主主義，並予以培養、鼓吹」(〈我的方向轉換〉)，從以上內容來看，橘樸根據這些言論展開活動是不爭的事實。橘樸認為實現建立滿洲國的中心原理，即農民民主主義的方法只有人民自治，這對橘樸而言，同時也是實踐王道的方法。成為自治指導部顧問的橘樸和野田蘭藏一同制定《適用於東北社會的人民自治之根本要義》(一九三一年十一月十日，《陸海軍文書》八一六號)，其中提到人民自治「不是近年來法治國家直接翻譯自成文法的自治之意，進而採行的地方制度，而是在中國社會的文化、經濟等各條件的前提下，企圖改善現實生活和生活方式之事」。對橘樸而言，相較於歐美、中國，日本對自治的認識仍屬幼稚，所以日本人無法指導中國人，假使中國農村的家族、土地廟制，和都市的同業組織、市商會等組織發揮充分機能的話，應該能夠實現人民自治。可是其中須注意的是，資本主義的發展在各種自治組織產生階級支配關係。如果不根除這個問題的話，將無法達到真正的自治，尤其如果不救濟貧窮的農民，則農業國家的滿洲國建國，也會功虧一簣。因此，對橘樸等人而言，自治指導部的指導目標是「欲提升民生」，並針對「第一，治安。第二，改善民政，也就是廢除惡稅，減輕負擔。第三，改善生產及販售組織，尤其是農村的合作運動」設立重點指導部門。從滿洲的農民超過百分之九十五，其中大多是漢民族來看，橘樸所說的自治，是農民自治，也是職業自治，同時還包含民族自治的意涵在內。這裡所說的自治「從消極的層面來說，是國民以團體的力量，企求自我生存之意，積極的層面則是，以同樣的方法爭取福祉」（〈滿洲新國家建國大綱私案〉，《滿洲評論》，一九三二年一月十二日號），其主要內容就是以團體自治保障國民的生存和增進福祉。

橘樸提議保障國民完全自治，以各種自治組織形成層層結構「分權的自治國家」，建立滿洲國，正因為建立分權的自治國家，才有實現王道國家的願景。因此，橘樸早就開始進行王道政治的研究，如在一九二五年就已經提出展望，即「不認為王道政治曾經在太古時輝煌，反而會在將來實現，並將使支那民族的政治生活得以幸福，也期待為窒礙的西洋文明帶來大大的暗示和刺激」（〈編輯之後〉，《月刊支那研究》，一九二五年三月）。之後更持續研究，並在滿洲國建國時提出，以自治實踐王道的看法。橘樸在自治指導部舉行的演講中便說明，實行王道的社會是「以『一切人民的生活獲得保障』為第一，開發財富不使其私有為第二，為社會付出勞力為第三，這三項條件若能實行，這便是禮運（《禮記》禮運篇）所稱的『大同之世』」（〈實現王道的自治〉，《滿洲評論》，一九三一年十二月五日號）。實現這個大同之世，也就是王道烏托邦社會的主體正是自治指導部。橘樸把自治指導部定位為，為了創造王道國家此一特殊國家的促進機構，因此自治指導部所擔負的使命為：「其使命範圍雖然僅侷限於完成縣自治體，但如果把縣擴大到國自治，這將會是王道政治完成為止的基礎工程。」

橘樸把建設王道國家的希望，託付在自治指導部的分權自治國家，為了補救自治指導部的不足，橘樸在一九三一年十二月自行成立建國社，以調查、研究、宣傳和新國家建設相關的現象、理論，並在隔年二月發表〈建國社宣言〉。宣言的起草人是野田蘭藏，但如果從過去的情況來看，便可發現宣言書的內容幾乎和橘樸的想法相同。其中定義王道為「實現儒教大同社會思想的政道倫理，保障民生財富社會化必然的經國大道」（〈王道理論的開展〉，《滿洲評論》，一九三二年八月十三日號），同時終於把王道思想和建立滿洲國之間的關係做了說明，「滿洲事變使舊東北軍閥政權崩壞。伴隨軍閥崩壞的結果，幾百萬的滿蒙諸民族和三千多萬的中華民眾，從封建的枷鎖中被解放，解放後即刻喚醒滿洲社會的亞細亞本質，以其傳統的生活思想和自治機能建設新的王道國家」，即建設王道國家是歷史、社會的必然結果。也就是說，亞洲民族的王道思想一直存在於傳統生活之中，當從舊軍閥的枷鎖中解放時，儘管是在半封建的社會條件下，但以民眾自治型態建設王道國家的前提已經整備好了。宣言中說明了滿洲王道國家的必然性後，接著提倡建設王道聯邦，強調「建設滿洲王道國家，不是為了蘊藏在滿洲人民之中的樂土，也不是為了日本帝國的生命線，更不是法西斯主義的表演場。在目前面臨捲入太平洋漩渦的這場世界人類生存戰中，確保我亞細亞王道社會得以自存的唯一無二的勢力，即以建設王道聯邦母體為使命」。所謂「捲入太平洋漩渦這場世界人類生存戰」指的是，日美兩國將可能發生世界最終戰，這一點和石原以滿洲作為日美戰爭基地的假想一樣。另外，把滿洲新國家作為亞洲王道聯邦母體的論點，和之後由石原、滿洲國協和會[42]提倡的東亞聯盟論也有關聯。

橘樸加入王道概念的滿洲建國原理，以及滿洲青年聯盟提出的民族和諧，兩者同為新國家的指導理念，受到高聲提倡。另外，橘樸當初主要著眼於保障人民生存和農民自治的王道，他在論述王道於世界史上的意義時指出，「滿洲王道國家的使命是，敲醒王道民族的生命警鐘，更是把全世界人類從唯物資本主義的壓榨，和共產主義的破壞中解放出來，是帶來大同生命、王道革命的唯一源泉」（〈建國社宣言〉），把保護各亞洲民族免於資本主義和共產主義的霸道之害的力道，轉往解放世界人類，這樣的轉變和笠木等大雄峯會體系的人們，把滿洲國當作興亞運動和確立世界正義根據地的主張接近。

42〔編註〕為滿洲國的官民一體國民組織，起初石原莞爾等人期許此組織能擔任未來一黨執政的重任，之後則受到日本大政翼贊會旗下各組織之影響。

如此，王道一詞便和王道革命一樣，昇華成以滿洲為舞台，展開建設樂土、表現革命浪漫主義的象徵性詞彙了。但是，對照受到自治指導部和關東軍大為利用的王道樂土就可發現，與王道一體兩面不可分離，同時也是橘樸最重視的農民自治、分權自治國家等國家自治論點，在國家制度化的過程中完全被刪除了。早在自治指導部成立前，在關東軍的指示下，由松木俠起草的〈滿蒙自由國建設案大綱〉中就提出了中央集權國家的方針，即中央政府成立後「逐漸擴張中央政府的權限，縮小各省區的權利」。連自治指導部都對中國人的統治能力、自治能力都予以否定的主流看法下，更何況是關東軍，因此，橘樸的構想當然沒有被接受。從這裡就可看出，橘樸和關東軍對自治指導部的組織和機能，已經有了不同的認識。橘樸希望自治指導部的特色是：「（一）不是專為特定的人或機關所設立（二）不是根據什麼所謂的合法程序所設立（三）由當時參與建國運動人們的要求，自然且自發地成立」（〈自治指導部的業績〉），但從前面提到的內容來看，這完全是橘樸錯誤的認識，又或者說，橘樸並沒有被告知實情，但也許應該說，是橘樸搞錯了關東軍的出發點，把對方當作是同行的夥伴，然而雙方對同樣的詞彙卻有完全不同的解讀。數年後，從橘樸的思想繼承者佐藤大四郎[43]等所進行的合作社運動，被視為反體制運動遭抵制一事來看，早在橘樸和關東軍出現歧異時，就形成日後遭抵制的伏筆了。

然而，即使有了這些齟齬，以自治指導部作為建設新國家據點之一的指導理念，依舊被整理完成，並以此呼籲中國民眾參加建國運動。

一九三二年一月，自治指導部公布〈告東北四省三千萬民眾書〉，以「消滅一切壓榨組織」、「打倒張學良政權和其走狗軍閥」、「暢達產業交通，就是改善生產和販售組織，尤其是在農村進行合作運動」、「一視同仁就是導正人種的偏見」等口號呼籲：

東北的兄弟！

現在正是諸君應起而奮戰之秋……東北的兄弟，不一齊趕快起而完成基於自治精神的新國家嗎？不一齊朝著人類大和諧的方向勇敢邁進嗎？

東北的父老及青年諸君！

吾人在未來多重的難關前，應完成這劃時代的天業，確立世界正義的目標一起邁向無我之路……

東北的父老諸君！

同心協力，讓過去一切乘風而去，朝建設理想國度邁近！

全東北民眾團結吧！

建設新國家！

確立自治精神！快吧！

之後，包含自治訓練生在內，自治指導部組織了建國促進運動地方班，並派遣自治訓

43〔編註〕佐藤大四郎（1909-1943），昭和時代前期的社會運動家。

練生到全滿洲，在各省展開滿洲國建國促進運動，更在李頓調查團[44]抵達東京後，二月二十九日在奉天召開聚集各省各民族代表約七百人的全滿建國促進聯合大會，決議宣布建設新國家，「推戴元首，基於善政王道主義增進人民幸福」，便在臨時動議推擁溥儀為元首，獲得全場一致同意。

滿洲國建國之日，已箭在弦上。

44〔編註〕李頓調查團是由英國的維克多．布爾沃－李頓，第二代李頓伯爵統籌，於一九三一年十二月，由國聯派至上海調查中國與日本在滿洲的爭端，以及九一八事件的始末。

第三章
欲為世界政治之模範——
道義立國的大旗與滿洲國政治的形成

一九三二年三月一日，以奉天、吉林、黑龍江、熱河（熱河設省實際上是在一九三三年五月）四省為主要領土的滿洲國政府，對外發表了〈建國宣言〉。同時宣告以大同為年號、新五色旗為國旗。九日，溥儀以再三推辭東北三千萬人民擁戴的形式，就任元首，這一天也公布政府組織法、人權保障法和各種官制，決定了政府的首腦人事。十二日，以外交部總長謝介石[1]的名義，對世界十七個國家發出要求承認新國家的〈對外通告〉；十四日，滿洲國定都長春，改稱新京，滿洲國這個新國家於焉誕生。

建國後，在各大都市舉行建國慶祝大會，在新京和奉天等地，自治指導部動員人民排成蜿蜒的祝賀隊伍，電子花車和汽車宣傳隊穿梭其中，到處出現「王道樂土」、「共存共榮」、「五族共和」的宣傳口號。但是，在這慶祝盛況和宣傳口號氾濫的背後，真正之目的卻是日本要趁國際聯盟李頓調查團到達前，強行將滿洲國建國一事當作既成事實。此舉不僅導致日本和中國對立更加嚴重，也讓日本在國際社會中走入更狹隘孤立的險峻之道。

只是，在這種國際情勢下建立的滿洲國，一方面必須在意國際眼光，另一方面則須揭櫫道義立國的大旗，制定國家體制。而在這之中，還須摸索如何確保日本想要達成的目標，以及更具實效的統治方式。滿洲國脫離原本的制約，從中華民國分離建國，一方面強調與中華民國之間的異質性和斷絕性，另一方面卻又接受中華民國的政治制度和法政思想，因此滿洲國建國之際，還須確立自我認同以資對抗。

東北地方的各種勢力加上清朝復辟派與蒙古王侯們，紛紛背離中華民國的邀請而加入滿洲國，當然此般人等也會和關東軍與在滿日人等各階層人士，在政治取向與利害關係上產生複雜的交互作用，這些要素皆深刻影響到滿洲國的建國理念、政府組織和統治型態的形成。

◆賦予建國的動機和道義協助

滿蒙舊時，本另為一國，今以時局之必要，不能不自謀樹立，聽即以三千萬民眾之意向，即日宣告與中華民國脫離關係，創立滿洲國。

滿洲國以上述宣言為出發點，成為獨立國家。關於滿蒙是否自古就有別於中國本土而自成一國，或是迫於時局之必要而自立，各家說法不一；至於滿洲國是否根據三千萬民眾的期望而建立，也不免令人質疑。然而，以此作為建國依據的滿洲國，仍主張脫離中華民國，以主權獨立國家立場來訴求本身的自立性。但就「脫離關係」創建國家此點來看，強調兩國之間不存在任何存續關係，實際上根本毫無意義。滿洲國對內為了使「國民」接受此種觀點，透過表達建國動機與理念的方式，強調與中華民國之間的異質性和對立性；相反的，對外則著眼於必須獲取國際承認及確保日本既存權益，因而又無法否定與中華民國

1〔編註〕謝介石（1878-1954），表字又安，一字幼安，臺灣新竹人，任滿洲國第一任外交總長，也是臺灣人於滿洲國期間獲得最高官銜的一位。

之間的「國家繼承關係」（succession of states）。為此，對於中華民國不得不採取兼具斷絕性和連續性的相悖立場，而這種被視為滿洲國「誕生」時獨具的特徵，也徹底侷限了滿洲國的建國理念和國家體制。

僅以普通人的力量創建新國家，可說是十分艱鉅的事業。因此綜觀古今東西，都有以本身的法政思想為結晶、描繪出政治社會肖像的思想家們，將自己全部精神投注在創建理想國家。也是基於這個原因，這些建國的推手們大多被認為具備了超越人類的知性和德行。這讓我們想起柏拉圖的《法律篇》、馬基維利的《政略論（羅馬史論）》、孟德斯鳩的《羅馬盛衰原因論》，甚至是盧梭的《社會契約論》等著作描述的狀況，因為建國者或立法者透過創建國家，完成改造人類的事業，因而被視為是如同神一般的存在。

確實，如果要創造新的人為國家，就必須想盡辦法改變當地人民的意識，而為了要改變人們的思想意識，就必須擁有具強烈吸引力的理念和意識型態。但是，在現實中，國家藍圖和建國理念的描繪，並無法依想定的方式來進行。即使在「最初的新興國家」美國中，當湯瑪斯．傑佛遜與詹姆斯．麥迪遜等建國之父們抱持應將新天地創建為理想共和國的氣慨，但在面對艱難的建國事業時，都還受困於與母國英國的對抗、各州間的反目以及選擇何種政府體制的抗爭中。因此，在推動國家形成的過程中，往往不得不將「妥協團結」作為首要之務。

更何況，關東軍以武力佔領中國東北時造就的流血傷亡和恐怖氛圍，也使他們無法將有關滿洲國建國的盤算，如同在空白畫布上自由描繪般，勾勒出一個理想國家的藍圖。

因此，就在中華民國主權下的中國東北地方創建新獨立國家這點而言，有關國家的願景擘劃，從最初便受到極大限制。

何以滿洲國非建國不可？滿洲國作為國家存在的理由為何？若不具有合理且正當的論證，希冀一個未被正式承認的獨立國家能獲得「國民」的支持，完全就是緣木求魚。更何況，在沒有正統性根據下的「傀儡國家」或「偽政權」，甚至無法對國際上的非難進行抗辯。即便如此，滿洲國宣稱密切注意中國和世界的政治思潮，並稱自身的建國理念跟國家制度無與倫比，遙遙凌駕於其他國家之上等論述，仍有其依據。例如，一九三七年滿洲國國務院總務廳弘報處出版的《宣傳研究》上，有如下論述，開頭就歌頌滿洲國作為國家的傑出性：

> 我滿洲國係基於三千萬民眾之總體意志，依順天應民之弘旨，為實行王道政治，體現民族和諧，增進人類永續福祉而誕生之新興國家。滿洲國的建國理想和精神之崇高性，在世界史上找不出可相比擬之例……滿洲國的出現，使用了世界政治型態中最為新鮮，且新附加了道義性的模型的作法，使世界上的政治學者們不得不因滿洲國的創見，而必須提出新的政治學說。

然而，滿洲國的出現是否真的特異到人們不得不因此創造新的政治學說？而滿洲國的政治型態真的對世界提供了新鮮且具有道義性的模範嗎？或者那只是如同在滿洲建國前夕，奉天圖書館長衛藤利夫於中日兩國人參與的座談會上，以美國建國為例不斷強調國家形成時，不可或缺的「真摯夢想」與「真摯的理想主義」而已？無論如何，他們都拿著建國當初發表的各種論述，主張今日要將滿洲國建設成一個道義國家，正是對這些理想的追求。進而，從順序上而言，比起直截描繪滿洲國肖像究竟為何物，不如先探究這些建國理念，先循著這些理論討論滿洲國，才是理解滿洲國時正確而必要的步驟。

在此可以列舉三件概要表現滿洲國建國理念的文書，即三月一日的滿洲國〈建國宣言〉、九日的〈執政宣言〉以及十二日的〈關於建國的對外通告〉。

概觀這些文書，我們可以讀出以下的論證脈絡：第一，為何非建立滿洲國不可？為了說明建國的必要性，便須先列舉批判東北軍閥及國民政府；第二，為對抗東北軍閥和國民政府，提出應以滿洲國建國所具備的正當性作為建國理念；除此之外，第三，在此理念基礎上，建國後的滿洲國向各國宣言希望在國際上獲得的地位。

具體而言，首先，辛亥革命已經過二十年，但東北三千萬民眾仍生活在水深火熱之中，而軍閥的暴政被指為是造成東北居民生靈塗炭的元凶，軍閥窮兵黷武，極為驕縱，具有生活奢靡、遊手好閒等惡慣陋習，不顧百姓民眾生活於窮困，採取貪圖利欲追求私利的統治方式，以致幣制混亂、產業百廢、道德淪喪、盜匪橫行，乃至強盜殺人之事時有所聞，路有餓殍凍骨者，更是不計其數。對外則藉事排外，終至失去國際信任。在此種殘暴惡政的軍閥統治下，滿蒙三千萬民眾只能坐以待斃，期待脫離困境。〈建國宣言〉中便說明，如今這樣時機已經來臨：

今者何幸，假手鄰師，驅茲醜類，舉積年軍閥盤居秕政萃聚之地，一旦廓而清之，此天予我滿蒙之民更生蘇息之良機。（〈建國宣言〉）

重點即是，日本軍無法坐視不管，因此仗義扶持，趕走軍閥張學良政權，使夢寐以求安居樂業於大地的期望，終於得以實現，此可說是天賜良機。

在張學良政權下的民眾，被描寫成過著極為悲慘的生活，民眾殷切盼望能從軍閥貪婪暴虐的魔手中逃離，日本軍即關東軍無法坐視不救民眾的慘狀，因此基於「善鄰之誼」，「仗義扶持」。換言之，僅是基於道義上的理由，不得不伸出援手，這種說法成為滿洲國建國與日本軍加以干涉的正當性基礎。因此，在此種說法中還包含將軍閥政治視為霸道政治，並將滿洲國定位於相對立場，把滿洲國統治視為王道政治的涵意。當然，這也表示關東軍自視為解放軍或救世主之意。確實，在軍閥統治之下，軍事費用高達歲出的九成，胡亂發行貨幣的結果，也造成金融及幣制混亂。但我們也不能忘記，企圖利用張作霖這種軍閥來擴大自身權益的，正是日本採行的滿蒙政策。另一方面，不只是日本，在李頓調查團的報告中，也將軍閥定義為前近代性的馬賊、綠林盜匪集團，這在當時算是相當普遍的看法。然而，我們也不能否認，在張學良政權之下，不僅試圖開發產業、振興教育，張學良也拒絕單純成為蔣介石的同盟夥伴或滿足於地方割據，他還力圖結合東北區域主義和中國國民主義，形塑中國成為近代國民國家。誠如矢內原忠雄[2]所示，從「東北政府膨脹的軍費之中，也可以找出滿洲中國國民主義進步的相關契機」（《滿洲問題》，一九三四年）。

因為此種聯結非常明確，因此，滿洲國政府在〈建國宣言〉中，將矛頭轉向國民政府的一黨專政統治體系，以及由民生主義、民權主義、民族主義所構成的三民主義。如今張學良政權已被消滅，因此滿洲國政府開始主張，脫離中華民國的支配統治，才能確保滿蒙三千萬人民的幸福。

近則一黨專橫，把持國政，何曰民生？實置之死；何曰民權？惟利是專；何曰民族，但知有黨！既曰天下為公，又曰以黨治國，矛盾乖謬，自欺欺人，種種偽詐，不勝究詰。（〈建國宣言〉）

確實，國民黨一方面高唱政治權力的根源來自國民和「天下為公」，另一方面卻又稱「訓政」（因為國民在政治上如同幼兒，所以接受國民黨的訓練和教養，就可以擁有如參政權和國民權利的思想）及「以黨治國」（以國民黨一黨治國）等菁英政治集團採取的一黨專制體制，此點顯然相互矛盾。但是，否定議會政治、連政黨存在都不被允許的滿洲國，即便批判中國政治體系「民怨沸騰，無不痛心疾首政體之不良」，也不過是自取其辱而已。此外，對於三民主義的各種批評，也未必是針對其內涵加以反擊。更有甚者，若國民黨的統治果真如此專橫，且背離三民主義理念，民心已出現向背，那就更無刻意排斥三民主義的必要。儘管如此，滿洲國政府對於國民政府和三民主義的激昂責難，主因仍在於國民政府和三民主義的確可能成為動搖滿洲國存在的重大威脅。

三民主義已經不限於孫文思想，在國家統合的進展當中，國民政府已使三民主義逐漸浸透至各階層的中國國民之中，並成為民族存續的象徵性表現。而「三民主義就是救國主義」的說法也顯示了這種位階高度。三民主義的教科書如同經典般發揮反日、排日運動的教育宣傳功能，因此滿洲國政府建立後，三中五令通告廢止所有關於三民主義的教科書，要求必定奮力將三民主義「掃除殆盡」。

由此可知，為了能讓東北三千萬民眾認知到滿洲國本身已具備國家正當性和存在意義，因此滿洲國政府必須驅逐三民主義和立基於三民主義之上的國民黨黨義，同時也必須展現出凌駕於三民主義及國民黨黨義的衝勁與魄力，因此必須提出一套具說服力的政治理念，以化解中國各民族對這個新國家的疑慮。而此即為以順天安民、民本主義、民族協和與王道主義等為主要內容的建國理念。

◆順天安民與五族協和的王道樂土

首先，針對順天安民與民本主義，規定「政本於道，道本於天，新國家建設之旨，一切以順天安民為主，施政必徇真正之民意，不容私見之或存」（〈建國宣言〉）。透過此宣言

2〔編註〕矢內原忠雄（1893-1961），日本經濟學者、殖民政策學者。一九五一年十二月到一九五七年十二月任東京大學校長。日本學士院會員。

我們明確可知，雖然一方面批判軍閥統治橫徵暴斂或國民政府以黨治國之體制，都是蔑視民意、損害國民生活安寧，但另一方面，又在宣言中加入天下為公，或對應三民主義中民權主義和民生主義的內容。關於此點，在〈對外通告〉中也描寫東北軍閥是「罔顧人民休戚，唯利是圖……陷人民於塗炭之苦」，痛陳中華民國將政局陷於「連年戰禍殘殺同胞、民不聊生」之慘狀，與此相對，滿洲國政府則是以「殫精竭慮於法律制度之完備，以保證人民之安寧，增進人民福利」為目標，形成強烈對比。

此外，針對民族協和方面，說明「凡在我國家領土之內住者，皆無種族之歧視，尊卑之分別，除原有之漢族、蒙族、滿族及日本、朝鮮各族外，及其他國人，願長久居住者，亦得享平等之待遇，保障其應得之權利，不使有絲毫之侵損」（〈建國宣言〉）。也就是謀求漢、滿、蒙、日、朝五族共存共榮、一律平等，所謂的五族協和，甚至是各民族協和的理念。此一民族協和觀念，其起源如何被收錄到滿洲國建國理念，已於前述提及。但是，由於三民主義中的民族主義及民族自決主義，也是以國內民族平等以及從帝國主義壓迫中尋求獨立為目標，因此民族協和的理念也必須具備對抗民族主義及民族自決主義的層面。而自不待言，中華民國這種暗中包含以反日、排日為核心思想的民族意識，正是滿洲國企圖抹消的對象。至於再加上所謂五族協和的口號，不可否認這主要是受孫文五族共和的影響。孫文高舉民族主義之旗，完成以種族革命為訴求的辛亥革命後，提倡以結合漢、滿、蒙、回、藏五族代表，確立共和體制為目標，而滿洲國主張五族協和時，必然也意識到孫文的理念。另外，所謂「無種族之歧視，尊卑之分別」的種族、民族平等，眾人一視同仁的思想，也於一九一二年三月的《中華民國臨時約法》第五條「中華民國的人民一律平等，不因種族、階級、宗教而有所差別」，獲得明確的條文化，而這樣的理念，稍後也成為複合民族國家中國，進行國民統合的主要核心概念。

無論如何，滿洲國政府竭力提倡王道主義，此主義涵蓋了順天安民、民本主義、民族協和等主要內容，同時也代表著滿洲國向混沌不明的世界政治提出了一條新的政治路線。因此，順天安民、民本主義和民族協和此三者，各自成為三民主義的對應理論。於是，我們很容易聯想出，王道主義是一種被定位成對抗三民主義，以及信奉三民主義的國民政府或中華民國之思想。

依據某位論者所述，「滿洲國的成立雖具有諸多意義，但就以實現王道政治作為立國重要目標而言，筆者深信這可解釋為對中華民國的一種教訓或示範，因為，如此一來，才能賦予滿洲國成立之際，在倫理層面上最正當的意義」（旁點依照原文。林君彥，〈作為實踐王道之官制的改善〉，《滿洲評論》，一九三二年八月十三日號）。此種說法絕非標新立異的獨特觀點，在當時的討論中，也可找出許多相同的主張。

然而，雖然包含上述意圖，〈建國宣言〉也強調「實行王道主義，必使境內之一切民族熙熙皞皞，如登春台，保東亞永久之光榮，為世界政治之模範」，同時歌頌滿洲國建國的意義，不僅是給予滿蒙三千萬民眾安居樂業的理想國度，甚至將以東洋政治的道德精髓打破西洋政治之僵局，為人類歷史提供一個嶄新的模範國家。在〈建國宣言〉後提出的〈執政宣言〉表示，「人類必重道德，然有種族之見，則抑人揚己，而道德薄矣。人類必重仁愛，然有國際之爭，則損人利己，而仁愛薄矣。今立吾國，以道德仁愛為主，除去種族之見，國際之爭，王道樂土，當可見諸事實」。〈執政宣言〉藉由建設以仁愛為基礎的道義國家作為訴求，展現出實現一個沒有民族與國家紛爭的理想國度之遠大抱負。池田秀雄[3]指稱，此一〈執政宣言〉「如實宣言四千年來的王道，若非企圖向因實行歐美帝國主義霸道政策而受困無法動彈的世界，釋放出光明的福音，那又是什麼呢」（《滿洲統治論》，一九三四年）。池田秀雄認為，〈執政宣言〉標舉出更高層次的政治理想，並將取代歐美帝國主義的霸道主義，因而對此讚嘆不已。

〈對外通告〉基於此種具有世界史意義的主張，承諾基於道義立國之精神，將尊重國際信義、開放門戶、機會均等、治外法權以及其他從中華民國所繼承債務等，並說明「期待與國際外交睦鄰友好，貢獻世界和平」，藉此尋求世界各國的承認。

滿洲國的建國理念隱藏著各種意圖，以實行王道主義、實現王道樂土等各種不同說法流傳於世，並被宣揚為創造滿洲國的革新政治理念。但是，與其說這些主張是為判明世界政治現狀而創造出的新構想，毋寧說是為了對抗中華民國政治勢力及其政治主張所提出的相對命題。滿洲國的建國理念之中，強烈反映出來自中華民國的陰影。另外，相當顯而易見的，這些理念內容不過是滿洲國政府想透過貶抑張學良政權及國民黨的不當作為，同時提高本身地位，並試圖鞏固滿洲國建國正當性的政治性宣傳與意識型態而已。

然而，無論當時的建國理念根藏了多少種意圖，仍有不少人認為這個高舉道義立國大旗的建國行為，可以說已經達成了他們的理想。他們把這個初期的建國理念當作「真摯夢想」加以接受，為此而散落殉國於北方大地的人也不在少數。不可否認的是，對他們而言，不論出身如何，前述理念具有讓他們賭上自身性命的價值。確實，建國文書若能真正施行，就會如同滿洲青年聯盟領導人之一的平島敏夫[4]所言，「就政治學、甚至政治哲學而言，這是僅次於使近世產生變化的自由革命、平等革命（共產主義革命）的第三次革命，也就是意味著以自由、平等都無法解決的、基於仁愛的道義革命」（高須祐三編，《滿洲事變和滿洲青年聯盟》）。因此，有關滿洲國的建國理念，也並非全然不可採信，就如同片倉衷主張「滿洲國建國應該稱之為一個王道革命」（《天業・滿洲國的建設》，一九三二年）一般，這或許無法單純斥其為一種歪理。

但是，仁愛和王道到底有著什麼樣的內容，又獲得什麼樣的實現？這個部分就算在建國文書當中，也是極為抽象且隱諱的。或許應該說，正因為內涵如此抽象且隱諱，才能讓每個人都產生一種編織各自夢想與理想的共鳴。儘管大量論述都直指所謂的王道概念與滿洲國建國有著緊密關聯，但我們可將其視為一種言語象徵，經常因為論者不同，而產生同床異夢的情況。此外，從在滿洲國的人們都高聲提倡王道政治的情況來看，我們也可以從另一個角度思考，那就是日本人對中國政治思想的理解往往偏重於概念，卻對現實中的動向與歷史過程漠不關心。對在滿日人有相當影響力的漢學家金子雪齋或松崎鶴雄，以及

3〔編註〕池田秀雄（1880-1954），日本記者、內務省官僚、眾議院議員。
4〔編註〕平島敏夫（1891-1982），日本眾議院議員、滿鐵副總裁、參議院議員。

《滿洲日日新報》新聞記者金崎賢等人所倡導的王道，都不過是為了對抗霸道而想像出的一種內心政治哲學，皆未考慮中國當下的現實情況。因此，在當時的中國專家之間，也對這種欠缺具體施政方略的滿洲建國「王道」，表達了強烈的疑慮。

例如，除了之前已經提過橘樸高倡以自治概念為基礎的王道，他也在提出〈大陸政策十年之檢討〉（《滿洲評論》，一九四一年十月二十五日號）時勸說高層，若能運用石原莞爾的滿洲建國理念作為王道，不僅中國人得以接受，推行上也顯便利，而橘樸如此的論述，在今天也被視為王道立國論述的首位提倡者。但是，在滿洲國建國後不久，橘樸在寫給日本國民有關滿洲國的各種介紹記事中，卻指出關於王道「若將此思想作為政治實踐上的指導方針來處理，歷來學者們則為各種議論所苦，政治家們必定嘗到失敗苦果。輕易採用此等難題，政治家們還特意宣言這是經營新國家的指導方針，究竟在他們胸中有幾成的勝算？」（〈滿洲國家的組織〉，仲摩照久編，《滿洲國的解剖》）對隨意提出缺乏實質內容的王道一事，橘樸表達了相當的憂心。

此外，中國學泰斗內藤湖南，也就以王道作為建國理想一事，表達如下懷疑：

「王道」被當作建國理念屢遭提倡，就「王道」的字面來看，大概沒有人會表示異議，然而，談到其內涵究竟為何，任誰都難以清楚明白地說明。實際上，就連創造出「王道」二字的支那國度中，歷史上也幾乎從未實現過真正的「王道」時代，因此，換言之，這只不過是自古以來當作一種理想，想要傳達給後世的一種教訓罷了。過往對於這種理想，確實沒有讓人提出異議的餘地，但端看施行者如何運作，在歷史上我們也屢屢看見與此種理想相反的結果。（〈關於滿洲國今後的方針〉，《大亞細亞》，一九三三年七月）

究竟會如同橘樸的擔憂般，滿洲國政治家們會因隨意使用王道概念而嚐到苦果，又或會如同內藤湖南的懷疑，造就出與理想相反的結果呢？又或者，真能如〈建國宣言〉所謳歌的那般，確實打造出一個「世界政治之模範」嗎？無論如何，這個仰賴關東軍武力才得以誕生的國家，竟然不稱霸道而以王道作為建國理念，這只能說是相當諷刺的事。

結果，滿洲國一方面被賦予世界史上第三革命的意義，託付著過大的理想與希望；一方面又被取笑為僅是單純的粉飾與誇大的妄想；另一方面，又被期待為這是在關東軍支配的黑暗年代中，能夠維繫最後光明的殘存希望；還有一個看法，那就是即便懷抱著巨大的疑慮，滿洲國仍標榜著實現人間理想國、成就人類安居樂業的王道樂土願望。就在這種複雜的狀況下，滿洲國邁出其第一步。

而為了實施王道政治再度披掛上陣的人物，便是清朝末代皇帝溥儀。可是，溥儀還是未能登上奉天承運、施行順天安民政治的王道國家天子之位。

為何清遜帝溥儀擔任的只是滿洲國的元首？為何滿洲國一方面引用《易經》「保民者，謂之王」的文面，倡導一個王道國家，其元首卻不稱王，也就是為何不稱天子呢？

可以說，中華民國的影子愈來愈濃厚了。

◆龍歸故里——一場復辟大夢

滿洲，亦即中國的東北，由於女真族首領清太祖努爾哈赤在此發跡，隨後征服全土，鞏固清朝建立的基礎，因此滿洲也被稱為大清的「龍興之地」。一九三二年三月八日下午三時，從入關後起算的清朝第十代皇帝宣統帝溥儀，回到祖宗的發祥地，以新國家滿洲國元首的姿態，在首都長春（三月十四日改稱新京）車站下車。

> 車還未停，就聽見站台上響起軍樂聲和人們的呼叫聲……在隊列里，有袍子馬褂，有西服和日本和服，人人手中都有一面小旗。我不禁激動起來……我在隊列前走著，熙洽忽然指著一隊夾在太陽旗之間的黃龍旗給我看，並且說：「這都是旗人，他們盼皇上盼了二十年。」聽了這話，我不禁熱淚盈眶，越發覺得我是大有希望的。（溥儀，《我的前半生》）

一九〇八年，年僅三歲的溥儀即位。而後，辛亥革命爆發，中華民國於一九一二年成立，在位三年多的溥儀也隨之退位。溥儀接受「清室優待條件」，繼續維持皇帝尊號並領取歲用。一九一七年張勳佔領北京時，溥儀雖曾短暫恢復皇帝的地位（丁巳復辟[5]）；然而，在一九二四年直系軍閥馮玉祥廢止溥儀所有特權後，溥儀便在日本人保護下，過著鬱鬱寡歡的日子。身為龍種出生卻成為遜帝的溥儀，從未中斷復辟的念頭。他甚至曾經考慮逃至國外，不過當他知道無法達成目的後，反而更加燃起他想要重建清朝的執念。對溥儀而言，「回復祖國大業」與「光榮復興」就是他的生命目標，其所有思考皆始於此，也終於此。

滿洲舊臣組成的迎鑾團，高舉清皇朝的黃龍旗，下跪歡迎以新國家元首之姿回到祖宗發祥地的溥儀。可想而知，溥儀為此而感動落淚，這種全身顫抖的興奮，恐怕他過去也不曾有過。然而，滿洲國對溥儀的偉大夢想——成為滿洲國皇帝，之後平定關內所有勢力，最終重回北京紫禁城成為「後清」王朝的皇帝——而言，是否是個有力且充滿希望的保證？究竟，滿洲國能否成為溥儀重回帝位的登龍梯？

日本方面決定起用溥儀擔任新國家元首的時間點，是在一九三一年九月二十二日，當時關東軍放棄了原本佔領滿蒙的方案，轉而構想建立一個新獨立國家。就關東軍而言，起用溥儀的決定，實際上顯得相當唐突。引發此次倉促決定的直接原因，在於自陸軍中央派至東北的建川美次少將，他於二十日對關東軍司令官及參謀長提議：「現在理想的政策應當是摧毀東北現存政權，同時建立以宣統帝為盟主並受日本支持的政權。」當時腦海中只預想著佔領滿蒙，尚不存在成立獨立政府或國家想法的板垣征四郎、石原莞爾等關東軍參謀，在聽了建川的提議後，不得不與陸軍中央進行意見協調，之後立即接受了此一方案，

5〔編註〕指由宗社黨黨人鐵良及其舊部張勳等清朝遺老一手策劃，於民國六年（一九一七年）七月一日擁護時年十二歲的清朝遜帝溥儀在北京復辟的政變，前後歷時共十二天。因發生在丁巳年，亦稱丁巳復辟。

並統整內部想法形成政策方針。從表面來看，此一決定似乎是關東軍方面做了妥協讓步，但實際上，在此之前的陸軍中央、關東軍方面以及宣統帝一派人士之間的溝通交涉，也對此決定形成重要影響。

關東軍在一九一二年及一九一五至一九一六年，曾兩度協助以恢復清朝為目標的宗社黨[6]，策動滿蒙地方分離獨立，並在日本的強大影響下推動建立滿蒙王國，此事在今日已廣為人知。此一滿蒙獨立運動有川島浪速[7]等日本民間人士以及相呼應的陸軍人士參與其中。日後擔任關東軍參謀長、推動滿洲國帝制的小磯國昭也是其中一人。然而，由於日本政府改採透過援助張作霖而達成滿蒙分離的政策方針，使得陸軍軍人與宣統帝派人士的關係日漸疏離。雖然如此，宣統帝派人士仍不斷派人遊說日本政界及軍界人士。

一九二七年八月至九月，為推進對日工作而前往日本訪問的溥儀侍臣鄭孝胥，就溥儀復辟一事與近衛文麿[8]、宇垣一成、米內光政[9]、鈴木貫太郎[10]、南次郎[11]、平沼騏一郎[12]、清浦奎吾[13]等人會面並交換意見。鄭孝胥在與上述日本要人會面後得出「時機來臨時，日方會積極支持」的感想。此外，溥儀也在一九二八年八月，派遣密使拜訪河本大作，並告知河本希望在滿洲復辟的意圖。河本馬上拜訪時任陸軍軍務局局長的小磯國昭，詢問起用溥儀擔任東三省領袖的可能性。小磯對此表示同意，並回答「對宣統帝而言，原本滿洲是由清朝統治，後來才被軍閥掠奪佔領，因此將滿洲歸還給過去的愛新覺羅，可說是理所當然之事。因此，宣統帝如果重返滿洲，應該可以成為不讓大國置喙的有力理由」（平野零兒，《滿洲的陰謀者》）。河本接受上述說法後，在旅順與板垣、石原兩位參謀商量，再與羅振玉[14]、鄭孝胥等人會面，表達日方贊成復辟之意，但要求必須靜待時機。之後，河本再將前述會談一事向板垣及石原報告，據說河本在報告時，說了句「就像把『床之間』[15]蓋好一樣啊」，並與石原兩人露出大功告成的微笑。河本的行動及小磯、石原的這番對

6〔編註〕正式名稱是君主立憲維持會。中國清末民初的政治組織，主要由滿族貴族組成，以維持宗廟社稷為宗旨。

7〔編註〕川島浪速（1866-1949），二十世紀初期在中土（震旦）從事政治活動的日本人（大陸浪人）。他是滿蒙獨立運動的發起人，為和碩肅親王善耆、喀喇沁王公貢桑諾爾布的朋友，也是著名女諜川島芳子的養父。

8〔編註〕近衛文麿（1891-1945），日本昭和時代前期的政治人物。歷任貴族院議員、副議長、議長，內閣總理大臣，外務大臣，拓務大臣，班列，農林大臣，司法大臣，國務大臣等職銜。太平洋戰爭發動初期的內閣總理大臣，日本戰敗後自殺。

9〔編註〕米內光政（1880-1948），日本海軍大將，第三十七任日本內閣總理大臣。

10〔編註〕鈴木貫太郎（1868-1948），日本海軍大將，曾任天皇侍從武官長，在二二六事件中遭重傷。在日本戰敗前夕出任內閣總理大臣，對於日本無條件投降的決策具有主要影響。

11〔編註〕南次郎（1874-1955），日本陸軍大將，二戰甲級戰犯。戰後被判處無期徒刑，一九五五年病死。

12〔編註〕平沼騏一郎（1867-1952），日本已故司法官及政治家，歷任大審院檢察總長、大審院長、日本大學校、大東文化大學校長、樞密院副議長及議長、司法大臣、內務大臣及內閣總理大臣（第三十五任）。於第二次世界大戰後被定為甲級戰犯，被判處終身監禁。

13〔編註〕清浦奎吾（1850-1942），日本政治家，第二十三任日本內閣總理大臣。歷任司法官、貴族院議員、司法大臣、農商務大臣、樞密院議長等職務。

14〔編註〕羅振玉（1867-1940），字叔蘊，號雪堂，江蘇省淮安府人，金石學家。

15〔編註〕「床之間」是日式塌塌米房間內一處內凹的空間，多用於掛捲軸或放置擺飾，也有當成佛堂或設置祖先牌位的用途。此處應該帶有準備好擺設溥儀這尊神像的空間了之意。

話究竟有多少可信度，仍有存疑之處，但直到柳條湖事件為止，宣統帝派的人士都不斷積極、熱心地遊說著關東軍。

曾趁張作霖被炸死、策劃清朝復辟的溥儀舊臣羅振玉，也在一九三一年春天，前往吉林拜訪熙洽。熙洽是愛新覺羅家族一員，也是清太祖努爾哈赤弟弟穆爾哈齊的後裔。熙洽自日本陸軍士官學校畢業後，曾擔任東北保安副總司令兼吉林省主席張作相的參謀長。當關東軍透過聯省自治方式，希望在滿洲建立新國家時，最早呼應的便是熙洽，他對滿洲國的新國家建設，做出了極大貢獻。然而，據說熙洽本身也寄望在恢復帝制後，能同時提升自己的政治地位，因此便與羅振玉同樣支持溥儀復辟。羅振玉在得到熙洽同意後，判斷東三省和日本有著緊密關係，若未能得到關東軍（用羅振玉的話來說是「友邦軍部」）的理解，便不可能恢復帝制。因此羅振玉屢次與關東軍司令官折衝，不斷強調為了東亞的區域和平，中日兩國有必要進行合作，以維持東三省的安定。而若要維護東三省安定，眾望所歸的最佳方式就是敦請宣統帝復出。日後，東北發生柳條湖事件，羅振玉和熙洽便聯合向關東軍勸說起用溥儀，並希望關東軍承認溥儀地位（羅振玉，《集蓼編》，一九三二年）。

因此，於九月二十二日關東軍決定任命溥儀之際，羅振玉也依板垣的電報邀請前往奉天，並在與板垣面談後，連同熙洽及遼寧洮遼（洮南）的張海鵬等人，統整宣統帝派人士，結合關東軍共同推動建國工作。根據《片倉日誌》記載，關東軍除了聯絡熙洽、張海鵬等人外，也找了推動獨立運動的湯玉麟、于芷山、張景惠等人協助。從上述人名推測，關東軍應是判斷支持宣統帝的人士，大多是反張學良勢力的核心人物，因此事先串連這些人幫忙。九月三十日，板垣又派上角利一及羅振玉前去面見溥儀，告知溥儀，將推載他出任新政府的領袖。

那麼，為何關東軍會決定起用溥儀擔任元首？在此可舉出下述理由：第一，溥儀出身滿族名門，以舊皇帝的聲望擔任東北地方元首，大多數人應可接受；第二，中國東北地方原本是滿人的故鄉，以滿人出任元首，應該可以迴避來自國際間的眾多批評；第三，溥儀對國民黨政府十分反感，因此不必擔心溥儀會與蔣介石或張學良合作；第四，溥儀雖然有熙洽及張海鵬等人的支持，但本身缺乏政治實力，只能依靠關東軍；第五，以聯省自治型態成立的國家，只要出身任何省分的有力人士掌握政權，就無法避免對立，而為避免國家分裂，任命溥儀這種缺少班底及地盤的人擔任象徵性元首，應該可以解決這個問題。

然而，上述原因未必能使溥儀成為出任新元首的唯一人選，因為以恭親王溥偉[16]等人為首，當時正在推動以「明光帝國」[17]為名的建國運動。另外，關東軍也曾考慮，任用山東省孔子的子孫擔任元首。除此之外，張宗昌、唐紹儀、吳佩孚等軍閥則積極擁立肅親王第七子金壁東成立親日政權。這些舉動，都使關東軍對起用溥儀擔任元首這種違反時代潮流的作為，遲遲無法做出決定。

16〔編註〕溥偉（1880-1936），號錫晉齋主，滿洲愛新覺羅氏，第一代恭親王奕訢嫡孫，歷任官房大臣、正紅旗滿洲都統、禁菸事務大臣等要職。

17〔編註〕一九三一年九一八事變後，日本帝國為誘迫溥儀到東北籌建滿洲國，將溥偉從大連接到瀋陽，讓其當「四民維持會」會長，揚言要以溥偉為首建立「明光帝國」。

當然，關東軍也不認為非得任命溥儀擔任元首不可。關東軍就曾這麼對待溥儀：當關東軍協助溥儀自天津脫逃時，策劃萬一被中國軍隊發現而無法脫逃，就立即點燃汽油引火燒船，讓整艘船隨著證人石沈大海。這件事情可由當時關東軍確實在船中放置汽油桶一事，得知其居心。

然而，為建設一個獨立的新國家，現實上仍須任命一個人擔任元首。相較其他人選，不可否認的，對關東軍而言溥儀具有相當高的利用價值。再加上溥儀如果復出，還會帶來一個令關東軍十分心動的效果。

此事與關東軍企圖將內蒙古併入滿洲國版圖的謀略有關。蒙古諸王侯與清朝有著密切關係，並對漢人抱持反感。因此，若任命滿人溥儀，可想而知勢必較易得到蒙古的支持。而且，如同關東軍所料，由於滿蒙兩族有擁戴共同君主的同君思想，因此呼倫貝爾的貴福[18]、凌陞，哲里木盟的齊默特色木丕勒等人都支持溥儀。另外，過去推動滿蒙獨立運動的巴布扎布[19]將軍之子甘珠爾扎布（曾短暫與川島芳子結婚）、正珠爾扎布等人，也正率領蒙古青年黨展開內蒙獨立運動，共同推行新國家建設。在此情勢下，一九三二年二月二十一日，蒙古各旗代表齊聚一堂，決議共同加入新國家，誓言：「我蒙古族，在歷史上有著光榮的過去，卻飽受苛政摧殘已久……我蒙古族希望藉此機會，願與東北民眾團結一致，在滿蒙大地上，建立一個有理想的新國家。施行謀求人民福祉的善政。我蒙古族在此宣誓，誠摯地擁戴宣統皇帝，歷久不渝。」由於漢人移入開發，使蒙古人和漢人之間因遊牧地問題發生民族糾紛，因此蒙古人以擁戴溥儀為條件，願意參與建設一個宣示民族共存理想的新國家。

然而，即便清朝遺臣、滿族、一部分蒙古人以及溥儀本人都有再次登基為帝的強烈念頭，但多數滿人已被漢化，且相對於居住在滿蒙地區的漢人，作為新國家核心的滿族人數只佔不到一成。即便是據有吉林的熙洽，也因政治基礎薄弱，反而遭到吉林軍丁超[20]、李杜[21]的攻擊。至於張海鵬的軍隊，數量也只有區區兩千人，且無實戰經驗。《片倉日誌》指出：「（張海鵬）軍隊極為薄弱。」而關東軍也無法全面協助復辟派，況且關東軍也不是從一開始就打算以恢復帝制為前提起用溥儀。但一心追求復辟夢想的溥儀，也只能將一切都賭在有可能協助他恢復帝制的關東軍上。

一九三一年十月，在溥儀下定決心回故鄉前夕，曾在紫禁城為溥儀取名亨利的英國人帝師莊士敦（Reginald Fleming Johnston）前往天津拜訪溥儀，並請溥儀為他所撰寫的、以溥儀為主題的回憶錄《紫禁城的黃昏》做序。當時溥儀告訴莊士敦，自己再過不久即將離開天津。莊士敦在得知溥儀即將成為新國家的皇帝後，高興地加寫了一篇終章，篇名為〈龍歸

18〔編註〕貴福（1870-1937），後改名趙景祺，號時敏，蒙古喀喇沁諾棍岱氏，北京香山健銳營鑲黃旗。
19〔編註〕巴布扎布（1875-1916），滿蒙獨立運動的領袖之一。企圖利用日俄勢力達成獨立。日本勢力方面，透過川島浪速等人居中協助，獲得日軍援助，曾舉兵討伐袁世凱，協助清朝復辟，但袁過世後日本即停止援助。最終巴布扎布於林西縣與北洋政府直系毅軍交戰，遭北洋政府軍以大砲擊斃。
20〔編註〕丁超（生卒年不詳），盛京將軍管轄區奉天府興京廳人，中華民國、滿洲國軍事將領。
21〔編註〕李杜（1880-1956），今遼寧省義縣西關小塊地人，國民革命軍中將，東北抗日將領。

故里〉。龍，指的就是溥儀，這可以說是篇預想溥儀未來的文章：

龍回到了他的故鄉。

他逃出了他深切熱愛的出生之地——一個他曾遭到鄙棄、侮辱、劫掠，並被斥為一介外國人的國家（中華民國）——回到了他祖先的滿洲老家……如果中國賢哲所說的「大難不死必有後福」，也就是「在遭遇極大的危難也沒有屈服的人，之後必定會有幸福到來」是真實的，那麼皇帝確實有一個幸運而幸福的前途。（Reginald F. Johnston, *Twilight in the Forbidden City*, 1934. 入江曜子、春名徹譯，《紫禁城的黃昏》）

溥儀抱著對中華民國愛恨參半的心情回歸故鄉。但在那裡等待著溥儀的現實，卻非如莊士敦所預見的那般幸運且幸福。日本人為溥儀所準備的地位並非皇帝，而是帶著令人不快的中華民國陰影、充滿曖昧意涵的「執政」官位。「我如果不當皇帝，我存在於世上還有什麼意義呢？」（《我的前半生》），即便溥儀抱持如此強烈的想法，但他依舊無法被擁戴成為新生滿洲國的皇帝。

復辟的夢想暫且破滅。溥儀失意的內心空虛地想著：「我是為了什麼千里迢迢地來到這裡？」（《我的前半生》）

那麼，為何溥儀沒有成為皇帝，反而當上了執政呢？

◆執政是由全體人民推舉

關東軍早已決定起用溥儀一事，不只大幅增加人民對關東軍專斷獨行的反感，也加深了眾人對於溥儀的嫌惡。就連對關東軍友好的朝鮮總督宇垣一成也在一九三一年十月十日的日記中記載：「宣統已經不符時代潮流，另一方面同時也要避免推舉軍閥，因此可能的話，還是盡量推舉新的勢力較佳。」關心國際輿論的日本國內也反對擁立溥儀，因為大家都認為擁立溥儀便象徵著清朝的復活，這是一種抵抗時代潮流的落伍表現，因此日本國人發出強烈要求關東軍自重的聲音。日本海軍拒絕從天津誘出溥儀；在日本陸軍中被認為是屈指可數的中國通坂西利八郎[22]，也指出溥儀此人的評價在日本人和中國人之間有相當落差，因此對於起用溥儀一事提出了警告（《滿蒙問題的重點》，一九三一年十月）。另外，幣原外相在一九三一年十一月一日寄給時任天津總領事桑島主計的訓令電文中，也強烈表示登用溥儀是一件極危險的事，他說：

由於現今滿洲住民幾乎都漢化為漢民族，擁立宣統帝在滿洲也帶來不好的評價，況且在當下反革命、反民主主義陰謀論等宣傳標語下，對於中國內地及世界各國的影

22〔編註〕坂西利八郎（1871-1950），日本陸軍軍人、政治家。陸軍中將軍階。貴族院議員。素有「中國通」之稱。

響，都該更詳加評估才是。起用溥儀，恐難幫助中日間想要進一步相互瞭解的期望。總之，擁立宣統帝，我認為這完全是違反時代潮流的計劃，如上所言，將來對於帝國的滿蒙經營大計，恐怕會演變成重大禍根。

由於國際聯盟理事會在十一月十六日召開，幣原外相的上述憂慮，也直接面臨了不管起用溥儀的計劃究竟帶有何種意圖，「外國咸認為我國計劃促成滿洲獨立建國……而且會激化世界各國的輿論」。回顧滿洲國的建國歷程，幣原的預見，可謂完全切中問題核心。

而且，擔憂如此急促推出溥儀會發生問題的，不只是主張採取滿洲事變不擴大方針的幣原，就連原本推舉溥儀擔任首領的陸軍中央本部，也開始感到憂心。儘管如此，關東軍仍決定在十六日國際聯盟理事會開議前，一定要將滿洲國建國變成既定事實。為此奉天特務機關長土肥原賢二上校策劃了天津事件，並宣布戒嚴；在戒嚴中的十一月十日，帶溥儀逃出了天津。十一月十五日，陸軍大臣南次郎致電本庄關東軍司令官，發出電報指示，即便只是在形式上以滿蒙民意為名擁立溥儀，仍會「讓世界對帝國軍抱持懷疑……此舉恐釀成帝國外交政策上極為不利的情勢……因此請關東軍負責指導，無論主動還是被動，暫時都不許溥儀干預任何政權問題」，如此強烈要求關東軍不要輕舉妄動。

再者，對於關東軍強行擁立溥儀的行動，不只在日本，在滿洲也發生了激烈抵抗，就連被關東軍視為親宣統帝的張景惠也表達反對擁立溥儀的立場，而在奉天派系中，主張擁立臧式毅的呼聲則愈來愈強烈。另外，根據貴族院滿鮮視察旅行團的報告：「一般民眾並不歡迎違反時代潮流的宣統帝，即使創造以溥儀為首的獨立國家，若無法達成統一，不久也將會瓦解。」（〈事變前後東北人物的分野〉，一九三一年十二月）甚至滿洲青年聯盟和大雄峯會等日本人團體也出現批評聲浪，認為推舉溥儀一事，等於否定了辛亥革命以來中國人的努力成果，是一種故意挑釁的不智之舉，也抹殺了正在進行的自治指導運動的意義，因此提出強烈反對。確實，如果強行辯解滿洲建國一事，是反對張學良政權的三千萬民眾自發性的獨立運動，那麼推舉當時人還在關內的溥儀擔任元首，也於理不符，正如金井章次等人主張的，若是以反對張學良的立場作為思考基礎，那應該推舉倡導絕對保境安民主義的于沖漢等人較為妥當。

對關東軍而言，除去眾人公開或是默然地反對溥儀就任外，還發生了更令人憂慮的事情。在滿洲當地與日本合作的中國人當中，不只期望張學良回到滿洲的聲音依然強烈，就連柴山兼四郎[23]少校等少數中國通日本軍人，也向關東軍司令官建議，除了張學良外，沒有其他人能掌握事態的發展。進而，當時雖然未公開，但昭和天皇也認為應該要讓張學良回到東北。

一九三一年十月四日，昭和天皇對關東軍司令部發出「為實現滿蒙在住三千萬民眾共存共榮的王道樂土」聲明，並向侍從武官長奈良武次傳達「我認為本庄司令官的聲明及布

23〔編註〕柴山兼四郎（1889-1956），日本陸軍中將，日本帝國最後的陸軍次官、大本營兵站總監，長期在中國進行特務活動。

告有干涉內政之嫌，今後希望不再發生同樣的事……陸軍的意見似乎不太妥當」（《奈良武次日記》，一九三一年十月八日），表示出昭和天皇當初反對樹立新政權的意向。但是，在一九三二年一月八日對關東軍的下詔敕語中卻提到：「先前爆發滿洲事變，是出於自衛上之必要，關東軍果斷迅速、以寡擊眾、制敵機先……奮勇戰鬥，以拔除此禍根，宣揚我皇軍威武於中外，朕深感欣慰嘉勉其忠義。」天皇對於關東軍的這項軍事行動，明顯採取讚揚的立場。因此，一月二十一日，天皇在透露給真崎甚三郎參謀次長和荒木貞夫[24]陸軍大臣的意見中，提到「若想讓張學良回歸滿洲，陸軍看來終究不會同意吧」（《奈良武次日記》），此處可以讀出天皇將張學良回滿洲視為適當的舉措。當然，即使天皇將上述意見傳達給了關東軍，但早在一年前的十月四日，陸軍已經發出以下聲明：「目前政權樹立運動在各地發生，一般民眾齊聲讚揚皇軍威武的軍容，想擁戴舊首領的風氣已隨風而逝。這完全是因為東北民眾激憤長年被軍閥橫徵暴斂的結果。」關東軍開始推動建國運動，而且由於新國家的骨架已經完成，因此對關東軍而言，讓張學良政權復活一事，成為絕對不可能接受的選項。

總之，關東軍自改變滿洲領有論政策的階段開始，早已決定起用溥儀，而且從未準備其他備案，因此只能利用溥儀，突破種種難關。但是，關東軍仍然必須緩和一般人民對擁立溥儀行動的反感，所以希望避免採取所謂復辟的形式。然而，儘管關東軍並未接受復辟派強烈的要求，但不讓溥儀就任帝位的原因，恐怕不只是上述種種疑慮或政治顧忌。更重要的是，若要強調滿洲國是從中華民國分離而形成的獨立國家，並誇示滿洲國比採用共和體制的中華民國具備更優越的政治體制，那大概只剩下君主立憲制這個選項而已。

事實上，關東軍方面所提出的新國家構想，在表面上已經設想過所有民主政體和立憲共和制。滿洲國建國構想的第一次方案，是在一九三一年十月二十一日由松木俠起草的〈滿蒙共和國統治大綱案〉，其中從題目名稱即可明顯看出，政體是採用立憲共和制，元首則是大總統。而所謂大總統一職，是採用民國二年（一九一三年）的《天壇憲草》[25]規定，直到民國二十年六月《中華民國訓政時期約法》出現新的國民政府主席稱號前，所持續採用的中華民國元首稱號。雖然草案中大總統的選舉方式，是由各省選出的委員提名，再經由議會選舉等方式產生，但無論如何仍是具有民意基礎的元首。十一月七日，在松木俠起草的第二次建國方案〈滿蒙自由國建設案大綱〉中指出，無論採取何種元首稱號，「不須拘泥於民主政體的形式，重要的是基於民意的基礎頒布政治制度。因此，作為元首者，必須深具民意」。如果比較中華民國的政體與元首概念，即可理解兩者其實方向相同。直到一九三二年二月二十四日確定「民本政治、國家元首—執政」的政體前，作為元首稱號的

24〔編註〕荒木貞夫（1877-1966），日本軍人，官拜陸軍上將，封男爵，曾任犬養內閣與齋藤內閣的陸軍大臣；第一次近衛內閣、平沼內閣的文部大臣，致力促進日本的軍國化教育。是日本「皇道派」的領導人之一。

25〔編註〕即《中華民國憲法草案》，為北洋政府為制定《中華民國憲法》而起草的第一部憲法草案，國民黨籍議員佔多數的國會選舉出憲法起草委員，從而組成憲法起草委員會，於一九一三年七月二十二日開始草擬大綱，一九一三年十月三十一日完成。因該草案於北京天壇祈年殿起草，故稱作《天壇憲草》。

大統領、委員長、監國等方案相繼被提出，但無論是哪一個方案，也都是以民主政體乃至共和制為前提考量。當然，不得不以民主政體乃至共和制為前提，除了中華民國的影響外，滿洲國建國揭櫫的理念是滿蒙三千萬民眾的自治，標舉的號召則為五族協和，因此，如果以滿族王朝復辟的形式建國，等於違反人民自治的法則，很有可能招致民族間的對立，甚至造成分裂。為此，一九三二年一月，在關東軍與陸軍中央所進行有關滿蒙新國家的協議上，決定以溥儀為元首，並「採用位階低於總統的職銜，以避免被認為具有復辟的傾向」。

將復辟作為終生宿願的溥儀以及復辟派羅振玉、鄭孝胥等人，因為難以得知關東軍的真正意圖，因此派遣使臣向南次郎、黑龍會的頭山滿[26]以及前鐵道大臣小川平吉等人尋求支援，並持續向本庄關東軍司令與板垣參謀請求實現復辟。但是，中國東北的各種政治勢力，對復辟都表達出強烈的反對聲浪，因此從一九三二年二月十六日開始，由中國人所組成的建國最高會議內，針對政體問題發生極大的爭論。

在會議中，熙洽的代理張燕卿[27]、謝介石、溥儀的親信萬繩栻[28]、呼倫貝爾凌陞的代理邵麟等人強烈主張採用帝制；而臧式毅、張景惠、趙欣伯[29]以及馬占山的代理趙仲仁等人則否定不符時宜的帝制，主張採用立憲共和制，兩派對立互不相讓，結果只好以東北行政委員會的名義，發表新國家獨立宣言，而且直到二月十八日後也遲遲無法得出定論。隨著政體的不同，其後的權力分配也出現大幅度的變化，因此，雙方仍然互不相讓。為此，因無法順利推動滿洲建國而感到焦燥的關東軍開始提出折衷案，關東軍建議，根據民本法則，以執政作為元首，實行善政，數年之後，如果人民稱頌執政的德行、希望擁載執政為皇帝，則將政體改變到帝制。因此兩派相爭終於在二月二十四日落幕。

所謂執政的稱號，是模仿自一九二四年段祺瑞所自稱的臨時執政，只是段祺瑞並非是依循《中華民國約法》的規定，由國會合法選出的政府首腦，但另一方面又希望避免大總統的稱號，只好改稱臨時執政。採取有上述淵源的執政稱號，或許正象徵了由不具備民意基礎而成為元首的溥儀所代表之地位。此外，對於此一妥協案中採取的執政地位，各方勢力也都站在對各自有利的立場進行解釋。親溥儀方面一派，接受就任執政的條件，便是考慮暫定擔任一年執政，期間再根據憲法，另定國體，其後即可就帝位。但立憲共和制論者認為，如果沒有得到國民的支持，執政應立刻失去所擁有的地位。

雖然執政的地位被明定於三月九日公布的滿洲國《政府組織法》中，但如果比較一九一四年《中華民國約法》（新約法）對大總統職權的規定，就能清楚看出執政的政治定位。依照條文上的規定，滿洲國《政府組織法》中執政的權限顯而易見是參考中華民國大總統的職權規定而來。相對而言，有關第四條的規定，並不是以《中華民國約法》作為對

26〔編註〕頭山滿（1855-1944），活躍於明治到昭和前期的亞細亞主義者巨擘，為玄洋社的總帥。玄洋社是日本國家主義運動的草創團體，之後為愛國主義團體與右翼團體打開發展門道。在改訂西方國家對日本的不平等條約上，頭山一向採取強硬態度，並支持日本向海外擴展；另一方面也支持亞細亞各地流亡日本的民族主義者、獨立運動家，如朝鮮的金玉均、中國的孫文等。

27〔編註〕張燕卿（1898-1951），字耐甫，直隸省天津府南皮縣人，中華民國、滿洲國政治人物。

28〔編註〕萬繩栻（1879-1933），字公雨，號蹊園，江西南昌人。中華民國、滿洲國軍事及政治人物。

29〔編註〕趙欣伯（1890-1951），順天府宛平縣人，中華民國、滿洲國的政治人物、法學家。

《政府組織法》
第1條　執政統治滿洲國。
第2條　執政代表滿洲國。
第3條　執政對全民負責。
第4條　執政由全民所推舉。

《中華民國約法》
——第14條　以大總統為國家元首總攬統治權。
——第15條　大總統代表中華民國。
——第16條　大總統對全體國民負責。
照，而是強調基於滿蒙三千萬民眾的總體意志，以順天安民之弘旨，實行王道政治，並將建國理念條文化的獨特產物。但是，實際上執政並非受到全體人民的推舉，在政治上應該要負有什麼樣的具體責任，在法律上並沒有明示。這就如同橘樸的批判，「終不免徒具法律形式而沒有實質」（〈王道政治〉，《滿洲評論》，一九三二年五月二十八日號），終究不過是虛應故事。

如此，以所謂清朝興起之地作為根據地，採取立憲共和制對抗中華民國，並以虛構的滿蒙三千萬民眾的總體意志為根基等三個奇妙要件混合後的產物，來賦予執政所具備的地位。對於以執政作為國家元首的國體，滿洲國首任總務長官駒井德三解釋道：「共和國依選舉選出大總統一事，甚是必要。新國家若有選舉難以進行之情事發生，國體不管是帝制還是共和制，都以準帝制的架構進行。」（《大滿洲國建設錄》）無論如何，滿洲國的共和制國體可以說長得一副怪異的樣貌。而且，駒井制定了一個表現上如同準帝制、權限非常廣大的執政權力，依照《政府組織法》：

1、據立法院之決議，行立法之權（第5條）
2、督統國務院，行行政之權（第6條）
3、授予法院行司法之權（第7條）
4、發布命令、緊急教令（第8·9條）
5、制定官制、任免官吏（第10條）
6、宣戰、媾和以及條約的締結（第11條）
7、統帥陸海空軍（第12條）
8、大赦、特赦、減刑以及復權的命令（第13條）

上述權限被評價為，既使在大日本帝國憲法上，都幾乎相當於天皇的權限，但按照運用方式的不同，「也有可能成為執政實質上獨裁的根據」（橘樸，〈滿洲國的組織〉，《滿洲國的解剖》）。

成為具有上述職權的執政，溥儀的就任典禮於三月九日舉行。「就任大典莊嚴隆重」（駒井，《大滿洲國建設錄》）、「新五色旗在晴空萬里中飄揚，甚感前途一片光明有望」（片倉衷，《回想滿洲國》）。就任典禮受到多方歌頌，但正如吉林總領事石射豬太郎[30]所言，「匆忙推出」的這個就任大典，「會場狹小，裝飾素樸，簡直是專門學校畢業典禮的水準」

（《外交官的一生》）。甚至，對於在典禮上初次見到的溥儀，石射紀錄中所記載的印象是：「雖然是曾經就任過中國帝位的人，但並未給人洋溢高貴氣質之感，其臉龐只流露出兇狠之相，讓我著實吃驚。他自幼年即帝位以來，波瀾萬丈的坎坷命運所造成的陰影，再加上遭強制帶來至今尚未充分開發的滿洲國，對於未來的不安，或許也造就了他這般不幸的相貌。」（《外交官的一生》）

然而，與石射的觀察不同，溥儀心中並非對未來感到不安，而是思考著如何將執政地位作為通往「帝座」的階梯。溥儀原本還抱持勤政愛民的家訓，勵精圖治，一心一意想成為賢能的君王，然而，這樣的決心並無法長久持續。因為溥儀僅有形式上的裁決權，並沒有任何需要他真正判斷的公務，上述被擴大的「執政職權也僅是紙上談兵，我察覺手中並無實權」（溥儀，《我的前半生》）。

溥儀的察覺是正確的，因為關東軍起用溥儀的目的正是如此。然而，事態發展至此，溥儀自身也難辭其咎。溥儀在由旅順前往長春就任滿洲國執政的途中，曾停留於湯崗子，期間的行動被視為最高機密，禁止報導。在這段停留過程中，板垣參謀讓溥儀在一封書信上簽名，這封署名給關東軍司令官本庄繁的書信，決定了溥儀和滿洲國的命運——是斷了自身的角和四肢。

溥儀在其自傳《我的前半生》中提到，這封書信的署名者為當時國務總理預定人選鄭孝胥，在那之後約半年，他本人才被告知內容，在責問鄭的獨斷橫行後，「我憤怒之餘仍感於事無補，只好默認過去既成之事實」。此「獨斷橫行」與「默認過去既成之事實」的說法，讓我們聯想到滿洲事變爆發後，關東軍與日本政府間的複雜關係，兩者間形成的微妙默契，甚至給人一種黑色幽默的感受。無論如何，此書信上署名者，確實是溥儀本人，還附有畫押。

那麼，這封書簡有著什麼樣的內容呢？

◆政府形式和統治實態的乖離

宣布順天安民、王道政治的滿洲國，在三月九日舉行建國典禮，公布《政府組織法》及國務院為首的各部會官制，明確表示滿洲國的統治機構及國家活動的準則。《政府組織法》的前文，開宗明義「即為治理滿洲國國政之根本法。但本法將廣納人民智識建言，一旦滿洲國憲法制定之後，即刻廢止」。此為正式憲法制定前的暫時統治形式。像這種在制定正式憲法前，建立簡約基本法的方式，與中華民國的立憲思考方向相一致。但是，這並非意味著以中華民國憲法為範本之意，倒不如說還帶著強烈批判中華民國憲法的思維，認為中華民國是「應負和平統一之責的社會實權把持者，但卻僅是虛晃護法、護憲，只是為了維護自身立場，呼喊口號罷了，完全與憲法制定的軌道脫節」（岸田英治，

30〔編註〕石射豬太郎（1887-1954），日本外交官。九一八事變時的駐吉林總領事，中日戰爭初期擔任外務省東亞局長。進行了謀求停戰的活動，後歷任駐荷蘭、巴西和駐緬甸大使。一九四六年遭到整肅，後隱居。

〈滿洲國憲法芻議〉，《滿洲評論》，一九三四年十一月十日號）。中華民國自成立以來，儘管馬不停蹄地製作各種憲法草案，卻也沒出現過真正具備正當性的政權，這也證明了中國缺乏建立近代立憲國家的能力，此點也被當作滿洲國必須獨立於中華民國的論據。

正因對滿洲國而言，制定憲法被視為是建立近代國家的必須要件，因此於一九三三年建國一週年的紀念咨文中提到，「近代，立國首重法治，法治之本惟有憲法……若是一日憲法不成立，則國本一日不固。即刻籌備修訂憲法事宜，盼望早日成行，以鞏固國基，激勵民志」，明確宣布制定憲法為當務之急，並發起憲法制度調查委員會。

然而，日後憲法制度調查委員會並未發揮作用，滿洲國在尚未制定成文憲法的憲法法典狀況下就宣布告終。因此，暫定的條文和預定的《政府組織法》，在一九三四年三月改行帝制之際，也同時被修訂，並作為滿洲國統治的基本法而發揮了效能。相對於立憲國家中華民國，滿洲國所具備的優勢為並無原有的包袱。然而，儘管中華民國憲法不斷遭到嚴厲責難，但滿洲國建國之初，所採用的《政府組織法》或各部會官僚體制，仍強烈意識到中華民國的法制，並依據此法制製作滿洲國的各項法條規定。

如前所述，有關滿洲國執政地位的法條，是參照《中華民國約法》中關於大總統職權的規定而來，政府組織則被認為是一方面依據中華民國體制，另一方面又發展出能與其抗衡，具有獨特性、優越性的制度。

滿洲國的政治組織是以中央集權制為前提，採取立法、行政、司法、監察的四權分立制。具體而言，立法機關為立法院、行政機關為國務院、作為司法機關的法院，以及執行行政監察、會計監督的監察院，由這四院構成中央政府。滿洲國所有政治機關，不論中央或地方，四院之下各有所屬。包含日本，絕大多數立憲國家皆採取三權分立制。相對於此，強調四權分立制的目的，便在展現滿洲國政治機構的獨特性及卓越性。然而，四權分立制當然不能說是滿洲國政治機構的創舉。眾所皆知，這些理念主要來自孫文所主張的立法、司法、行政、監察、考試五權憲法，其中，滿洲國認為五權中常設的官吏選考機構考試院並無實質功能，應該加以排除，因而成為四權分立制。

滿洲國國家機構既不能與中華民國，尤其是國民黨南京政權相同，但又不能忽視中華民國憲法，在這樣的兩難之中，關東軍絞盡腦汁思考如何創造出滿洲國的獨特性，在陸軍省調查班所發行之〈滿洲國成立之經過及關於其國家機構〉（一九三二年）一文中，充分表達了這份苦心：

須注意的是，以孫文之五權憲法為基礎成立的南京政府，係採取立法、司法、行政、監察、考試之五院制。相對於此，滿洲國政府並無設置考試、司法兩院。司法機關另有特殊規定，並將行政院改名國務院。此外也設置直屬執政的監察院，獨立於國務院之外，作為新政體防止腐敗的重要機構。

儘管如此，與司法院相對，滿洲國仍設有法院，國務院也非滿洲國獨創的名稱，除南京政府以外，也被多數時期的中華民國政權廣泛採用。監察院對於行政部門具有獨立權

一九三二年三月建國時滿洲國政府組織與主要人事

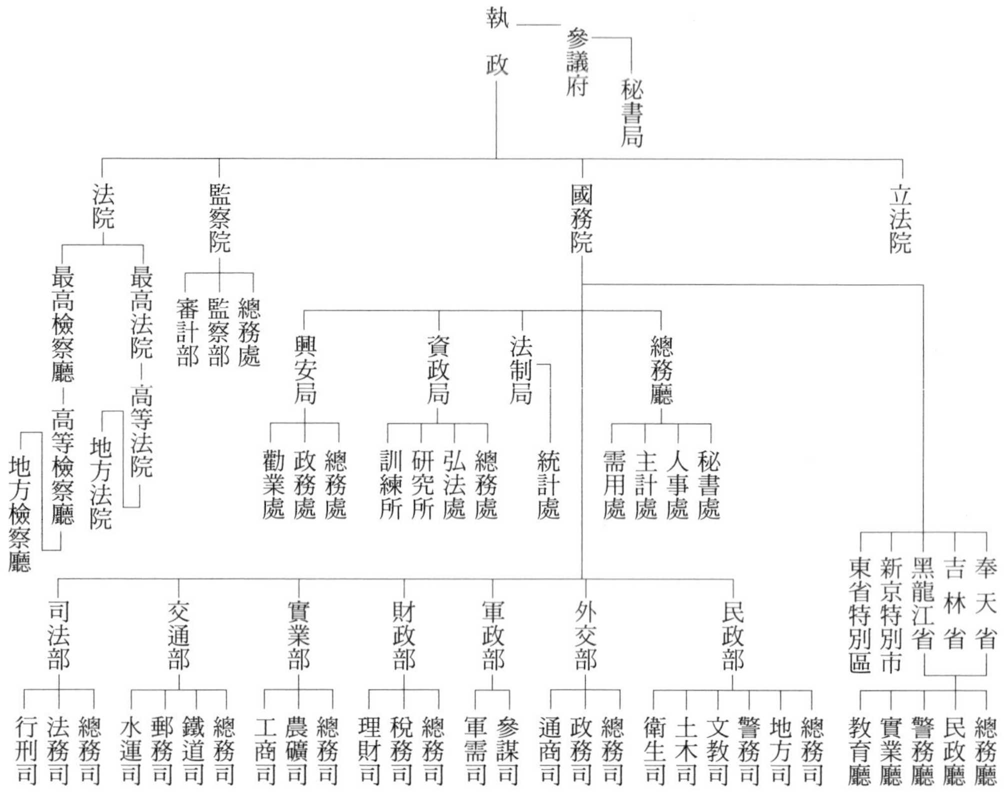

國務總理	鄭孝胥
民政部總長	臧式毅
外交部總長	謝介石
軍政部總長	馬占山
財政部總長	熙　洽
實業部總長	張燕卿
交通部總長	丁鑑修
司法部總長	馮涵清
立法院長	趙欣伯
監察院長	於沖漢
最高法院長	林　棨
最高檢察廳長	李　槃
參議府議長	張景惠
參議府副議長	湯玉麟
參議府參議	張海鵬
參議府參議	袁金鎧
參議府參議	羅振玉
參議府參議	貴　福
國務院總務長官	駒井德三
興安局總長	齊默特色木丕勒
奉天省長	臧式毅
吉林省長	熙　洽
黑龍江省長	馬占山
新京特別市長	金璧東
東省特別區長官	張景惠

限，專責行政監察、會計監督。實際上，南京政府也有同樣制度，並非滿洲國所獨有。再者，關於民政部門等行政各部會（相當於日本的省）名稱及組織，也很容易看出模仿南京政府機制，而這樣的制度，最初可追溯到一九二七年北京軍政府的政府組織。

當然，即便名稱或形式相同，或者具備類似功能或權限，實質上也未必具有相同意義。例如，南京國民政府的立法院執掌預算、大赦、宣戰、媾和、條約締結及其他重要決議案之責（一九三一年，《國民政府組織法》第二十九條）。但滿洲國立法院執掌的立法權中，有關審議法律案及預算案部分，僅僅具有「翼贊」[31]形式的可決權。而且，如果遭立法院否決，執政有再審議權。執政的諮詢機構為參議府，就算立法院否決政府提出的議案，執政仍可能裁決公布，立法院的權限受到極大限制。此外，關於立法院，關東軍也決定採取不正式開會的形式，造成立法院僅是一個名義上的機構。

在關東軍內部，有關立憲政體的問題首先在一九三一年十一月出現，強調所謂新國家的立憲政體應屬法律上的意義而非政治上的意義。所謂法律的意義是指，根據法律設立擔當司法、立法、行政三權的獨立機關。而政治的意義則是，實際開設議會或實施議會內閣制。至於不能採用政治意義的立憲政體，是因「滿蒙之民眾政治意識程度不足之故」（《片倉日誌》）。亦即，為了將在滿蒙建設的新國家正當化，日方採取的說明是滿蒙民眾不但無國家意識，政治意識也低，因此，經由日本指導、建立國家是為三千萬民眾之幸福。建國

31〔編註〕輔佐、協助之意。

後，也基於同樣理由，否定了開設議會。當然，否定採用議會制度真正的理由，其實是不想讓議會對滿洲國統治造成限制，即便只會造成少許不便，也寧可先行排除。

如此一來，從一開始就沒打算開設的立法院，只是在政治組織法上有此規定，徒然存在此一機構，再加上但書表示未來將會開設而已。但這樣一個欠缺議會的國家，根本稱不上是立憲國家，而且在政體上也無法對抗過去一直被關東軍批評為專制政體的國民政府，更無法對外界關於傀儡國家的批評進行辯駁。不過，我們可以推測會加上未來將設置議會的說明，大概是因為顧忌一個揭櫫「所有政治皆須依徇民意」為建國理念的國家，竟然連議會都未設置，害怕其立國的虛偽性太過露骨之故。

在這種實際狀態完全脫離法制規定的政府組織之下，關東軍究竟透過什麼樣的管道統治滿洲國呢？

一九三一年十月，身為關東軍國際法顧問、負責起草新國家各種法制的松木俠，收到關東軍板垣參謀給他的基本方針：「首先，滿洲要成為完全獨立國家；其次，要完全聽從日本指示；第三，提起共同防衛時，滿洲國國防要完全委託日本……如果能活用以上三個條件，無論是帝國還是王國或是共和國，哪一種都無所謂。」（松木俠，〈滿洲建國理念及其相關人士們〉，《外交時報》，一九六一年九月號）以完全獨立的國家作為條件，加上完全聽從日本指示、由日本承擔國防事務等二項條件，乍看下顯然是非常矛盾的要求，但對板垣等人而言，卻完全沒有矛盾。此處所謂的完全獨立國家，是指由中華民國完全脫離出來獨立，而不意味脫離日本獨立。在這層意義上，唯有成為完全獨立國家，滿蒙才能徹底符合「完全依照日本帝國意志行動」的絕對條件。此外，在一九三一年十一月的階段，松木也希望運用上述論點否定當時根深蒂固的國際法上的獨立政權理論。換言之，依照松木的說法，「只要滿蒙還屬於中國的一部分，就無法締結條約或約定……無法成為獨立政權與締結條約，就絕不可能完全依照帝國意志來行動」（〈滿蒙自由國建設案大綱〉）。

重點在於，為讓滿蒙依照日本的意志行動，並成為能夠締結條約的主體，滿洲國就必須是由中華民國脫離出來的獨立國家。因此，在運用條約促使滿蒙行動的運作迴路上，滿洲國方面何人握有締結條約的能力，也就成為必須弄清的問題。這也是關東軍堅持在滿洲國政府中擔任外交交涉的官僚、執掌批准條約的參議府參議，都必須任用日本人的理由之一。如此一來，名義上雖說是外交，但實際上卻是由位居日、滿間的日本人處理條約，而為了達成此點，就必須使滿洲國先接受日本人進入其政府組織。日本方面能實現前述構想的主因，實際上是透過一封在一九三二年三月六日由溥儀署名，而後發給本庄關東軍司令官的書簡。

這封書簡是一九三二年九月十五日所締結的《日滿議定書》中的一紙附屬文件，但一直到戰後才被公開，被稱為〈溥儀．本庄秘密協定〉。《日滿議定書》本文只有以下兩條（1）滿洲國須承認日本及日本國民的既得權益；（2）為了達成日滿共同防衛，滿洲國必須承認日本軍進駐滿洲國內。與此對照，溥儀書簡則規定以下四個項目。

（1）滿洲國須將國防及治安維持委託予日本，經費則由滿洲國負擔。

（2）對於日本軍於國防需要上必須掌管的鐵路、港灣、水路、航空路線等，其管理與新路的鋪設、開設，滿洲國須委託日本或由日本指定的機關處理。

（3）日本軍隊需要的各種設施，滿洲國須竭力援助。

（4）由賢達且具有名望的日本人擔任滿洲國參議，其他中央、地方官署也須任用日本人，其選用與解職必須獲得關東軍司令官的推薦與同意。

繼而，上述規定成為兩國日後締結條約時的基礎條件。依據此書簡，一九三一年九月二十二日，關東軍決定改變原來的「佔領滿蒙論」，轉為貫徹「國防、外交依照新政權的委託，由日本帝國掌理；交通、通信等主要事務亦據此進行管理」的方針，並嘗試具體實踐此一方針。

即便如此，這一封決定滿洲國命運的書簡內容中的基本要項，就像滿洲國的性格一般充滿了形式性。第一，實際上在三月六日已經署名的文件，日期卻寫上三月十日；第二，該文並非由溥儀提議，但仍採由溥儀單方面向關東軍司令官本庄繁進行委託，並獲得「允可」的形式。而且，對於此文，關東軍司令官於日期五月十二日的文件上，以「三月十日之貴函，正式受理」的形式給予回覆。關於第一點的日期，是在溥儀執政之前要求他承諾前述內容作為就任條件，並於就任後擁有條約締結權的隔天簽署，可以解釋為關東軍透過這樣的形式性來確保適法性。第二點採用委託的形式，理由在一月二十二日關東軍首腦們決定「透過交換公文以單方面委託的形式，獲得國防及鐵道管理權。著眼於將來不落他人口實，避免國際糾紛」（《片倉日誌》）。換言之，日本與滿洲國間的事務——例如國防與新國家的官吏任免權——透過兩國間協議的形式決定，肯定會招來違反國際聯盟規約及《九國公約》的非難，為了規避此情況，這種單方面委託形式是必要的。此外，選於五月十二日受理這個作為，是因前線部隊的司令官並無權限處理兩國間最重要的條約締結事宜。擅自對他國元首進行承諾，有侵犯日本「天皇大權」[32]中的條約締結權之虞，為此關東軍特意拖延時間以造成既定事實，迫使國內日本政府進行追認。關於這個處理方法，關東軍已於一九三二年二月先行決定，但日本外務省也察覺到此一情狀，二月十三日駐紮奉天的森島總領事代理，曾透過電報向芳澤謙吉[33]外相提出以下報告：

> 與新國家間之國防相關事宜，鑑於由駐外機構締結密約將導致侵犯天皇大權之結果，有關國防委任於日本、參議府內日本人議員人數過半、任命日本人為官吏……之後須追加締結正式條約等，由新國家對軍司令官的單方面請求，軍司令官只得單純受理並留置。

32〔編註〕大日本憲法賦予天皇的權力，廣義的範圍可指行政、司法、立法這方面的權力，狹義則是天皇可行使裁量範圍下的國務、統帥、皇室大權。

33〔編註〕芳澤謙吉（1874-1965），日本外交官，受封從二位勳一等旭日桐花大綬章。其夫人是內閣總理大臣犬養毅的長女，芳澤在犬養內閣中擔任外務大臣一職。一九二三年被認命為駐中華民國特命全權公使。

但在追加締結正式條約為前提之下，雖然「只得單純受理並留置」，但總無法一直留置下去，在李頓調查團進入滿洲國前夕的四月十五日，犬養毅[34]內閣於閣議中承認了〈關於滿洲國鐵路港灣河川之處理方針〉，並在附檔中若無其事附上溥儀書簡，傳達溥儀有此委託，透過此一舉動，日本政府即追認了關東軍侵犯「天皇大權」的所有行為。接著，在獲得閣議承認後，關東軍也靜靜地接受並回覆「我方並無異議」。自己面對自己所做出的決定內容，當然不會有異議。

透過這幾重的偽裝工作之後，溥儀書簡的體裁合法性終於完整化。過去只能在關東州與滿鐵附屬地駐軍與採取軍事行動的關東軍，藉此獲得在滿洲國全區域自由行動的正當性，甚可擴大解釋成，如有必要得任意使用所有設施。滿洲國正式成為關東軍的基地國家。

更進一步，除了日本人參議與官吏的選任，條約締結管道與其他日常性控制滿洲國行政的管道也已全數開通，透過這些條件，滿洲國可以「完全依照帝國意志來行動」。一九三二年一月二十二日，關東軍確立了新國家「立法院僅為形式，實際上為獨裁中央集權制」的統治型態（《片倉日誌》），為了保障自己能夠擔任獨裁中央集權制的打手，「新國家成立時，握有一紙契約」（《片倉日誌》，二月二十五日）成為關東軍掌握人事權不可或缺的要件。

如此一來，在滿洲國存續期間，完全沒有浮出表面的秘密協定決定了滿洲國的實質統治型態，而這些協定也讓公開制定、發表的《政府組織法》徹底空洞化。關東軍於一九三二年一月二十七日整理的〈滿蒙問題善後處理綱要〉中，便描繪出對滿洲國的想像，亦即「新國家應避免復辟色彩，以溥儀為首腦，表面為立憲共和國家，內面實則為嵌入我帝國政治威力的中央獨裁主義」。透過這個想法，使關東軍對這個國家的想像具體成型，而造就出新國家的基礎的，正是三月六日寄給本庄關東軍司令的溥儀書簡。

為了強力批判國民政府的一黨專制，滿洲國揭起其政治必定遵循真正民意的建國理念，但真相卻是滿洲國的政治完全不理會居民意志，更透過完全不受立法機關掣肘的強力獨裁性機構，達成了由日本人進行統治的目標，這便是滿洲國的現實出發點。在這種情況下，依據國體訂定的組織法與實際情況大為乖離，讓滿洲國政體充滿了兩面性。不僅如此，在統治層面上，存在著法治上的主體與實際上的國家操盤者的兩面性，這樣的條件形塑了滿洲國的法律與政治特質。

如此一來，伴隨滿洲國建國採用的立憲共和制，在中華民國的陰影之下，表面上看來是立憲主義的型態，但實際上卻不過是否定立憲主義的「表象式立憲制」（Scheinkonstitutionalismus）[35]。這乃是為了補足滿洲國對立憲制的懷疑與對共和制的反感，再加上對民意的不信賴的產物。

34〔編註〕犬養毅（1855-1932），日本政治家。第二十九任日本內閣總理大臣。立憲政友會第六任總裁。

35〔編註〕或譯「假憲政主義」。

◆滿洲國政治的四個關鍵概念

滿洲國發布〈對外公告〉的三月十二日，日本政府於閣議中決定了〈滿蒙問題處理方針綱要〉，對日本而言已然確認了滿洲國的存在意義，那就是「在帝國支援下，期許該地之政治、經濟、國防、交通、通信等諸般關係，皆將成為帝國存續的重要元素，並進而顯現其機能」，特別是從軍事觀點看來，強調「以滿蒙之地作為帝國對俄、對中的國防第一線」。由此看來，關東軍設定的滿洲建國目的，其實正是日本國家意志的一種昇華。日本政府認識到，滿洲國的經營已經完全依賴關東軍，而滿洲國的課題又與日本政府整體息息相關。

接著，在施行滿洲國經營上必須面臨的，是「因《九國公約》等條約關係，必須在形式上盡量打造成基於該國自主意識而建立的全新國家」，為了將滿洲國「誘導」成為具有實質功能的國家，日本人強力要求讓自己「成為指導性的骨幹」。形式上採取基於中國人自主自發的意識而達成政治決定，進而成立國家，但實質上則在關東軍的統理管制下，日本人掌握了統治實權。至於能夠對應這種滿洲國特異統治型態的想法，大概可以透過四個關鍵概念來把握。

這四個關鍵概念為何？那就是：日滿定位、日滿比例、總務廳中心主義與內面指導。

其中日滿定位與日滿比例，是針對滿洲國政治組織內的人事配置而設下的規定，至於下達決定的權力，則屬於關東軍的專管事項。而日滿定位尚包含，從滿洲國中央到地方的政府機關中，凡科長以上各職務，規定都有日系與滿系兩種職位。日系指日本人，法律上應該也包含朝鮮族，但實際上加入日系中的朝鮮族卻十分罕見。滿系則是居住於滿洲國的漢族、滿族、蒙古族等，統括稱之。在某些場合甚至將日系以外者總稱為滿系。滿系職位的定位有，中央為國務總理大臣、各部總長（大臣），除此之外尚有立法院長、監察院長、最高法院長、最高檢察廳長、參議府議長、宮內府大臣、尚書府大臣，以及民政部、軍政部、財政部等次長；地方則為省長、縣長。日系定位最初有總務長官（廳長）、總務廳次長、滿系定位以外的各部次長或總務司長、科長；地方則有省次長、副縣長與總務廳長及警務廳長等。不過，經過數次的實質機關改革，以及偶爾會以適材適所等名目進行修正，關東軍逐步將滿系定位的次長改為日系定位，地方上則伴隨省制改革而將省長變更為日系人選。

此一日滿定位的意圖，在於讓各機關的首長由中國人擔任，次長為日本人，採用這種形式以代表滿洲國是基於中國人自主自發的意識來組織營運，藉此希望能夠回避被國際非難為傀儡國家，而在滿洲國內的特殊公司或公社，也採用了同樣的模式。可是，滿洲國的實際狀態一如《李頓報告書》中所指摘的，「關於政府及公共事務，即便各部局名義上的長官為居住滿洲的中國人，但主要的政治及行政權力仍在日本官吏與顧問的掌控之中」。對於如此的日滿定位基準，石原莞爾則認為「日本人不應於滿洲國政府內制定自己應佔有的官位。日、滿人之間不應有差異，須秉持公正，採適材適用主義」（〈板垣少將囑託後事手記〉，一九三二年八月十二日），主張應予撤廢。石原的目標在於實現日滿平等，其目的也包含欲促使中國人更加積極參與滿洲國經營，但究竟日滿定位廢止後，是否真能實現無差別待遇的公正人事配置？恐怕，事態仍會朝著違背石原想法的方向進行吧。這個想法，在滿系定位的省長遭改以日系充當之際，便被「即便讓日系擔任更樞要的職位也無妨，這才能真正顯示渾然融合五族協和的真髓」（今井、皆川、大津的短評，《滿洲行政》，一九三六年九月號）之藉口正當化了。此外，面對漸次將滿系定位轉為日系定位所帶來的疑慮，也出現了如「值此之際，眾人對日系官吏備享優遇云云，純屬子虛烏有。無論滿系或日系，只要是有才能者，就必須依法序迅速給予重要職位」（德田忠二郎，〈滿洲官僚人群像〉，《創造》，一九三九年十月刊，〈躍進滿洲國之全貌〉）般的反論。在使用日語和日式行政處理的前提下，不管如何採用能力主義、實力主義，肯定日本人一定會處於優位。不過，唯一的例外，就是為了緩和日系獨佔進展過快造成滿系不滿，於一九三七年七月以降，總務廳次長中的一名採取必須任用滿系的措施。可是，所任用的滿系官僚，全員皆為具有日本留學經驗者，而且並不賦予他們實際權力，他們所任的，不過是僅具「配搭性」的職務。

另一方面，日滿比例是指滿洲國各機構官廳中，日系官吏與滿系官吏員額定數的比例設定。依此比例為基準的職位數量並不一定明確，無法獲得精確數值，但依照總務次長古海忠之的說法，日系對滿系比例大致如下：財政部、實業部為五比五；司法部四比六（以上各部往後變更為六比四）；民政部、文教部、外交部、軍政部等為三比七；地方官廳、省公署、稅務監督署等為二比八（依據古海《難忘滿洲國》及其他數據）。與此相對，以一九三五年由中國公布的員額數為基準換算比例，可參照〈滿洲國官吏各機關員額及日系佔有率〉，如表所示日系比例整體呈現相當高的數值（此外，此表為中國公布之故，當然

滿洲國官吏各機關員額及日系佔有率

中央機關	員數	籍別				日系佔有率%
		中	蒙	日	俄	
尚書府	7	6		1		14.3
宮內府	108	96		12		11.1
參議府	18	9		9		50
立法院	22	18		4		18.2
國務院	432	90		402		81.7
民政部	1148	610		500	38	43.6
外交部	144	76		68		47.2
軍政部	222	124	11	87		39.2
財政部	1406	773		633		45
實業部	344	158		186		54.1
交通部	583	344		239		41
司法部	132	66		66		50
文教部	100	60		40		40
蒙政部	72	7	30	35		48.6
最高法院	35	3		32		91.4
最高檢察廳	33	3		30		90.9
監察院	73	31		42		57.5
合計	4939	2474	41	2386	38	48.3

地方機關	員數	籍別				日系佔有率%
		中	蒙	日	俄	
奉天省公署	244	134		110		45.1
吉林省公署	211	124		87		41.2
龍江省公署	180	91		88		48.9
熱河省公署	123	70		53		43.1
濱江省公署	210	117		93		44.3
錦州省公署	130	77		53		40.8
安東省公署	133	78		55		41.4
間島省公署	75	51		24		32
三江省公署	93	55		38		40.9
黑河省公署	61	29		32		52.5
北滿市公署	42	31		9	2	21.4
新京市公署	74	46		27	1	36.5
哈爾濱市公署	195	126		61	8	31.3
興安東分省公署	103	1	67	35		34
興安南分省公署	117		79	38		32.5
興安西分省公署	75	3	39	33		44
興安北分省公署	95	9	56	27	3	28.4
合計	2161	1043	241	863	14	39.9
中央・地方機關總計	7100	3517	282	3249	52	45.8

註記： 1. 依據《偽「滿洲國」官吏國籍統計表》（1935年12月刊，出版者等不詳、上海復旦大學藏）作成。

2. 此外，依照滿洲國政府發表1936年3月31日現任委任官以上之官吏數為，中央4652名，地方2141名。

沒有「滿洲國」的國籍或「滿系」的說法，而以中國籍來記錄。其中「俄」指的是「俄羅斯」）。關於日系官吏總數，建國當初依據「以少數掌握重要職位主義」（關東軍司令部，《對滿蒙方策》，一九三二年五月），中央政府六百名員額中，日系一百二十名，以百分之二十為限度，但至一九三三年五月，日系官吏總數已達到一千二百三十三名，至一九三五年，依據前述表格可見，三年內幾乎增加到了二千三百八十六名，佔了百分之四十八，在總數與比例上都呈現明顯的龐大化。日滿比例原本是為了不使日本人統治滿洲國的人事狀況浮上表面而設下的規定，但日系比例的上升趨勢，即便關東軍感到顧忌也無法阻擋。在關東軍掌握的部分，一九三五年五月時甚至有「日滿人比例，在中央官廳早已超過一比一，國道局中的日本人更佔實質總員額的九成」（〈滿洲國人事行政指導方針綱要〉）之報告。另在各部的實際狀況，更處於「各部皆採用倍數於比例的日本人」（一九三五年五月，〈關東軍參謀長致軍務局長電報〉）。

不過，在上述二種人事規則中，國務院總務廳是一特例，從首長的總務長官（一段時間被稱為總務廳長）以下，包括次長、處長、科長等全部都屬日系定位，日滿比例基本規定為日七滿三，但經常處於日系擁有八成以上的佔有率，並隨時間推移變化。特別是主計處、人事處、企劃處等職掌樞要事務的單位，實質上全部由日系獨佔，並成為常態。這種國務院總務廳有別於其他機構官廳，由日系官吏獨佔組成的前提，正是一個具體實現「實質嵌入日本帝國政治威力的中央獨裁主義」（〈滿蒙問題處理方針綱要〉）概念的單位。

從關東軍改變路線而以建設新國家為構想之後，他們最為關注的，就是關東軍乃至日本政府的意志能否確實反映於滿洲國的統治上，也就是能否「完全依照帝國意志來行動」。此處首先可以思考的就是松木俠的提案。松木以為從軍事、外交顧問開始，「各種政治機關中皆派遣帝國顧問，給予實權，藉此監督指導之」（〈滿蒙共和國統治大綱案〉）。松木還提示了一個構想，即由日本人設置成立顧問府，作為滿洲國的政治指導機構。

但是，設置顧問及顧問府的想法，有損獨立國家的國體，而且也傷害了中國方面參與者的自尊，因此遭到強烈反對。此外，在滿洲的日本人，特別是在滿洲青年聯盟等單位中，皆抱持著民族協和的理念，提出「日本人以顧問或諮議等身分參與政治令人不快，不如以國家的直接構成分子參與政治，方為得策」（〈滿蒙自由國建設案大綱〉）的意見。而且石原莞爾也力倡「不應設置帶有監督中國官吏意味的顧問等職」（〈關於新國家內日本人的地位〉），強調日本人應站在與中國人平等的立場上，彼此作為官僚，在政治上直接互相提攜的重要性。

在這種氣氛之下浮上檯面的，便是參議府的設置提案。關東軍於一九三二年一月四日，下達指令給為了與中央政府折衝而前往東京的板垣，該指令的內容為，由滿洲人、蒙古人各一名，漢人、日本人各三名，共同組成參議府，提出「我帝國之意志與希望，透過有關的日本人參議，即可傳達給滿蒙中央政府」的構想。但是，只靠元首諮詢機關中參議府的三名參議，是否能向滿蒙中央政府傳達日本的統治意志一事，遭到強烈質疑。因此在一月二十二日改提出與其「透過參議府的權限抑制國家的最高意志」（《片倉日誌》），不如直接讓「日本人空降內部執掌工作」的方針，此時還更進一步決定，「國務院擁有龐大權限，秘書廳掌握人事預算（主計局），加上實業廳等，都要派入日本人」。於是，最終日本人參議與國務院的日本人官吏，便成為日本企圖統治滿洲國的兩大支柱。而這也正是溥儀書簡中，必須約定關東軍司令官擁有日本人參議與日本人官吏任命、解職權限的理由。關東軍藉此等人事權，獲得依照自己意志統治滿洲國的管道。

接著，一月二十二日也一併確認了「立法院為形式上的設立，實際上則為獨裁中央集權制」，集中權限於國務院並由日本官吏掌握，完全表現出不折不扣的獨裁中央集權制。另外，國務院內預計設立的秘書廳，實際部署時則改由總務廳開始。透過此單位，採用將人事（人）、財源（錢）、資源（物）「透過此行政三要素統制諸般行政」（滿洲帝國政府編，《滿洲國建國十年史》）的方法進行掌控。這就是被稱為總務廳中心主義或者國務院中心主義的統治樣態，當時還出現了歌頌其劃時代性的文字：

> 作為倉促建國的國家，為了獲得更佳的行政效率，與其採用分散主義不如使用集中主義，由各部向總務廳提出行政事項，由該廳各機關進行再檢討，經國務院會議通過後發還各部執行，此一所謂總務廳中心主義的行政組織，是過渡期中最理想的方法，此處也正展現出新國家的特色。（《滿洲國現勢》，康德二年版）

可是，總務廳中心主義，絕對不只是過渡期中便宜行事的方策。相反的，滿洲國統治機構的修改主軸，一向貫徹總務廳中心主義，並朝徹底強化的方向改進。不斷強化總務廳中心主義，也意味著總務廳權限必然走向擴大一途。而且，伴隨著對總務廳中心主義的劃時代性進行謳歌，總務廳也自我宣傳是「滿洲國政治組織中，最特異的存在」（賴永五郎，〈談國務院與各部〉，《創造》，一九三九年十月刊，〈躍進滿洲國之全貌〉）。把總務廳的機能，描述成「如果要在日本中強行找出比擬之例，大概就類似將企劃院、法制局與內閣情報部合而為一的狀態。但，不論權限或工作內容，都與前述三者合併之物相去甚遠。換句話說，總務廳擔任著有如滿洲國中樞神經一般的角色」（同前）。只是，與日本對照比較部分，也有一說認為內閣書記局更加類似。不管何者，總務廳的存在等於提出一個日本既存官制中所沒有的新方案，因此被稱揚是「在精神上借鏡現有諸國行政上之弊害，藉此嶄新制度更展現出改革一新的氣氛」（《滿洲國現勢》，康德二年版）。

從總務廳官制上來看，頂多就是國務總理大臣直屬，為了處理「部屬內機密、人事、主計及其他相關需要事項」（國務院官制，第八條）而設立的輔助單位與幕僚組織而已。只是，總務長官受國務總理大臣之命處理廳政（國務院官制，第十條），一併將秘書處、人事處、主計處、需用處等分科規定都委於總務長官之手（國務院官制，第十七條）。因此，總務長官實質上掌握國政之機密、人事與財政，透過配置各處的日系官吏之手，決定與遂行各種重要政務。例如，即便預算編列了也沒有實際開設立法院；主計處的日系官吏擬定的預算便成為決定預算，通過形式上的國務院會議決議及參議府諮詢後，便完成預算編列手續。此點終滿洲國之治，完全沒有改變過。這點也確實符合獨裁性中央集權制，透過此一制度，滿洲國行政完全與滿洲國居民意志無關，而可以全面依照日本經營滿洲國之目的，重點配置預算。

那麼，滿洲國統治中，採用這般以總務廳為中心的獨裁中央集權制的想法，究竟來自何處？恐怕本案是來自一九三二年一月十五日，在關東軍統治部主辦的新國家法制相關諮詢會議上，由東京帝大教授蠟山政道所提出的構想，再透過松木俠具體立案的結果。蠟山在會議結束後的二十三日於滿鐵會社俱樂部演講，說明中國東北尚未脫離殖民地性格，民眾政治意識低落，因此他強調必須提出一個合適的政治組織提案。而具體內容指出，「此地所應建立之政治組織，無論如何必須具備寡頭獨裁性，而且須由一個民族指導另一民族，非得是如此的政治組織不可」（〈關於滿洲時局的觀察〉，《新天地》，一九三二年二月號），主張應由日本民族主導，採取寡頭、獨裁的統治型態。而此統治型態自然否定了各民族平等、基於公民權的立憲政體，他斷定「打造一個有效率又公正的政府、一個不腐敗的政府，是比公民權更重要的事情」。對於蠟山的議論，提倡各民族平等、以公民權為前提，在國、省、縣、町、村等各階層召開公民會議，且倡議建立分權自治國家的橘樸，立刻執筆加以批判，他主張：「獨裁制不如民主制，雖然民主制有效率低落、效果遲緩等不可避免的缺點，但卻可避免獨裁制帶來的可怕破壞作用。」（〈獨裁或民主〉，《滿洲評論》，一九三二年二月二十七日號）橘樸以此否定日本民族的主導性，改訴求採用民主的政治型態。橘樸要求從「效率低但安全性高的民主主義」或「效率高但危險性高的獨裁主義」中擇一。但對關東軍而言，如何在滿洲國以最低統治成本獲取最大成果，才是關鍵課題，因此比起有多少危險性，理所當然的高效率才更為重要。此外，正如德國社會學家米契爾斯

（Robert Michels）的「寡頭鐵律」（Iron law of oligarchy）論述，一個組織愈是追求機能性的合理化，位於頂點的企劃提案者或中央執行者的地位就愈會被強化，最終必然會出現實權集中於少數者手中的傾向。這樣的論述，正好與採取「以少數掌握重要職位主義」（《對滿蒙方策》）概念的關東軍不謀而合。

亦即，採用總務廳中心主義，一方面適合追求行政效率，另一方面也符合透過少數握有實權者進行控制，便可間接引導滿洲國的整體統治，這對關東軍而言是最好的結果。具體而言，由總務長官主宰，下屬的總務廳次長、日系各部總務司長乃至次長、處長等，參加舉辦的慣例事務聯絡會議（此會議並無正式名稱，有稱次長會議、水曜會議，一九四一年以後也被稱為火曜會議），於會議中審議、決定國務院會議上呈的議案。換言之，在這種官制上毫無根據的會議中，卻能夠實質決定滿洲國的政策，因此總務廳中心主義的重點便是，這是一個日系官僚能夠掌握政策決定權的系統。針對此點，曾任職總務廳主計處長與總務廳次長等職的古海忠之評價為：「談論滿洲國的本質，特別是在考量與日本的關係時，不得不感到總務廳中心主義是一個經過深思熟慮的制度」（〈滿洲國與日本人〉，國際善鄰協會編，《滿洲建國之夢想與現實》），他並做出如下論述：

> 活用此一鞏固日系官僚的總務廳，關東軍即便不直接干涉滿洲國，也無須透過鎮壓，便可防止反日政策與活動。因為，滿洲國的重要政策、法案等，全部由國務院會議之審議決定，進一步通過參議府審議與意見答辯後，根據執政裁可便可決定，總務

廳於國法上或國策決定上雖然沒有任何實權，但卻能夠進行事前審核。（同前）

此番論述，對於這種在國家法理上毫無權限、卻擁有國策實質決定權的機關，完全不抱任何質疑，甚至在無意間吐露出日本的真實心聲。此文除了對該機構大加讚賞外，還有一種試圖對中國人誇耀近代日本法治主義的優越想法。他們即便認識到日本在法理上並無權限，卻仍然稱頌所謂的總務廳中心主義，即可窺見日本在滿洲國的統治上想遂行的「效率性」究竟為何。如此一來，總務廳成為滿洲國的權力核心，而控制此權力核心的關東軍，其領導統御的方法便稱為「內面指導」。

內面指導又稱為內部指導權，從權力上來看，這是一個在滿洲國的國法上毫無根據的權力。畢竟，身為外國軍隊的關東軍竟可指導滿洲國統治，這只能說是內政干涉。只是，關東軍因前述的〈溥儀．本庄秘密協定〉，關東軍司令官對日本人官吏具有任免權，因此官吏在遂行職務時，也能擴大解釋成關東軍對這些官吏具有附加的指導權。不過，為了不觸及適法性問題，所以只屬於內面指導，但以人事任免權為基礎，控制上擁有實質的強制力，這才是內面指導權的本質。而日本政府對關東軍的內面指導，也認同其能實現日本的統治意志，一九三三年八月八日，閣議決定的〈滿洲國指導方針綱要〉中，決定「對滿洲國的指導，現制是以關東軍司令官兼在滿帝國大使之內面管轄為主，透過日系官吏進行實質遂行」。此外還有「日系官吏應為滿洲國營運之核心……為便於統制，維持總務廳中心之現制」，可以一窺日本政府對關東軍的內面指導與總務廳中心主義，二者表裡一體的重視程度。

此外，擔任政略、政務的關東軍參謀部第三課（日後改為第四課），作為內面指導機關，負責滿洲國的統治業務。政治、行政上的重要事項以及日系官吏採用等相關決定，皆由總務廳向第三課聯絡，通過審查後，以關東軍參謀長名義發信給總務長官，透過如「某某之件，予以承認，依命通知」的承諾狀，要求必須暗中取得承諾。此外，第三課也握有關東憲兵司令部、軍政部顧問部等在滿日本軍人的人事權，透過此權也可對治安整肅與軍事政策進行指導，其功能宛如日本滿洲國經營總體的司令塔。如此一來，日本國策在滿洲國的施行，目標便是「完全委任關東軍，執行上以保持新國家作為獨立國之體面而努力，期許以滿洲國之名，通過日系官吏，特別是總務長官而實現之」（橋本虎之助起草，〈滿洲國指導要領〉）。

如上所述，決定滿洲國政治型態的基礎，在於規避被國際輿論指責為日本的傀儡國家或保護國，因此表面上採取由當地中國人自動自發進行政治決定的形式，但於內部則在關東軍的指導下，透過日系官吏，更有效率地實踐、遂行日本統治意志，日滿關係大致便是依照這般先決條件而成立。不管是日滿定位，還是日滿比例、總務廳中心主義、內面指導等方針，皆為一種假象，是遊走於國家法權限與實際權限之間的兩面手法，再加上為了彌補這種兩面手法的破綻而採取的蒙蔽策略。說穿了，不過就只是種權謀罷了。

而此種表面與實質的乖離，雖然帶來各種矛盾，卻又要滿洲國「永遠順應我國國策」（關東軍司令部，《對滿蒙方策》），這種相互矛盾的關係，可以說正是日滿關係的基礎。

第四章

經邦之長策為與日本帝國協力同心——

王道樂土的挫折與日滿一體化的過程

如果說滿洲國的成立是付出鮮血與恐怖後的代價，那麼滿洲國的存在，應該也是孕育人們各種繽紛夢想的搖籃。只是，各種算計驅逐了人們的夢想，利害打碎了希望。滿洲國的建國理念只有模糊了現實，除了隱蔽真實之外別無他用。人們也知道自己加諸於滿洲國的夢想不過是個幻想，他們清楚瞭解，其實自己從未真正掌握過這個夢想。

滿洲國建國之際，便在嚴峻的現實政治舞台上動盪不已。不管滿洲國如何主張自己身為獨立國家的正統性，國際上仍是一片指責的聲浪。事實上，這個國家究竟如何營運？為了達成國家營運，滿洲國與日本須形塑出何種關係樣態？其中又須由哪些人來擔負何種責任？只有在人們釐清這些事實關係後，才能明白滿洲國究竟是以什麼樣的國家型態存在。究竟，與滿洲國相關的日本人或中國人，他們一直抱持著何種想法？採取了哪些言論與行動？而滿洲國這個所謂的複合民族國家又呈現出了什麼樣的特性？

本章將把焦點放在滿洲國的國家與個人關係，透過這層關係，努力描繪出滿洲國政治肖像的特徵。這個嘗試其實也會反映出日本究竟是一個什麼樣的近代國家，而日本人又如何對應、如何參與滿洲國統治。因為，透過本章探得的滿洲國，就如同一面鏡子，也反映著日本的國家型態；凝視滿洲國的肖像，正如同看著一個一部分被濃縮、一部分被放大的日本國家鏡像。同時，在此考察過程中，還能看出日本在觀看滿洲國這個反射鏡像後，又如何回頭重新規範自己的國家。

請先將上述這些想法放在心中，隨著接下來的章節一同探究有如希臘神話幻獸奇美拉般的滿洲國，見證其如何變身，並期待諸位能夠見證到最後。

◆曇花一現的夢想——逐利終日

滿洲問題告一段落後，眾人便開始思考可以在該地嘗試何種事業，所謂的企業家、投機商人、仲介白手套等一路人，早就一邊嚷嚷著別擠別擠、一邊衝向滿洲。與滿蒙擁有特殊關係的大阪市，附近的商業會議所、實業團體等，也以視察的名義組團前往確認各項利益，開始搶灘。

一九三二年一月二十二日，滿洲國的建國日程甫浮上檯面，《九州日日新聞》立刻刊登了大阪方面的動態，報導滿蒙之地商機，正如雨後春筍般不斷出現。這種論調，從暗示該地可能有利潤與商機，逐漸升級成強調肯定會有利潤，隨著群眾心情逐漸激昂，各報紙的報導也更為頻繁，而這種獲利預期心理，正好與希望建立滿洲國的想法，產生相輔相成的效果。之後隨著滿洲國的出現，此類論調更達到頂點，大家對充滿希望的新天地，心中滿溢著高昂的情緒。

滿洲國建國翌日，三月二日的《大阪朝日新聞》從奉天發出特別電報，報導除了三井、三菱、住友、大倉等財閥之外，「陷於絕望深淵的中小商工企業，也到新天地追尋起死回生的機會，乘著如暴風雨般的滿蒙投資熱，前進滿蒙！前進滿蒙！持續湧入該地」，幾乎每期報導中都會出現如下論述：「對我國而言，伴隨滿蒙國家建設出現的新經濟情勢，正如字面描述的一般，是經濟上的救世主……隨著新滿洲國的建國，滿蒙天地不斷綻放出經濟黎明的光輝。」此外，以農村為主要讀者群，號稱發行量達十七萬本的《家之光》雜誌，每期也都刊載類似「全國高漲滿蒙移民熱」這類的報導。

滿蒙建國，為何能成為日本國經濟上的救世主？滿蒙又為何被視為起死回生的新天地？當然，這些想法並非基於確切有把握的展望，而只不過是一種樂觀的推測。話雖如此，這種過度期待其實正反映了一個事實，那就是日本經濟因受世界經濟恐慌波及，加上國內農業遭遇寒害、歉收等窘境，導致人民充滿跌落谷底的絕望感。在國民身陷困境之際，作為一個突圍的最後出口，大家便不得不在滿洲國上尋求希望。一九三一年當時，因受窮困逼迫，農村中發生許多販賣女兒、被稱為「女兒地獄」的情況；勞動爭議也來到二戰之前的最高峰，東京帝大法學部畢業生就業率，出現了僅有兩成六的史上最低紀錄。隔年的一九三二年一月，根據日本內務省社會局公告，全國失業者人數達到四十八萬五千八百八十五人。各地不斷爆發索討米糧的抗議遊行，到了七月，文部省公布農漁村營養不良兒童已經突破二十萬人。加上因為生活困苦，家長帶著小孩一同自殺的狀況頻頻發生，自明治三十三年（一九〇〇）開始有死因統計調查以來，也就是在這年，自殺率達到最高點。面對這種絕望與閉鎖的社經狀況，人們為了扭轉情勢，只能把這股反動寄託在對滿洲國的期望上，這也是「前進滿蒙！前進滿洲國！」等滿蒙熱、滿洲國熱潮沸騰的主因。

一九三二年八月，日本國內展現出對滿洲國前所未有的異樣高昂期待，連矢內原忠雄都表示，「在日本國內就已經對滿洲問題感到如此興奮，如果到滿洲當地，不知更會看到什麼樣的狂熱氣氛，我對此滿懷期待」（〈滿洲見聞談〉，《改造》，一九三二年十一月號），矢內原也因此前往滿洲國一探究竟。可是，等待矢內原的，意外的並非是沸騰般的興奮之情，而是遠比日本冷靜許多的平靜狀態。為何會有如此差距？根據矢內原考察的結果，他判斷「日本因為『期待』而保持著興奮情緒，但滿洲則處於『現實』中，所以表現出更為清醒的狀態」（同前）。不過，滿洲究竟面對什麼樣的「現實」而能保持清醒呢？那是因為，面對日本國內過度誇大宣傳的滿蒙資源與利權，在滿洲國當地則「無論是日滿經濟圈狀況、產業開發與鐵路新路線建設，還是移民問題等，來自上層的指導都明顯充滿國防上與軍事上的見解」（同前），在這種見解下，比起建國之前，反而平添了許多規限與制約。此等事態發展，如果從關東軍企圖建立滿洲國的觀點來思考，毋寧說是必然的結果。不過，身處滿洲國的日本人，在滿洲建國半年多後，便恢復到一種奇妙的平靜狀態，還有另一個原因。那就是從前一年的九月十八日柳條湖事件以來，原本應當充滿熱誠、應該反映夢想的新國家想像，卻在建國之後，隨著每天發生的殘酷侵略「現實」，而讓那股熱情迅速地冷卻下來。

在建國當初，日本官吏中有一股基於王道主義理想，欲建設一個擁有新思維國家的建設運動。但支持這種理想主義的大雄峯派系官吏，於去年五月的……（遭刪除五個字。可能是五一五事件[1]）後失勢，當下這些理想主義者只能躲在暗處。目前的時勢，

1〔編註〕一九三二年五月十五日以大日本帝國海軍少壯派軍人為首，闖入總理大臣官邸，刺殺了護憲運動領導者犬養毅首相的暴亂事件。

正依照帝國主義時代已然發生的過程與法則前進，見到此種狀態，對我這個身為科學研究者，且研究主題又是近代殖民政策的人而言，從學術的觀點來看，讓人感到相當滿意。（同前）

身為東京帝國大學殖民政策學教授的矢內原忠雄，如同他所洞察到的一般，在國際政治上理當標榜模範性與打出新思想的滿洲國，仍然依照「帝國主義時代已然發生的過程與法則前進」。不管揭示了多麼高遠的理想，對待殖民地，仍然只能遵循殖民地法則，把該處當作掠奪的對象，對他而言這就是殖民政策的科學研究中教示給人們的現實。根據矢內原的看法，滿洲國也不能脫離此一法則。既然如此，那麼矢內原是否真的表現出「從學術的觀點來看，讓人感到相當滿意」呢？恐怕並非如此。矢內原一直把滿洲問題視為日本帝國主義與中國民族主義間的衝突，他認為滿洲國正是此種衝突下的產物。矢內原強烈否定滿洲國是基於東北人民的自主性意識而成立的看法。在滿洲國建國之際，他斷言「日本對中政策的根本，必須立足於促進中國的近代主權國家化之上」（〈滿洲新國家論〉，《改造》，一九三二年四月號），並留下「在各國民間散播恨意終究會造成禍害」的警句。對矢內原而言，不管如何謳歌美麗崇高的理想，滿洲建國不但不能幫助中國統一，反而會促進分裂，進而激化中日之間的衝突。為了攻擊東北軍閥或國民政府，高舉「五族共和」、「王道樂土」等建國理念，強調自身建國的正當性，但不論這些呼號聲響多麼美好，其結果只是在各國民間散播恨意而已。或許對他而言，「理想主義者」實際上才是帶來禍害的惡靈。不管這些人如何揮舞美好的幻想大旗，在帝國主義的冷峻現實下這些幻想便會抹消而去，而且為了不造成國民倫理觀感的混亂，也應當消去這種幻覺。我認為他陳述的「學術觀點上的滿意」，應該還包含了這種苦澀的意涵。

筆者的這段詮釋是否恰當，暫且不論。擺在矢內原面前的，是一個建國僅一百五十多天，以王道主義為基調，靠著新思想建設的新國家。但這個建國運動卻呈現大幅後退，並出現「理想主義者只能躲在暗處」的狀況。如果矢內原的觀察正確的話，那麼這段期間，究竟發生了什麼事情，而事態又演變成什麼情況？

一九三一年十一月，本部派出二十三名自治指導部工作人員，讓他們打著縣民自治、一掃軍閥統治的善政主義旗幟進入各縣。當時，對以縣為單位的建國工作賦予了重大期望。不過到了建國之後的三月十五日，他們的任務便已然結束，該組織的活動亦被中止。組織解散之際，指導部人員總數已高達二百三十四名，光是這些人數應該就能在新政府中形成一股龐大的日系官吏勢力。但原本就充滿糾葛的大雄峯會與滿洲青年聯盟兩大派系，雖在建國目標之前眾人能放下成見團結一致，呼籲「同心協力，讓過去一切乘風而去，朝建設理想國度勇往邁進」（〈告東北四省三千萬民眾書〉），但諷刺的是，建國之後過去的糾葛立刻又浮上水面。這一波對立導因於新政府的人事銓敘，以及自治指導部的任務應以何種形式持續下去兩方面，在鬥爭下雙方關係產生了決定性的龜裂。自治指導部的成員大多投身當時硝煙四起的地方區域，在無給職狀態下，志願挺身推動滿洲建國運動，因此滿洲新政府成立之後，他們自然希望自己能夠被登記成為日系官吏的一員。不過，在發布的人事起用中，卻任用了大量擁有大學學歷的大雄峯會派系成員，至於滿洲青年聯盟派系的金井章次等人，除了奉天省政府錄用部分成員之外，中央政府幾乎沒有採用，這實際上等於形成驅逐該派系成員的態勢。這個人事銓敘，原本由起草新政府組織、官制的松木俠擬定，基於松木預擬的人事清單，加入關東軍參謀和知鷹二[2]與大雄峯會的笠木良明等的意見，之後又追加甘粕正彥[3]和大雄峯會的中野琥逸的想法而定調。笠木任職於滿鐵大連總公司人事股長，雖然順利協助將滿鐵轉交給新國家，但他基於自己「捨身奉公、菩薩道」的政治信念與信仰，以能夠實踐興亞理想的基準來篩選人事的做法，卻造成滿洲青年聯盟派系人員幾乎全面落選，進而招致不滿與反對。不過滿洲青年聯盟原本就由已進駐滿洲的各式各樣人物集結而成，他們或者成為新國家的官吏，或者留在關東軍特務部，或者回到原本職場，又或者不任官保持在野姿態繼續從事運動，各自採取行動，無法統一，因此隨著滿洲建國，滿洲青年聯盟實際上也等於走上解散的命運（解散儀式於一九三二年十月二日舉行）。

在「民族協和」的標語下，投身參加滿洲建國運動的滿洲青年聯盟成員，大多數都未能參與滿洲國的經營，他們懷抱巨大的失望與憤懣，從滿洲國政治的幕前退下。

與此相對，笠木等大雄峯會派系的人們，卻進佔政府新設置的資政局，在滿洲國政府內擁有絕大的勢力。但，資政局誕生後僅四個月，便面臨解散的命運，大雄峯會的成員因此懷著比滿洲青年聯盟更劇烈的憂憤與怨恨，遭滿洲新政府排除。為何資政局成立之後，卻迅速面臨被廢除的命運？

自治指導部一直被稱為「創造王道社會的骨幹」，但隨著滿洲國建國，自治指導部遭廢止後，之前該部在各機關承擔的各種建國精神滲透、自由思想普及、協助施政暢達等機能，如何方能順利交接，自然成為一大問題。笠木為了突顯建國理想，推進道義政治，在政府內設置了與國務院並列的執政直屬指導機關——資政院。資政院除了司掌縣自治指導員等人事任命外，尚且提議建制宣揚建國理想的弘法處（原本應命名為弘報處，但因笠木基於佛教信仰，認為該單位背負著須弘揚更高次元的法要，也就是所謂真理的使命，因此改稱弘法處）、研究部、訓練所等單位。對此，擬立政府組織法的松木俠認為國政運用不可二元化，因此反對與國務院並列設置資政院，他主張地方行政的指導監督應由主管機關的民政部職掌即可。結果，在關東軍的調停之下，決定以國務總理直轄機關的方式設立了資政局，弘法處則負責掌管（1）宣傳建國精神；（2）涵養民力、善導民心；（3）普及自治思想等職務。此外，也附設研究所與訓練所（由自治訓練所改組而來，由田口康信擔任主任），實際上繼承了自治指導部的主要業務。但有關地方行政與地方人事部分，則定由民政部地方司所管轄。

2〔編註〕和知鷹二（1893-1972），日本軍人，官拜中將。歷任參謀本部、濟南駐在武官、關東軍參謀、廣東駐在武官等職，中日戰爭時任支那駐屯軍參謀，一九三八年任臺灣軍司令部付，負責特務等工作，一九四〇年太平洋戰爭爆發時任臺灣軍參謀長兼臺灣軍研究部長，後擔任菲律賓方面軍務，升至中將、南方軍總參謀副長、第三十五軍參謀長等，二戰後因戰犯嫌疑被捕，至一九五〇年獲得假釋。

3〔編註〕甘粕正彥（1891-1945）。日本軍人，因殘殺日本無政府主義者大杉榮的事件而聞名。後進入滿洲擔任特務工作，協助成立滿洲國，並擔任過「滿洲映畫協會」（滿洲電影協會）理事長，日本敗戰之後服毒自殺。

如此一來，直屬於執政的資政院提案無法實現，但進入資政局的大雄峯會派系縣自治指導員們，都自恃「自治指導乃奉天命執行之神聖任務，非唯總務長官之命是從」，服膺於笠木麾下，對國務院採取對抗的態勢。這也導致了總務長官駒井德三與笠木之間的衝突。依據駒井的說法，「資政局糾結原地方各縣的舊自治指導員，眾人集結於奉天及新京，組織縣參事會，企圖藉此獲得直接執政的權力……這個計劃產生的問題，在於一國之內組織了兩個政府，表面上以執政的威嚴來掩飾各自企圖，實際上卻是將刀刃揮向當下政府的叛逆行為」（《大滿洲國建設錄》），針對他們的舉止，駒井做了如上解釋。此外，笠木等人認為「興亞志士不需六法全書」，目標想要透過「法三章」[4]的王道主義，體現理想中的國家，這也與亟欲形成近代性法制國家的政府中樞人員及松木俠等法制局團隊，產生激烈對立。此外，笠木以地方自治、地方分權為理想，反對民政部推動的中央集權式地方制度，許多縣自治指導員擺出無視主管機關民政部的態度，此舉也造成笠木與大雄峯會的盟友，也就是民政部總務司長中野琥逸間的嫌隙。

之後，大雄峯會派系成員包庇當時潛入滿洲國的五一五事件嫌疑犯橘孝三郎[5]一事遭起底，加上資政局訓練所未知會本庄關東軍司令與駒井總務長官，獨斷招募成員，而且主試官大川周明尚且與五一五事件有所關聯，幾個弊端下來，如何收拾資政局的亂象，在滿洲國建國後迅速成為重大政治課題。

到此階段，關東軍已經確立由總務廳執行內面指導的態勢，駒井總務長官判斷與日系官吏結合更為合適，因此決定裁撤資政局。接著於七月，宣告自笠木以下的三十二名資政局員、縣自治指導員免官，解散資政局，公布新的縣級官制，改縣自治指導員為縣參事官。在這樣的脈絡之下，承續自治指導部道統的資政局，不到四個月便消失了。曾經集結了決心裏尸滿蒙大地的人才，帶著昂揚義氣，打算從滿洲國捲起興亞大濤的笠木及大雄峯會派系人馬，同樣遭到政府放逐。的確，這正如矢內原忠雄所觀察到的，「以王道主義為基調的理想主義者失勢，現在只能躲在暗處」的狀況。

種種關於資政局的問題，有人也提出了一些看法，認為資政局與新成立的滿洲國建國方針對立，也就是呈現出官治主義對自治主義、法治主義對王道主義、中央集權主義對地方分權主義等相剋關係。可是，究竟笠木主張為了對抗帝國主義、權益主義式的滿洲國統治，應該以三千萬滿蒙民眾幸福為目標的自治主義、連帶主義、理想主義來建立王道樂土的想法，是否擁有正當性？恐怕，答案仍然是否定的。因為，他們宣稱的自治、分權、理想等，究竟是由誰來自治、為誰而分權、這種理想又是誰的理想？而他們自恃為「地方父母官」的態度，讓這些解答已經不言自明。稱為自治主義也好，稱之王道主義也罷，都只不過是為了關東軍與日本統治滿洲國，支持他們推進的方法之一而已。橘樸針對笠木的運動提出尖銳批判，指出「我們應當牢記，對於這類誤解封建精神與東洋精神的理論，或混淆宗教改革與民族協和的『觀念遊戲』，大眾既沒有閒情逸致，也沒有那份幸福去關心這

4〔編註〕即「約法三章」，原指劉邦攻入秦朝都城咸陽後制定的簡化秦朝苛法的做法，後來演變成為根本性的法律規定，曾成為「憲法」的名稱。

5〔編註〕橘孝三郎（1893-1974），日本政治運動家、農本主義思想家。

之精確分析。

類問題」（〈獨裁政黨論〉，《滿洲批評》，一九三三年八月二十六日號），這可說是一語中的

然而，人們或許因為不夠幸福，所以反而更憧憬某些夢想，甚至故意委身某些意識型態或「觀念遊戲」。想要在滿溢污濁的世界上提出一個理想社會，唯有透過滿洲國的建設，才能實現此等的榮光——像他們這樣的夢想，我們也不得不承認仍帶有莫大的吸引力，魅惑著當時日本青年跨海前往滿洲。隨著資政局解散，下屬的訓練所改組為大同學院，宣稱今後將由該學院繼授自治領導部以往的道統。隨後成為「理想主義夢想」溫床的大同學院，至滿洲國解體為止共畢業了十九期，教育了約四千名左右的學生。他們以大同學院的口號「無我至純」、「挺身赴難」為信條，為了建設「五族協和」與「王道樂土」，分入極寒僻遠之處，與反滿抗日軍短兵駁火，許多人因而血染大地，客死異鄉。

這些為了夢想而殉身的日本人，無論他們是否意識到為了他們的夢想，有許多中國人的土地、房舍、親人、甚至性命皆被剝奪，但當時日本國內仍出現許多如下文章，不斷醞釀著將罪惡轉化為美夢的論述。

即便是政治事物，仍以純潔無垢的姿態，透過最直率的方式向人們訴求嶄新的世界觀……事實如何雖無人知曉，仍真誠邁向滿洲。因為今日的「滿洲國」，是在法蘭西共和國、蘇維埃社會主義聯邦之後，另一種全新果敢的文明理想，以及這種新世界觀的實際體現。（保田與重郎，〈關於《滿洲國皇帝獻旗曲》〉，《KOGITO》第一〇二

號，一九四〇年十二月）

一面說著「事實如何雖無人知曉」，一面卻能斷言這是「另一種全新果敢的文明理想，以及這種新世界觀的實際體現」，如此蠱惑般的言說。

最真切的禍害，當屬這種對年輕人散播虛偽不實夢想的言論。

◆王道主義的退卻——凍結的建國理念

在建國運動中擔任民間重要推手的自治指導部人員，他們不但無法達成自己的志向，還遭逐一遠離中央政府，最後甚至發展到遭滿洲國放逐的狀態。相對照之下，應該算成功達成自己目的之關東軍參謀們，是否已在高歌歡頌自己的勝利呢？

確實，在面對日本中央政府各省部與外務省的強烈反對階段，以及「在滿軍人的有志之士一時選擇脫離日本國籍，以求突進達成目的」（《片倉日誌》，以下同）的想法下，關東軍確實能夠團結一致，但隨著主要作戰結束，針對如何與新國家建立關係、應對新國家索求何種利益等課題，關東軍的團結便開始出現破綻。各方人馬採取不同態勢，產生了不同的聲音，在集團內逐漸產生相互不信任的情形。根據片倉衷的說法，建國之後幕僚之間隨即出現「遇事每每出現相互反對聲浪」的情況，特別是「對主要承擔政策統治的總務課產生誤解，認為總務課不許其他課員參與業務，只派其他課員從事枝節瑣事，因而招致許多不平之聲」。對滿洲國統治懷抱熱情的幕僚，與牽扯政務便無法保持中立的幕僚間，裂痕越發深刻。在這種狀況下，並稱執行者板垣與智謀者石原的最佳搭檔，也因為石原堅持自己的新國家建國理念，導致雙方逐漸產生距離。「石原參謀因無法參與人事及其他政策，不滿板垣參謀的處置，每每爆發不平之意」。如果依照「各官僚對新國家政策並不一貫，石原參謀性格上特別變化多端，而板垣參謀則最為強韌」的評論來看，對偏離關東軍建國目的、企圖融入「五族協和」與「王道樂土」國家建設理念的石原而言，其他幕僚對他的不信任與不滿，應該是可以預期的。

事實上，石原對滿洲國及統治方法上的想法，有著相當極端的變化。一九三一年十二月二日，他主張「滿洲國的中央政府應將所有事務完全委託日本」（〈滿蒙問題的去向〉），一九三二年一月二十五日卻提出「日中人民立足於完全平等的基礎上」（〈關於新國家內日本人的地位〉）的說法，態度出現一百八十度的轉換。不過，從此時期的行政能力來看，「高級官吏大量採用日本人，愈往下級則中國人官吏人數自然隨之增加」（同前），他仍然承認日本人的主導性。但在四月二十二日的文書中，他卻對小畑敏四郎參謀本部第三部長進言「新國家的政治應公開朝向在滿諸民族皆得公平參與的方向推動……理當營造一個各民族完全平等的社會性經濟計劃」，至此石原轉換成完全依據民族平等的統治方針。這樣的方針，與在滿蒙遂行日本國策的關東軍司令部，企圖通過對日系參議與官吏的內面指導執行統治的想法，明顯出現差異。不僅如此，這與關東軍於滿洲國建國的當然前提，也就是「雖然標榜門戶開放、機會均等主義，但原則上仍以追求日本及日本人利益為第一要務」（〈滿蒙問題善後處理綱要〉，一九三二年一月二十七日）的準則背道而馳。

石原此種改變主張的論調，不難想像對其他參謀而言，算是相當粗暴的言論。畢竟參謀們冒著國際輿論與日本國內的反對，強行建立滿洲國，而石原的主張卻完全違背了關東軍當初建國的想法。參謀們發出不平與質疑，表示「冒了這麼大的危險、付出如此多的犧牲，究竟是為了什麼？」但石原卻冷眼以對，甚至提出更激進的主張。進入六月後，石原提出自己的滿洲國統治方針，開始主張「關東軍應放棄指導政策」的構想。石原與其他參謀漸行漸遠，雙方衝突愈來愈激烈。從而，石原想定了一個取代關東軍成為滿洲國新的最高政策決定機構之組織，那便是滿洲國協和會。石原自己對滿洲國統治的現況及將來的構想，可在這封寫給磯谷廉介[6]陸軍補任課長的信件中略見端倪：

> 眼下主權者為軍司令官，由其決定最高決策……軍司令官決定的最高政策，交付長春政府實行。亦即只把國務總理、總務長官當作軍司令官的政務總監……但軍司令官不該永久作為滿洲國的主權者，而應盡速培養後繼者。且該後繼者不可是專制君主的溥儀，也不宜交付基於自由主義形成的民意代表機關——立法議會。我們必須基於統制主義組織一個作為民眾代表機構的政治性團體，而滿洲國協和會便是基於此一目的

6〔編註〕磯谷廉介（1886-1967），第二次世界大戰時日本陸軍中將，香港日治時期總督。於戰後南京軍事法庭作為戰爭犯罪人被起訴審判。

所設立的團體。當該會經過堅實且順暢的發展，並獲得三千萬大眾支持時，軍司令官便應將主權讓渡於該會，並由政府執行該會立案與企劃的最高政策。（一九三二年六月二十五日）

雖然《政府組織法》上規定「滿洲國由執政統治」，但此信中明白陳述外國軍隊的司令官主權者，君臨滿洲國統治的實際狀態。這種官制與實際權力上的落差，顯示出滿洲國身為傀儡國家的本質，此點應無須多論，但石原對此狀態卻絲毫不加質疑。在某種意義上可以說石原基於對現實的認知，認為溥儀或立法院都不值得期待，因而改變志向，轉而推動另一種一黨獨裁型的政治系統。

那麼，他假想作為將來滿洲國政策決定核心的滿洲國協和會，又是個什麼樣的政治組織？

滿洲國協和會與滿洲協和黨有著一段淵源。滿洲協和黨是在滿洲國建國後，當時正在摸索該以何種型態繼承自治指導部的滿洲青年聯盟中，由山口重次與小澤開作夥同于靜遠、阮振鐸[7]等，共同組成的政黨。石原厭惡和知參謀與笠木獨佔新國家的人事決定權，而笠木也批評石原「軍事戰略優先主義」的軍閥屬性，兩者對立益發深刻。在雙方勢力角逐的過程中，因為山口與小澤批評笠木等人與大雄峯會，指責他們根本是官位獵取運動的團體，因此石原自然接近山口與小澤。石原透過支援由山口等人組成、希望將民間運動滲入建國理念的滿洲協和黨，企圖藉由他們的力量，改變出一套關東軍幕僚們無法接受的滿洲國統治結構。

山口認為滿洲國建國的本質，是三千萬民眾的民主革命。自不待言這個認知本身就充滿問題。不過，他們雖然認為滿洲建國是一種民主革命，但這也只說明了那是在關東軍指導援助下的不正常革命。因為在他們的認識中，滿洲的民主革命欠缺革命必需的兩大要素，也就是「指導原理與意識統一」（山口，《滿洲建國歷史》，以下同）。接著他們針對這個不正常革命，提出以「民族協和」為指導原理，希冀透過此原理統合在滿三千萬民眾的意識，並將此訂為滿洲協和黨的目標。一九三二年三月中旬起草的該黨宣言中，提出「本黨自然圖求專心維持治安、增進民生福利，此外並企圖消除過往的民族偏見，促成目前在滿各民族之大團結，共同協力邁向實現民眾政治與改變經濟結構之途」，揭示該黨運動目標在於建設一個不受「資本主義重壓」與「共產主義攪亂」的社會。支持此一滿洲協和黨構想的石原認為，「如果不採取一國一黨原則，基礎薄弱的滿洲國恐怕將產生多黨亂立，而陷入民族鬥爭的狀態」，因此石原提案一黨獨裁制。此外，石原也採用智囊宮崎正義「蘇聯共產黨、中國國民黨都由國庫取得黨費。此為近代政黨通則」的意見，提出黨費由國庫提撥的方案，並把此案當作特別法，起草制定教令案。前文已經多次指出，這些人批評中國國民黨的一黨專制、「赤匪侵略」、「共產主義攪亂」，不斷揭示以排除上述三者為目標的

7〔編註〕阮振鐸（1893-1973），盛京將軍管轄區奉天府鐵嶺縣人，中華民國、滿洲國的醫生、政治家、外交官。

主張，但實際上卻又以敵手的組織與營運型態為模範，此處也可窺見滿洲國充滿特色的法律與政治實態。

無論如何，這個關於滿洲協和黨的教令案，四月十五日雖經國務院會議議決，但卻沒有獲得執政裁可，因此另外根據片倉衷「組織受國家權力保護的黨部」（片倉衷，《回想滿洲國》）的想法，提出「立憲王道會」的構想，兩者磨合後，將滿洲協和黨改名為滿洲國協和會，並於七月二十五日在國務院舉行成立儀式。一段時間被擱置一旁的協和黨問題，突然取得大幅進展，背景是因為擁有類似組織目的、但卻成為重大政治問題的資政局，已於七月五日遭廢止，不過在政治上仍需要一個負責普及建國精神的國民教化團體，這，恐怕也是通過協和會成立的理由之一。

滿洲國協和會在創立宣言中，強調排擊資本主義、共產主義、三民主義，表明「遵守建國精神，以王道為主義，以民族協和為理念，力求強化國家基礎，執行王道政治之宣化」。光從宣言來看，該會確實達到山口等人當初希冀達到的以民族協和為指導原理，否定資本主義與共產主義，成為統合滿洲國意識型態的思想教化組織。但是，該會重要幹部中，名譽總裁為溥儀，名譽顧問為本庄關東軍司令官，會長為國務總理鄭孝胥，名譽理事為橋本虎之助[8]參謀長、駒井德三總務長官、板垣參謀等人，經費也從國庫補助金提取，充分顯現出該團體是在關東軍與滿洲國政府公認下，一個上意下達、充斥官方色彩的機構。協和會黨人原本指責滿洲國建國是在關東軍指導援助下發生的非正常民主革命，並從此點反省而企圖與關東軍畫出一線之隔，提出滿洲協和黨組織主旨，但在這種換湯不換藥的情況下，他們的良善主張也算是徹底煙消雲散了。而立身在野，謀求三千萬民眾意識統一的最初想法，至此也遭拋棄。不管如何，當時由滿洲青年聯盟提出的「民族協和」口號，在滿洲青年聯盟解散後，終究仍被滿洲國協和會繼授、納入活動理念當中。只是，對於協和會在滿洲國統治結構中應該如何定位、如何動員等相關事宜，關東軍、石原、滿洲國政府，以及山口、小澤等民間參與者之間，並沒有達成共識。因此，針對協和會的運動，在關東軍、政府與山口等人之間，終於爆發了一場糾紛。

石原為滿洲國協和會——未來的掌權者——設定了以下目標：「掌握三千萬大眾，將滿洲國打造為理想樂土，期能實際達成日滿協和、日中親善，據此我日本民族作為東亞王者，得以嘗試與白種人進行最後決勝之戰」（〈致磯谷廉介文書〉）。如同這個目標，這是為了一償石原宿願，也就是為了贏得世界最終戰爭的必要手段。協和會在這個想法下，期望打造滿洲國成為理想樂土，並希求日滿協和與日中親善，絕非純粹為了自身目的。果真如此，那麼對以實現王道樂土與民族協和為目標的理想主義者石原，以及受其制約的山口重次等人之評價，恐怕還留有疑問。不過，畢竟石原不是目光淺薄的軍事戰略家，而且也不至於如此天真，會因為摻入特意虛構的目標便忘卻自身的宿願，所以他在主張「將滿洲國打造為理想樂土，能實際達成日滿協和、日中親善」的同一文書中，針對滿洲國經營的相

8〔編註〕橋本虎之助（1883-1952），日本陸軍中將，滿洲國成立時的關東軍參謀長，後任陸軍次官、近衛師團師團長、滿洲國參議府副議長等職務。一九四五年日本戰敗後被逮捕，作為戰犯被中國政府判處有期徒刑期間病死監獄。

關事務，尚提出如下條件，藉此我們便得以看出他的真實想法：

1. 無論我黨是否能夠充分獲得民眾支持，若中國人有所妨礙，便斷然將該地轉為我國領土。
2. 若難以獲得民眾支持，我黨或者自知能力不足而退出滿蒙，或者以武力強壓榨取對方（同前）。

即便石原的言說充滿理想主義，但實際上仍然暗藏了最後的軍事王牌，這表明了他不過是一個冷靜透徹的現實主義者，這些不過是其滿洲國治術的一環罷了。而且，除了石原之外，包括本庄、板垣等人，都不把滿洲國統治當作他們最終的目標。一向不輕易表達自己意見的本庄甚至斷言，「希望滿洲能領導日本的改造」（滿鐵經濟調查會，《滿洲經濟年報》，一九三四年），這說明對他而言，滿洲國的存在意義，在於作為日本國內改造的策動根據地。但是，雖然在滿洲國建國之前，關東軍在日本國內省部與日本政府中確實處於領導地位，但建國之後這樣的關係卻產生急遽變化。在五一五事件之後，政黨內閣已然崩壞，伴隨舉國一致內閣的成立，軍部與官僚、政黨，同列擁有實權的統治主體，開始進出日本政治舞台。此外，對陸軍中央而言，滿洲事變的過程中醞釀出來的下剋上風氣也遭革除，如面對關東軍「要求中央對前線機關的裁斷僅限縮在必要事項」（《片倉日誌》）的叫囂，如何恢復統制力成為陸軍中央的燃眉課題。即便如此，陸軍整體，當然也包含關東軍，都希冀能夠盡量排除外務省、大藏省、拓務省、商工省等之意見，並透過關東軍的軍事行動成果，在滿洲國統治上取得絕對優勢。

一九三二年八月，本庄繁、石原莞爾、片倉衷、和知鷹二、竹下義晴[9]等除了板垣征四郎之外的主導建國幕僚們，都被調離關東軍，這對陸軍中央收回統制權而言，是項必要措施。這個煥然一新的陣容，「意味著中央統制力的延伸，整頓了群雄割據的創業時期滿洲人事」（佐々弘雄，〈滿洲政策的剖面〉，《改造》一九三二年九月號）。此時，關東軍司令同時兼任滿洲派遣特命全權大使與關東長官，成為三位一體制的官職，而關東軍司令官則由武藤信義大將取代本庄中將，參謀長由前陸軍次官小磯國昭中將取代橋本少將，透過提高任職者官階的形式，軍部的目標在於加強控制滿洲國組織，以及強化軍部在日本政府內部對滿洲國統治的發言權。再加上，只要關東軍還處於省部的管理下，關東軍身為滿洲國的統治機關，若能提昇政策立案能力與監督機能，便可提昇省部在日本政府內的地位，省部也能容任關東軍擴充各種機能。伴隨武藤、小磯等人上任，擔任滿洲國政務指導的參謀部第三課與特務課人員編制亦獲得擴充，此外也取得滿鐵經濟調查會等單位的協助，這些改變都讓關東軍對滿洲國的統治能力大為提昇。

全新的陣容也代表滿洲國統治方針在某個面向上已然轉變。對本庄等人而言，滿洲國統治的基本方針是「希望將金融資本與政黨勢力完全排除在滿洲國外」（《滿洲經濟年報》，

9〔編註〕竹下義晴（1891-1979），日本陸軍軍人，最高軍階為陸軍中將。

一九三四年）。但小磯等人卻認為「不可受既往財閥不可進入滿洲的謠傳規定所誤導，著眼於國家利益，應在滿洲推動更果敢的經濟政策」（小磯國昭，《葛山鴻爪》），藉此慫恿整個政策方向轉變。石原在離開滿洲國之際，對唯一留下的板垣囑託尚待辦理的諸端事宜，包括歸還滿鐵附屬地行政權、撤除治外法權、排除軍方的政治干涉、培養將來的主權者滿洲國協和會，以及廢止開發滿洲時日本人獨有特權等。但是，當石原回到日本內地，與永田鐵山[10]參謀本部第二部長面談時，卻聽到「方針是將滿洲國逐步轉為我國領土」（石原，〈關於滿蒙之私見〉，一九三二年八月）的說法，讓他感到愕然不已。此外，小磯不承認滿洲國存在協和會這樣的組織，對此展開一連串的壓迫，進入一九三四年後，日系官僚間開始傳出協和會解散的論調，接著九月人事改組之際，包括山口重次事務局次長等繼承滿洲青年聯盟、滿洲協和會派系的人們，皆遭中央事務局等單位排除，取而代之的，是阪谷希一總務廳次長及其下的日系官僚，可以看出逐步強化針對協和會的官僚整頓。協和會不但沒有如石原構想般地基於滿蒙三千萬民眾支持成長為主權者政黨，反而突顯關東軍中受內面指導的日系官僚，才是真正擔任擁有主權者的角色。

一九三二年七月的《東京朝日新聞》已經報導過「年輕高等官前往滿洲。帶著裏戶該地的覺悟前行」（七月十日），揭示當時星野直樹等大藏省官僚，身為「和平義勇兵出發」（十二日），派遣到滿洲國的模樣。之後，遞信省、內務省、司法省、商工省等各省廳不斷派出官僚渡海，至滿洲國擔任日系官僚，甚至被形容是「日本政府的各省廳在滿洲開分店」。

山口重次針對此種變化，主張滿洲國歷史應以一九三二年八月為界，因關東軍在此時間點之前與之後的指導方針完全迥異，應該明白區分兩者的不同。本庄時代的指導方針是「保護培育滿洲國」（《消失的帝國滿洲》），與此相對，之後則是「基於資本主義，將滿洲國日本屬國化、殖民地化」的方針（同前）。這也可以說是「從支援獨立到轉化為屬國，從民族協和主義轉到權益主義（帝國主義）」（山口，《滿洲建國歷史》）的官方性質轉換。不過，這種轉換與其說是本質上的變化，不如說是當權者判斷如何才能更有效地達成目的，可以說只是一種力道上的不同而已。這點透過石原的構想即可清楚看見，他主張滿洲國統治「以軍部主導，推動革新性的強力政策，打造日滿一體的國防國家」（片倉衷，〈筑水片言〉，一九三二年八月），這種建設構想，從本庄時代到之後接手的人為止，並沒有什麼重大區別。硬要區分，也只是為達目的，前後者採取了不同的資金與人才調度方法而已。

不過，對推進滿洲建國的人們而言，一九三二年八月的關東軍人事異動，確實讓他們強烈感受到情況開始惡化。橘樸於一九三四年三月寫下「實際上我從前年（一九三二年）夏天以來，有關滿洲國的所有政治、經濟、社會現象，從未接獲任何令人愉快的消息」（〈從自治到王道〉，《滿洲評論》，一九三四年三月二十四日號），另外針對建設「貧農本位的王道社會」，也表現出「從客觀方面而言，不得不對我們的展望罩上一層陰影」的陰鬱預感。

笠木良明與口田康信[11]等大雄峯會的領導階層已經遭到滿洲國驅離，回日本本土摸索

10〔編註〕永田鐵山（1884-1935），日本陸軍軍人，「統制派」的核心人物之一。一九三五年八月十二日相澤事件中被殺，追晉陸軍中將。

11〔編註〕口田康信（1893-?），日本昭和時代前期的國家主義者。

泛亞細亞運動的方法。放逐笠木等人的日系官僚，開啟了自身統治之道，與鄭孝胥國務總理反目的駒井德三總務長官也在笠木被驅逐三個月後的十月份，遭解除總務長官職務，隨著日系官僚補進，他也只能黯然離開滿洲國。與笠木分道揚鑣的中野琥逸也與駒井一樣，十月遭免除民政部總務司長職務，之後雖轉任熱河總務廳長，卻不甚得志，之後只能飄然離開滿洲國轉至東南亞赴任，並過逝於該地。而在協和會以「民族協和」、「王道樂土」等建國理想指導眾人的山口重次與小澤開作等舊滿洲協和黨人員，也遠離了協和會中央，之後山口前往牡丹江省，小澤前進北京，各自四散。支持他們的石原與本庄都已不在滿洲國，橘樸當時寫下了一句「深覺落寞」。橘樸對自己主宰的《滿洲評論》中出現的各種關於滿洲國的新思潮感到苦惱，他在貴志貴四郎——一位由實業家轉為遵奉王道主義，卻壯志未酬便過世者——的追悼會上，寫下這樣一節文章作為追悼：

王道主義的理論家、實踐家們開始完全退出政治戰線……這揭示了一個重大而明白的事實，那就是大家已放棄在現實的原野中繼續實驗王道主義，取而代之的，是將其封入試管內以防腐劑保存。滿洲國的下場，將淪落成世界資本主義博覽會中的滿洲館櫥窗裝飾，只剩下宣傳的功能。王道主義意識型態並非自殺，而是遭受他殺。（池上定八，〈貴志貴四郎論〉，《滿洲評論》，一九三四年一月二十七日號）

而伴隨滿洲建國在日本帶起「滿洲熱」的風潮，也隨著世界景氣的恢復而逐漸冷卻。

當時日本國內有一首佐藤八郎作詞、德富繁作曲，呢喃般的歌謠旋律《枯木上的伯勞》——

阿兄去到　滿洲了
步槍帶淚　閃耀著光芒
伯勞你即便寒冷　也不要啼哭
因為阿兄　更加寒冷

滿洲冬天可以降到零下四十度。這份酷寒，讓在朔北之地的建國理念急遽凍結。光芒愈強烈之處，陰影也將更加晦暗。

◆荊棘之道——滿洲國承認與鄭孝胥

在國際上一片非難的漩渦中，對創出滿洲國的日本而言，接下來的課題便是如何將各國視為「偽國」或「傀儡國家」的滿洲國，扭轉成為一個獨立國家。為了達到這個目的，首先日本就必須承認滿洲國的國家地位。但是日本國內非常顧慮國際聯盟與採取堅持不承認政策的美國會如何看待此事，因此部分輿論抱持強烈的慎重論調。但另有一派顧慮到，如果日本一直不承認滿洲國，有可能會給外界帶來日本將滿洲當作「第二個朝鮮」，認為日本可能只是在等待併吞滿洲的時機，或者一旦沒有利用價值便將拋棄滿洲國的看法。而為了不讓滿洲國處於孤立狀態，盡早承認的意見逐漸成為主流。於是，一九三二年六月十四日，日本眾議院本會議上，全會一致裁可滿洲國的承認決議案。接下來的八月十九日，政府在閣議中決定關於承認滿洲國的《日滿議定書》，被任命為關東軍司令官兼特命全權大使的武藤信義，便帶著這份文書前往滿洲國赴任，與滿洲國政府針對《日滿議定書》締結相關事宜展開交涉，之後與國務總理鄭孝胥陸針對鐵路、港灣、航路、航空路線等委託關東軍管理、設立日滿合辦的航空公司、礦業權交由日本或日滿合辦公司開採等內容，逐項簽訂各協定。

在如此舉措下，內田康哉[12]外相於八月二十五日的第六十三臨時議會外交演說上，說明只有承認滿洲國，方能「安定滿洲事態，並且這是為遠東帶來恆久和平的唯一解決方法」，明言實行承認滿洲國的做法。針對這次演說而提出的質詢，內田外相答辯日本承認滿洲國的公正性與適法性不容質疑，而且「對於這個問題，應當舉國一致，即便國家化為焦土也要貫徹主張，政府抱持決不讓步的決心」。這個答辯也被稱為內田的「焦土外交」演說。日本政府循此態勢，於九月十五日舉出「滿洲國乃基於居民意志自由成立，日本國政府確認已達獨立國家成立之事實」（《日滿議定書》）的理由，確定承認滿洲國。建國半年後，終於迎來法律上對滿洲國的承認，日本媒體對此表示歡迎，報紙上出現了如下論述：

承認滿洲國之日到來。滿洲國深切期待與我國的熱烈信念相結合，為世界史劃開新的紀元，作為保證東亞和平的礎石。與新生獨立國擁有唇齒相依、共存共榮關係的日

本，公開祝福其獨立的時刻，終於到來。（《東京朝日新聞》，一九三二年九月十六日）

只是，這個承認也是為了趕在李頓調查團報告書於九月四日發表前，造成滿洲國已是獨立國家的既成事實而特意做出的舉措。至於是否有達到效果，根據李頓調查團報告書中明白記載了「不認為現今政權是透過純粹且自發的獨立運動而出現」一句，明顯與前述《日滿議定書》的認知處於完全對立狀態。國際聯盟於一九三三年三月二十四日，在不承認滿洲國決議案中採算的結果，計有贊成四十二票、反對一票（日本）、棄權一票（泰國），日本代表團因此退出大會，三月二十七日，日本正式宣布退出國際聯盟。這是為了承認滿洲國所必須付出的高昂代價，日本為了換得日滿共同防衛，不得不步上遭國際孤立的險途。而且一九三二年一月七日美國根據「不承認主義」（Stimson Doctrine，又稱史汀生主義）[13]打出不承認滿洲國的原則，因此與日本形成對立姿態，這也為之後太平洋戰爭的開戰鋪下一條遠因。

之後於九月十五日的《日滿議定書》締約會場，《報知新聞》（九月十六日）報導現場光景，描述武藤全權大使簽名用印之際備感欣賀，問候對方時，「鄭國務總理滿臉歡笑，

12〔編註〕內田康哉（1865-1936），日本外交官。曾先後三次擔任外務大臣。在一九二一年及一九二三年曾短暫代理過日本總理大臣職務。第十二任南滿洲鐵道總裁。

13〔編註〕為一九三一年日本關東軍與中國東北軍在中國東北爆發九一八事變後，美國國務卿史汀生於次年一月所宣示的美國官方立場。該主義主張基於「非法行為不能變成合法」原則，不承認以武力造成的國際領土變更。

同樣致意武藤大使，雙方帶著感慨無限的表情堅定握手，點頭示意後各自回座」。可是，根據武藤全權大使隨從人員，即站立於會場旁的米澤菊二一等書記官寫下的筆記，對於武藤的問候、鄭孝胥做出的反應等，則與前述報導完全不同：

> 鄭總理迅速準備陳述答辭但說不出話來，只見嘴角囁嚅，顏面神經不斷抽搐，泫然欲泣的表情維持五秒、十秒、三十秒，雖欲發言卻無法出聲。充分讓人感受到他心底的動搖與暴風雨般交錯的複雜思緒。（米澤菊二，《日滿議定書調印記錄》）

實際上，鄭孝胥在締約前六天突然遞出辭呈，並拒絕至國務院上班，原因之一是與駒井德三總務長發生了爭執。兩人的對立從建國之後便產生，一九三二年七月十日的《畑俊六日誌》中也記有：「鄭總理心中不悅，說出要辭職，日本方面苦心慰留，之後才逐漸打消這個念頭。」但他這次的辭意相當堅決，關東軍因為締約日期就在眼前，無法更換國務總理，因此提出締約後將調任駒井，企圖以此條件打消鄭之辭意，最終鄭好不容易才參加了締約儀式。這段插曲說明了鄭與駒井間的嫌隙，在滿洲國政府內是公開的事實，但米澤判斷，鄭孝胥的辭職，並非單純只想排除駒井。換言之，他推測「懼怕因締約而被冠上賣國奴的罵名，被中國四億民眾及後世子子孫孫視為拋棄滿洲的元兇，因此當締約之日迫近時，煩悶之下，為了遁避責任而提出辭呈」（同前），這才是主因。為此，日方深懼最後一刻鄭孝胥可能拒絕用印締約，見到鄭總理顏面異常痙攣時，米澤思忖必須盡快讓鄭簽署，連原本須先記入日期的步驟都往後挪動，要求鄭趕緊簽名用印。

根據前述的〈溥儀．本庄秘密協定〉，以及武藤信義、鄭孝胥協定的《日滿議定書》，可以清楚看出統治滿洲國的實際權力，依法的確掌握在日本手中。昭和天皇在親自任命武藤信義為關東軍司令兼特命全權大使的儀式上，口頭給予訓示，要他「努力施行比張學良時代更好的善政」。這說明了天皇在承認滿洲國存在的同時，也知悉政治上的實權究竟歸屬何人掌中。

其中，在最令人感到切膚之痛的《政府組織法》上，規定了國務大臣是擔任遂行國政的最高責任者，而甘受日系官僚的總務長官頤指氣使屈辱的，就只有鄭孝胥一人。建國不久，鄭孝胥面對來滿洲國詢問他今後施政抱負的矢野仁一[14]教授，面帶寂寞的微笑，為難地回答說：「我不過是受僱的巡迴藝人，不是舞台導演。而且劇本也是別人寫好交給我，我僅被告知該如何照本演出，你的問題我無法回覆。」（菊池貞二，《秋風三千里》）矢野身為日本滿洲史權威，力說滿洲國建國的正當性，高唱王道政治意義，但對照鄭的回答後，便可在這兩人的互動之間，明顯看出日人對滿洲國的想像與現實間的落差，存在著多麼鮮明的對比。而在這段回答中，鄭認為自己不過是「受僱的巡迴藝人」，大概也是對自己生於福建省福州，卻在遙遠的塞北之地，既無知己又身處虛位的狀態，極盡自嘲之能事吧。

14〔編註〕矢野仁一（1872-1970），日本國際關係史學家，一八九九年東京帝大史學科畢業，一九〇五年受清政府邀請，在京師的法政學堂擔任進士館教習。一九一二年後在京都帝大擔任教職，直至退休。他是日本學界中國近現代史研究的開創者，也是「中國非國論」的創始者。

不過，這恐怕也是他毫無偽飾的真實感受。

雖然貴為國務總理，但他的地位不過是在熙洽的吉林省系、臧式毅的奉天省系、張景惠的黑龍江省系等三派鼎立之下，為取得一個平衡，而被置於眾人之上罷了。在國務院內，熙洽擁財政部，臧式毅擁民政部，張景惠擁軍部，各有據點且配有麾下，與此相比，鄭既無支持者亦無人脈，作為滿洲國官制基礎的總務廳又由日系官僚強固把持，與滿系處於敵對的狀態。此外，當地居民無人支持鄭，鄭也對他們毫無影響力，再加上原本應為鄭孝胥政治基礎的清朝復辟派，因為鄭就任國務總理造成溥儀只能擔任執政無法稱帝，也同聲強烈反對鄭。其中羅振玉、陳寶琛[15]、寶熙[16]、胡嗣瑗[17]等人更自命宰相，公然對鄭之行動斥責非難。對以復興清朝為畢生職志的鄭而言，最致命一事，乃胡嗣瑗等人屢進讒言，加深溥儀與鄭之間的嫌隙，在《日滿議定書》簽署之前溥儀甚至動念想要更換鄭孝胥。但是，即便鄭孝胥辭官成功，他仍不被允許跨越長城歸故里，因為一九三二年三月五日中國共產黨滿洲省委員會以及三月十二日南京國民政府，都發表否認滿洲國的聲明，加之國民政府宣布，中國人參與滿洲國事務都被認定是賣國行為，公開聲明將使用治罪法及盜匪整治條例對此干人等嚴加處斷。

鄭孝胥僅存的希望，只剩將中國東北地方置於國際共管之下，並在此條件下恢復帝制而已。為了實現這個期望，他必須依賴對滿洲國持相反看法的李頓調查團，指出滿洲國為「偽國」，並採納中華民國的主張，否認滿洲國的獨立性，之後方能提出中國東北應交由國際託管的方案，並要求日本接受。而李頓調查團果然如鄭孝胥期待般反對承認滿洲國，剩下的便是看日本將對此態勢做出何種反應而已。但接下來於託管的一九三三年一月又發生了一個問題，那便是日軍佔領了山海關。武藤關東軍司令官認為此舉在「作戰行動上佔據了畫龍點睛的機要之處」，之後日軍採取軍事行動，佔領當初預設為滿洲國版圖的熱河省，接下來日本發表聲明退出國際聯盟，鄭孝胥想透過國際共管羈絆日本的希望，至此遭到擊潰。鄭孝胥意氣頹然，對於關東軍與日系官僚透過總務廳中心主義，不斷強化掌握滿洲國統治實權，鄭自然滿腔憤慨。可是他唯一能做的抵抗，只有對關東軍與日系官吏的政治決定，採取沉默以對的方法。據說，鄭孝胥在擔任國務總理（大臣）的三年多期間，持續於國政最高決策機構的國務院會議中保持沉默，不發一語。但他並非放棄自己的政務，正如他自號「夜起庵」一般，他每天早上三點起床，八點上班，下午四點離開辦公室，如時鐘一般精確行動。他除了親自查閱國務重要文書、簽署法令原稿與辭呈外，每天都撰寫勤務日誌，這些都由日本人秘書官白井康所證實（〈侍奉總理大臣〉，《滿洲國行政》，一九三五年四月號）。

對保持這種勤務態度的鄭孝胥來說，最難耐的屈辱，或許是強行把他放到這種立場的

15〔編註〕陳寶琛（1848-1935），字伯潛，號弢庵、陶庵、聽水老人。刑部尚書陳若霖曾孫，晚清大臣，學者，官至正紅旗漢軍副都統、內閣弼德院顧問大臣，為毓慶宮宣統皇帝授讀。

16〔編註〕寶熙（1871-1942），字仲明，號瑞臣、沈盦，署頑山居士，室名獨醒盦，卒謚「文靖」。清朝宗室，滿洲正藍旗人。

17〔編註〕胡嗣瑗（1869-1949），字晴初，亦字琴初，又字愔仲，別號自玉。貴州省貴陽府開州人。清朝、中華民國、滿洲國政治人物。

日本人心中，也把他當作賣國賊一般輕慢侮辱。當然，創出滿洲國、支持滿洲國的日本人內心究竟做何想法，日本人並不會說出口；此際尚會發聲的，僅有不滿日本國策與國內輿論、看重國際信義的少數人而已。

從滿洲事變到滿洲國建國的事態發展期間，正旅行於歐美但仍注意滿洲國狀況的尾崎行雄[18]，於逗留英國期間突然接到好友犬養毅死去的惡耗，暗忖自己恐怕也難逃遭人暗殺的命運，因此帶著喪命的覺悟，針對日本的國策方針寫下意見書，回國之後為了表示自己賭上性命直言，以〈代墓誌銘〉為題，將該意見書的一部分發表於一九三三年一月號的《改造》雜誌上。但對於此文，我們更應該注意的，其實是他未公開發表的有關滿洲國的部分。尾崎針對日本承認滿洲國為獨立國家，與國際聯盟採取對立的狀況，表示：「如果讓住在滿洲的三千萬人舉行自由投票，大概絕大多數都反對成立滿洲國吧。而且，如果缺乏日本的武力與財力援助，滿洲國恐怕撐不過數個月便將倒潰……果真如此，滿洲國便如世間認定一般，僅為日本的傀儡，絕非獨立國家。拿著與滿洲國締結的條約，強說條約具有國際性價值，終究無法達成目的，一切所作所為不過是場徒勞。站在這種立場上與世界各國對抗，最終只是讓日本已然掃地的國際信譽，更加蕩然無存而已。」尾崎此番斷言，可說相當正確。這篇警世之文，還有如下一段：

何況滿洲國的重要人物，除了少數人外，大多都是為貪圖己利而賣國的不良人物。為了利用這些賣國人物施行小權謀，這對日本國家的精神與物質都造成非常嚴重的損害……

比起即便受到全世界的討伐，也要支援賣國人物集合體的滿洲國，還不如直接自殺來得更加痛快。

只要居民不能依照本身期望自決
日本就不要模仿洋人口徑疾呼
帝國政府一方面說要對滿洲居民進行思想善導，一方面又推崇獎勵賣國行為。
支援賣國之輩建國
如何說服別人這是忠義之道
（〈代墓誌銘〉，尾崎咢堂全集編輯委員會編，《尾崎咢堂全集》第八卷，一九五五年）

此處尾崎指出日本政府的矛盾之處。在滿洲國建國後的三月二十五日，依據國務院令第二號「學校課程使用四書五經講授，使其尊崇禮教」，揭示滿洲國想要建設一個道義國家後，顯然讓此矛盾的困境更加深刻。鄭孝胥個人對儒教具有深厚信仰，也被視為儒學實踐者，因認為滿洲國身為王道國家應該尊重文教，而設置了文教部並兼任總長職位，對他而言，即便未曾向人提起，也應該痛切感受到這種矛盾困境。鄭孝胥本身應該是有感受到這種矛盾，當好友正木直彥[19]來訪，稱頌鄭「如總理般醇厚君子，身在台閣盡輔弼之任，

18〔編註〕尾崎行雄（1858-1954），號咢堂，日本政治家，有「憲政之神」、「議會政治之父」之稱。

滿洲國定將安泰」(《十三松堂日記》，一九三四年九月二十五日條文)時，鄭對此說明自己三十年來精勤之狀後，感嘆「但無一人追隨余，余亦無感化之力」(同前)，感慨自己的孤立狀態。但即便陷於此種孤愁之中，鄭在國務總理職位上仍堅持「舊朝廷可謂前清，前清已矣，豈無後清乎」(同前)這種妄念般的執著，說明王朝復興的火焰仍在他心中熊熊燃燒。對鄭孝胥而言，由日本人執牛耳的滿洲帝國乃無用之物，他活著的願望，只在復興後清王朝，重返北京紫禁城而已。而且，這也是唯一能洗刷他賣國賊污名的唯一方法。

可是，這條道路也被封閉了，或者，該說是他自己把自己困住了。鄭打破了他在當前立場上必須永遠戒慎警戒的禁忌——也就是犯了批評日本的大忌。從一八九三年鄭在東京公使館任職以來，便一直身為鄭孝胥知己的長尾雨山[20]，評價鄭孝胥是「即便意見相左，也不過淡淡陳述己見之人。但一旦與他人約定，就絕不會反悔背叛」(〈鄭蘇戡先生〉，《改造》一九三四年五月號)。而鄭願意貫徹忍耐，遵從日本指示，全都是為了能讓溥儀復辟帝位，至於透過帝制圖求滿洲國自立，則大概是他最後的期望吧。但關東軍卻不採行帝制且否定清朝復辟，因此與鄭之間的嫌隙日深，相互之間的對立也愈形激烈。在這樣的氣氛下他仍堅持建國以來的「弭兵說」，以及建設滿洲國成為永世中立模範國的瑞士說，便遭懷疑乃是隱含反對關東軍意圖的反軍思想。鄭尚認為當轉型帝制時，須依照組織法規定，同時將政治實權交由皇帝掌握，他屢屢提出暗示性的要求，要關東軍「必須放在地下(暗中)」處理此事。但在實施帝制後一年，發生的現實情狀每每打擊鄭的期待，在日滿一體化的名目下，滿洲國逐漸從屬於日本，鄭在帝制一週年的建國紀念日上，終於按捺不住長久以來的不滿，一吐為快：

日本懷抱滿洲國，如同懷抱小兒，現今希望放手使小兒步行……懷抱小兒者若徒然長抱不放，則小兒永無自立之日……至今我滿洲國尚未能自立，肇因於日本政府故意不願放手不使自立，今日如此景況，實不言自明。

鄭做出如此論述後，尚以沈痛口吻責備自己「庸劣無能」。這番演說當然被當作對日本的批判而遭大肆宣揚，關東軍終於決定放棄鄭孝胥。而察覺關東軍激憤的溥儀，卻未替鄭辯護，反而說「身為總理大臣竟如此洩漏心中不滿，乃不僅慎至極……欠缺身為總理應有的手腕與態度」，並向關東軍表達，希望盡速更換鄭孝胥。另一方面，鄭也對一九三五年訪日後，便開始熱衷談論如何對日本天皇竭盡忠誠的溥儀，失去了原本的赤誠忠心。

還有一段插曲為此事增添光環。星野直樹曾留下這麼一段證詞：「（鄭孝胥）似乎感到相當不滿。自己還做了首詩，其中一句『快若碎玉斗』說明了他的心境，此言卻遭來更多人的非難。玉斗是指玉杯，當年楚霸王的謀臣范增，因與項羽議論不合，憤而辭去。當時他將玉杯扔至地上，以求一解鬱憤，這句詩便是引用這個典故。」（《未竟之夢》）鄭的真實

19〔編註〕正木直彥（1862-1960），日本藝術家，曾任帝國美術院院長。
20〔編註〕長尾雨山（1864-1942），日本明治時期的漢學家、書畫家。

心意究竟為何，已經不得而知，但他這番言行舉動，卻為他解任後的生活設下了諸多限制。當時他的生活狀態如下所述：

銀行戶頭中雖有所謂的建國功勞金，卻無法領出，還禁止他前往北京居住。在憲兵的嚴密監視下，也不能自由賦詩，別無他法只能幽居家中，以書法排遣歲月。之後鄭於一九三八年溘逝於長春……但當時他並未患任何疾病，乃突然身亡。當時的死因亦無人知曉。（周君適，《悲劇皇帝　溥儀》）

關於鄭的死因，溥儀在《我的前半生》書中記載了遭日本人暗殺的傳言。但實際上應該是感冒不癒併發腸疾，因而橫死。鄭逝於長春（新京），雖以國葬形式辦理喪儀，但連溥儀等周邊人士皆不知死因，這或許也暗示著鄭的最後一段路走得如何黯然。鄭死後，擔任其秘書的日本人太田外世雄，創了一個講究太夷（鄭孝胥的字）精神的顧學社，並在自宅建了太夷神社，掛上鄭孝胥畫像奉祀。之後雖然鄭家遺族強烈要求，但關東軍與滿洲國政府仍不允許鄭在關內置墳。

嘆息「但無一人追隨余，余亦無感化之力」的鄭孝胥，其死後唯一追隨他的卻不是中國人，而是一介日本人，這件事情對鄭而言，究竟是幸，還是不幸。

順代一提，在尾崎於一九三三年發表前述批評滿洲國內中國要人皆為賣國賊的文章後，鄭孝胥寫了如下一幅書法，寄給刊載尾崎〈代墓誌銘〉一文的《改造》雜誌社。

獨立自可當雷霆
改造雜誌社雅屬癸酉端午孝胥

雷霆指激烈的暴雷，轉而帶有憤怒之意。究竟鄭是帶著什麼樣的想法，揮毫寫下這句「獨立自可當雷霆」，而他又想要如何回答尾崎的批評呢？

鄭孝胥雪洗「洋奴漢奸」污名的日子，已然永遠消逝。

◆菊與蘭——帝制滿洲國與天皇制的輸入

一九三四年三月一日上午八時，溥儀登上了設置於首都新京郊外杏花村順天廣場的天壇，執行告天禮（告祭），向上天報告自己受天命即皇帝位。當天是晴天，但溫度只有攝氏零下十二度，在呼嘯的西南風中，身著前後與兩肩繡有金龍的龍袍，頭上戴著赤纓飾珍珠的圓形皮製朝冠，腳踏鹿皮長靴。身穿清朝禮服行完包含郊祭的告天禮，溥儀迅速返回宮殿。

諸儀式簡潔，在極端肅靜下舉行。沿途幾處塞滿了祝賀者。祝賀者以日本居留民佔多數，滿洲市民較少。自大同廣場至郊祭場間只見警戒軍警，沒有任何旁觀者，讓人感到幾許寂寥。

溥儀的侍從武官石丸志都磨在日記中如此寫下當天的景況，這是一幅連熱心的帝制推進論者石丸都感到寂寥的景緻。但沿路上對帝制充滿懷疑且毫不隱藏這種念頭的外國記者們，他們所關心與所見到的，又是另一番風景。其中一位愛德加．史諾記下當時「五萬名軍隊在渺無人煙、半哩寬的道路兩旁面對面呈兩列並排。步槍上套著刺刀的日本軍，站在未帶槍劍的滿洲國軍隊背後。這就是迎接皇帝的歡迎陣容。皇帝行進時，既沒有人民的拍手，也沒有歡呼聲……一切似乎都靜止了」（《遠東戰線》），描述了在異樣寂靜中迎來帝制的滿洲國，也暗示著溥儀即位之意。

同一天中午的勤民樓，溥儀身著滿洲國陸海空軍大元帥正裝，舉行了登基儀式。儀式典禮後，發布《即位詔書》，實施帝制同時頒布年號為「康德」，宣示國號為滿洲帝國。《即位詔書》中記載「所有守國之遠圖，經邦之長策，當與日本帝國，協力同心，以期永固」，說明國家防衛、國家經營等所有部分，都須與日本同心協力，謳歌此為滿洲國永久存續的必要條件。之後，溥儀登上日本製黑檀玉座，接受來自北京的愛新覺羅一族與清朝舊臣們的三跪九叩朝賀大禮，便結束了整個儀式。

如此一來，幼年以宣統帝身分登上龍椅，歷經一九一七年短暫復辟後退出歷史舞台的溥儀，此時以滿洲帝國康德帝的身分，重新登上舞台，只是，背後並沒有狂熱推崇的「安可」叫聲。在皇帝面前的只有在滿日本人與協和會派出的少數當地中國人，在凜冽北風中如同凍僵般沉默站立的身影。這樣的風情，與為了採用帝制而強加附會的公開理由「而今人民謳歌王道，恭請執政順天登極不止」（一九三四年一月二十四日，〈帝制實施總理聲明〉）一般，如實說明了這一切不過是個虛構的故事。可是，關於民心、民意，不管是關東軍還是日本政府，甚至溥儀、鄭孝胥等，都不當作一回事。即便在這種情況下，為了作為採用帝制的藉口，他們仍公然宣稱基於民意取得的執政地位，要轉換至基於天意、天命的皇帝位。何況建國經過兩年，對退出國際聯盟的日本而言，已經無須一方面意識著中華民國的立憲共和政體，一方面維持、採取與其對抗的政體了。

對關東軍與日本政府而言，採用帝制必須面對的課題，便是該如何抹去清朝復辟的聯想。另一方面，這也與溥儀和鄭孝胥最關注的，如何才能採用帝制、恢復清朝祖業息息相關。這個問題，終於在即位時應穿著何種服裝的問題上，表面化成為對立焦點。溥儀等人頑強主張皇帝即位的禮服須穿著龍袍，關東軍則告訴溥儀，此帝位非清朝復辟，為了表示滿洲國是全新創出的帝國，即位時應穿著滿洲國陸海空軍大元帥的正式禮服。但溥儀等人對於穿著龍袍一事絕不讓步，兩相折衝後妥協的結果，便是先著龍袍行郊祭之儀，之後改換大元帥禮服行登基之典，採取兩服並用的形式。此外，受愛新覺羅一族與清朝舊大臣們的三跪九叩禮等，溥儀自行解釋康德帝即位即為清朝復辟的要求，關東軍也暫且採取溥儀滿意的形式施行。但官方上仍堅持溥儀即位絕非清朝復辟的一貫主張，連鄭孝胥也不得不明言「若誤以為此為清朝復辟，則非忠於建國理想與使命之政府所取者也」（〈帝制施行總理聲明〉）。在《皇帝即位對外聲明書》中也記有「我滿洲帝國皇帝奉天承運，創新滿洲帝國，而為第一代皇帝。自與清國復辟，迥然不同」等文字，強調溥儀乃創新帝國的首代皇帝。

既然與清朝復辟有混同之虞，尚須拼命抹消這種想法，為何關東軍或日本政府在此時期仍決定採用帝制？

滿洲國使用與日本相同國體，採用帝制的方針，其實是在過去曾支持宗社黨滿蒙獨立運動、也與清朝復辟工作有關聯的小磯國昭關東軍參謀長之下推動的。小磯到任後約半年的一九三三年二月二十三日，陸軍中央對溥儀稱帝一事發出一封照會電報，模糊說明「預期過一陣子事變便將結束」，傳達熱河作戰[21]結束後，將會盡早轉型帝制之意。對此陸軍次官回答「關於使溥儀稱帝一事，若無特別情狀，現暫不宜討論」。此方針於同年八月八日閣議決定的〈滿洲國指導方針綱要〉中，也保持相同說法：「雖然最終目標在使滿洲國成為立憲君主制，唯當下仍應維持現制。」不過，即便有了以上這些決定，在小磯的要求下總務廳長遠藤柳作[22]仍把實施帝制當作滿洲國政治的第一號課題來推動。遠藤除了小磯之外，尚與國務顧問宇佐美勝夫[23]、石丸志都磨侍從武官、滿洲國宮內府次長入江貫一、日本人參議筑紫熊七[24]、田邊治通[25]等人，規劃轉型帝制案，並開始與日本政府展開交涉。為了配合這些舉措，還派遣關東軍參謀部第三課長原田熊吉前往東京，將當地支持帝制的氣氛傳達給陸軍中央，以取得同意。至十二月二十二日，日本政府便已然決定施行帝制。

日本閣議決定之際，滿洲國已經建國約莫兩年，「至今仍維持過渡性的執政制度，且尚未決定今後將採行何種政體，這對滿洲國重要人物乃至一般民心而言，皆為極度不安的因素」，說明內閣並不樂意當前狀況，接著並裁示，內閣判斷實施君主制以確定政體問題，「咸認時機頗為適宜」。但即便有這些政治辭令，實施帝制是否真的是重視滿洲人心，仍然存有相當大的疑點。此點在同一文書中針對實施帝制時，要求「排除主權在民的思想，在滿洲國國務進展與帝國國策遂行上，須屏除所有阻礙與牽制」，亦即為了推進日本國策，要求強化國務院的功能，這不僅沒有重視人心，甚至為了統治滿洲國要求排除當地中國人的意見，從中可以看出主要的著眼點，仍在如何圓滑遂行日本在滿洲國的統治。

在此時期，筑紫熊七參議懇切進言，強調由實施帝制以圓滑遂行日本國策的必要性，他表示「預想昭和十一年（一九三六年）前後，日本將遭遇百分之百的國難危機，日本政府必須在此之前，將日滿打造的帝王大業推進到不可動搖的地步」（〈關於滿洲國憲法制定〉），也就是採行帝制是為了對應一九三六年的危機。此處主張的一九三六年危機，是根

21〔編註〕又稱熱河事變。發生於時為中華民國所控制的熱河省，時間為一九三三年二月至三月。因為國內輿論普遍不願承認滿洲國，二月十一日，國民政府行政院長宋子文至北平，與張學良等將領一起發表「保衛」熱河通電。二月二十一日，熱河戰役爆發。裝備不良、士氣低落的東北軍節節敗退，三月四日承德失守，熱河抗戰結束。熱河最後遭日軍佔領。

22〔編註〕遠藤柳作（1886-1963），武藏野銀行創設者、政治家、律師。

23〔編註〕宇佐美勝夫（1869-1942），日本內務官僚、政治家。歷任富山縣知事、東京府知事、貴族院議員。

24〔編註〕筑紫熊七（1863-1944），日本軍人。最終軍階為陸軍中將。曾任滿洲國參議府參議、副議長。

25〔編註〕田邊治通（1878-1950），日本遞信大臣、內務大臣。

據倫敦海軍裁軍會議規定，日本海軍造艦狀況自一九三六年起對美、英將處於劣勢，再加上蘇聯自一九三二年展開的第二次五年計劃已接近完成期，軍事力量獲得強化，因此日本面臨的國際威脅將提昇至最高狀態。軍部的宣傳策略在於煽動此種危機感，藉此增強軍事力與擴大軍部在政治上的發言權，而站在對蘇作戰第一線上的滿洲國，無可否認確實感受到蘇聯國力、軍事力強化下所帶來的威脅感。這股危機感便成為快速推動滿洲國轉型帝制的原動力，並在如下文件中得出結論：

一九三六年將會是帝國非常時期的最高峰，為了能使滿洲足以對應任何轉變，必須保持滿洲處於統一安定的境地。為達此目的之手段雖不一而足，但確立滿洲國君主制將是最妥適的處置方式……早日確立君主制即可早日協助滿洲國保持安定狀態，以應付一九三六年危機，因此必須盡可能找尋最近機會加以完成。（〈關於滿洲國皇帝推戴籌備之件〉，一九三三年十月十八日）

但是，為何採行帝制會幫助穩定滿洲國，而且還是幫助處理國際危機的最佳方略呢？關於日本在滿洲國採用帝制的意圖，愛德加．史諾推測，日本想把溥儀當作傀儡皇帝，「將日本方面的意圖完全轉為皇帝的想法，如此便可輕鬆處理滿洲國各種事宜。不論是溥儀簽署正式合併領土協定的場合，或是滿洲國對中國、蘇聯或其他列強宣戰的場合，皆可以最少的程序與成本達成」（《遠東戰線》）。當然，日本的本意是否如此，表面上自然無法從日方文書看出，日本大多數意見不是表明對民主共和制意識形態的反動，就是「日本也採行帝制，所以滿洲國也採用同樣體制會較佳」（田邊治通，〈帝制實施與王道政治之要諦〉，《滿洲國建國側面使》）的說法。但我們不可忘記，對當時的日本人而言，表明國體本身就具有十足的政治意味。況且從為了均衡與統一支配臺灣、朝鮮等殖民地的觀點來看，恐怕帝制仍是最被期待的體制。不過，從現實的條件來看，正如蠟山政道所指出的，想要以「所有守國之遠圖，經邦之長策，當與日本帝國，協力同心」的形式推動滿洲國統治，「滿洲國的國家結構或政治式樣，便不能與日本有過度懸殊的差異」（〈帝制滿洲國的世界政治意義〉，《改造》，一九三四年四月號），他所指出的重點，確實具有莫大的影響力。加上之前既有日本官僚進入滿洲國推動移植日本法律體系與行政樣式，這些過往成果，也為日滿一體化的推進，提供了強力的後盾。

隨著實施帝制，《政府組織法》改為《滿洲帝國組織法》，原本關於執政的規定，許多皆依據中華民國大總統權限修改而來，在此之後則改以《大日本帝國憲法》的天皇規定為依歸，進行轉型。皇帝的地位在形式上雖然酷似天皇，但主要不同之處，如次頁圖中所羅列一般，只要相互對照即可一目了然。

如此一來，施政上對所有人民負全責的執政地位，劇烈轉換成尊嚴不可侵犯，無論國務上或刑法上都不能追究其責任的皇帝地位。但是自不待言，無論滿洲國法制上的規定如何，並不保證實質上也是如此。

例如，皇帝「統帥陸海空軍」（《滿洲帝國組織法》，第十一條），與《大日本帝國憲法》「天

《滿洲帝國組織法》	《大日本帝國憲法》
第一章　皇帝	第一章　天皇
第一條　滿洲帝國，由皇帝統治之。帝位之繼承，依據另外法令所定。	第一條　大日本帝國，由萬世一系之天皇統治之。
	第二條　皇位，依皇室典範之規定，由天皇之男子孫繼承之。
第二條　皇帝尊嚴不可侵犯。	第三條　天皇為神聖不可侵犯。
第三條　皇帝，為國家元首，總攬統治權，依本法條規行之。	第四條　天皇，為國家元首，總攬統治權，依本憲法條規行之。

皇統帥陸海軍」（第十一條）規定上幾乎相同。可是，根據滿洲帝國陸海軍條例，皇帝的統帥權委託於軍部大臣（轉型為帝制後，各部總長皆改稱為大臣），皇帝不能像天皇一般，擁有自己可以親自裁決的軍隊。而且即便軍部大臣掌握了統帥權，實際上也未獲得承認。滿洲國軍，是在滿洲國的官制與法規都沒有規定的系統下運作，而這個系統便是軍政部顧問制。軍政部顧問在身分上附屬於關東軍司令部，顧問終究是日本人，因此與滿洲國的法律毫無相干。即便如此，軍政部顧問卻以身為最高顧問的姿態，掌握了莫大的權限，根據擔任過最高顧問的佐佐木到一證言，「這並非公開的官制，實際上最高顧問與軍政部大臣屬於

同一位階。軍中擁有慣例，若未獲最高顧問承認，不管是軍令、部令或所有的命令、訓令等，都無法發生效力。關於此事，滿人方面卻沒有任何人有任何懷疑」（《某軍人的自傳》）。雖說與軍部大臣擁有同樣位階，但只要最高顧問不承認，所有命令都無法發揮效力，因此最高顧問面對軍部大臣時，仍佔有實質上的優勢。根據這套系統行動的滿洲國軍，從皇帝即位當天配戴刺刀步槍的日軍列隊於不配刀槍的滿洲國軍身後，形成二路縱隊配置，便可以看出雙方軍隊的性格與組織配置上的結構性差異。除此之外，關東軍要求身著滿洲國陸海空軍大元帥正式禮服行即位大典這個事實，可以說已經超越當事者溥儀的意圖。在滿洲帝國中的康德帝溥儀，他所擔任的角色與定位，其實被限制在非常象徵性的範疇內。

如此一來，採用帝制的滿洲國，「守國之遠圖，經邦之長策」都委於日本，走上了以協力同心為名義的從屬之道。另外，隨著溥儀換得尊嚴不可侵犯的地位，他也失去了法律上規定的政治實權。亦即，透過「國務總理大臣賦有輔弼皇帝之責」（組織法，第四條）的規定，藉此取代政治上無回答質詢責任的皇帝，這種由國務總理大臣肩負輔弼之責的形式，也讓國務總理成為行政上的統領管轄者。然而，這裡將權力集中在國務總理大臣的措施，也只是根據總務廳中心主義，把權限都集中在日系官僚身上而已。而且關東軍與溥儀的關係，也被他自己形容為「關東軍好像一個強力高壓電源，我好像一個精確靈敏的電動機」（《我的前半生》），他只能聽命於關東軍轉動。

在這種實際上由日系官僚與關東軍統治的滿洲帝國下，溥儀開始尋求身為皇帝的權威與實權。而當他於一九三五年第一次前往日本訪問時，他找到了一種實現的方法。那就是

「天皇對日本的地位，與我對滿洲國的地位是一樣的。日本人面對我，與面對天皇，應該也是一樣的」（《我的前半生》），透過他自己這套理論，把天皇權威與自身同化、一體化。溥儀回鑾（歸國）後的五月二日，發布了《回鑾訓民詔書》，宣明「朕與日本天皇陛下，精神如一體。爾眾庶等，更當仰體此意，與友邦一心一德，以奠定兩國永久之基礎，發揚東方道德之真義」。此詔書被稱為日滿親善關係的「大憲章」，滿溢著「朕與天皇陛下精神如一體，因此兩國所有事務皆為一體，日滿一心一德一體」的論調。而且，強調日滿一心一德，精神一體，與其說是日方強制，不如說是由溥儀自身發想，他還在詔書草案上親筆添加「朕與日本天皇陛下，精神如一體」的字句。此外，溥儀發布《回鑾訓民詔書》前一天，在宮中集合日滿文武官員重要人士，舉行了長達四十分鐘的演說，根據溥儀的說法，「我在事前完全沒有和日本人商議，也沒預備講話稿，到了時候卻口若懸河」（《我的前半生》）。在溥儀的自傳中，記下了「如果有不忠於滿洲國皇帝的，就是不忠於日本天皇，有不忠於日本天皇的，就是不忠於滿洲國皇帝」如此訓示。溥儀透過自己與天皇精神一體的說法，要求日本人對自己的忠誠，如果辦不到，就是對天皇不忠，透過這樣的精神烙印，企圖反過來牽制日系官吏與關東軍，等於反手利用了在滿日本人對天皇的忠誠之心。

然而，溥儀的戰略不見得有效果。畢竟日系官僚與關東軍的軍人們，並無必要把溥儀與天皇一視同仁來尊敬。即便如此，日本人仍對滿洲國帝制形成與天皇制的類似形制，表達了異常的熱情。與天皇制的皇室相對，在滿洲國也形成了帝室；與皇室菊花紋章相對，帝制實施後也為滿洲國皇帝製作了日本式的蘭花紋章。除此之外，日本皇宮的宮城對滿洲國的帝宮、行幸對巡狩（後稱巡幸）、御真影對御容（後稱御影）、皇位對帝位、皇后對帝后等，以天皇制模造出滿洲國帝制。但這種接近神經質的用語劃分，顯示出來的並非皇帝與天皇的同一化，而毋寧是傾向兩者的差異化。雖然嘴邊掛著日滿一心一德，但皇帝至多就是被定位在立於天皇下位的「兒皇帝」，而且關東軍針對溥儀反手掣肘日系官僚與關東軍的理論，又進行另一次反手反擊。關東軍表示「滿洲國皇帝乃基於天意，亦即天皇大御心之意而即皇帝位，服膺位於皇道聯邦中心的天皇，心存天皇大御心，方能符合在位之條件」（關東軍司令部，《滿洲國之根本理念與協和會的本質》，一九三六年九月十八日），露骨地表示唯有對天皇的忠誠與從屬，才是滿洲國皇帝在位的成立條件。而且，另外還加上「關東軍司令官為天皇代理，為皇帝的老師與監護人」（同前），宣言關東軍司令官乃心懷天皇大御心，特來教導與監護皇帝。如此一來關東軍反倒成為立於皇帝之上的「太上皇」。為了與關東軍對抗，溥儀只好繼續尋找關東軍所無法觸及、更為根本性的超越要素，藉此把天皇與自身同一化，以壓抑日系官僚與關東軍。溥儀持續摸索各種方法，找出能夠幫他獲得因為身為皇帝，而比任何人都要優越的權威。

最終溥儀甚至放棄了祭拜可以說是自己生命源頭的清朝祖宗，把天皇的祖神天照大神當作建國神明，選擇走上把日本神道當作國教，想要取得與現人神天皇同樣神格與權威的道路。當然，這並非完全是溥儀自身的提案，而是在與關東軍接觸往來中逐漸浮現的。關東軍於一九三七年八月，為了徹底執行日滿一心一德與民族協和，想訂定滿洲國各民族信仰中心的最高神明，並向滿洲國政府傳達創設建國神廟的請求。滿洲國政府於國務院企劃處與協和會中央本部討論，但關於祭神部分眾說紛紜，無法得出結論，計劃只得受挫停頓。

但時至一九四〇年時，為慶祝日本皇紀二千六百年，在第二回訪日之行前，溥儀以接受皇室秘書吉岡安直[26]授意的形式，創建了建國神廟，決定奉祀天照大神。從日本回國後，七月十五日溥儀發布《國本奠定詔書》，內容強調滿洲國能夠建國與獲得興隆，都是在天照大神之神庥（神明的庇護）與天皇陛下之保佑下，才得以成立。因此「敬立建國神廟，奉祀天照大神，盡厥崇敬，以身禱國民福祉，式為永典……庶幾國本奠於惟神之道，國綱張於忠孝之教」等，做出如是宣言。這封詔書之後，滿洲國成了在「天照大神之神庥，天皇陛下之保佑」下而存立的國家，日滿一體化進展到連建國的宗神也同一化了。接著，因為建國神廟對照著伊勢神宮，因此又創建了建國忠靈廟來對照靖國神社。對於這種可以說是過度同化的嘗試，從日本政府與皇室、日本神道家們，甚至到滿洲國政府與關東軍內部，早早便有擔憂的聲浪。溥儀對昭和天皇表達希望迎接天照大神到滿洲國之際，天皇雖然回答「既然是陛下願意如此，我只好從命！」但最終仍回絕了溥儀想從宮中迎奉御神體（神明本體）神鏡的想法。片倉衷為此心有所感，而在其日記中寫下「今天，滿洲皇帝為圖帝位安泰，利用了建國神廟與吉岡少將」（一九四〇年七月七日條文）。

確實，在宮廷內創設建國神廟，親自奉祀天照大神，大概與保持溥儀自身帝位安泰有關。但打破了中國人崇敬祖先的習慣，試著祭拜起他國神明，連溥儀也承認自己換了祖先，招來「全東北人民的恥笑、暗罵」。但他還進一步規定，「無論何人走過神廟，都要行九十度鞠躬禮，否則就按『不敬處罰法』加以懲治」（溥儀，《我的前半生》），把苦痛與災厄強加到每人身上。不過，即便以全中國人的恥笑、暗罵和苦痛、災厄作為代價，溥儀想獲得與天皇同等地位和權威的夢想，終究沒能實現。畢竟溥儀的帝國，本身就缺乏了一個帝國所該具備的最根本的三個要素，這是某德國記者的看法。三要素是指憲法、宮殿以及皇族。滿洲國的皇族稱為帝族，但缺乏法律上的規範，甚至連皇弟溥傑都不被承認是帝族，對沒有子嗣的溥儀而言，帝族就只有他孤單一人。這個沒有憲法的國家，沒有宮殿的朝廷，由沒有皇族的皇帝統治的滿洲帝國，在外人眼中被稱為「三無國家」（Three have-not nation）（李念慈，《滿洲國紀實》）。可是，這位孤高皇帝君臨的帝國中，實際上最需要也最缺乏的，既不是宮殿也不是皇族，而應該是歡呼迎接皇帝的國民。

現在位於中國長春市、當時尚未完成的皇宮，在二戰之後由中國人之手建設完成，是座宏偉的建築，目前屬於長春地質學院。但當溥儀還在吉黑榷運局改裝的宮廷內時，關東軍司令部與國務院各部，已經在廣闊的大地上一個接著一個完成各自的廳舍，且規模皆宏偉誇人，讓人聯想到日本的天守閣、國會議事堂、歌舞伎座、九段會館、東京國立博物館等建築。權力以具體可見的形式，整然配置，形塑出政治性空間的裝置。而與被稱為「城堡」的關東軍司令部相比，溥儀住在如此貧寒的宮廷裡，過著每天只有「打罵、算卦、吃藥、害怕」（《我的前半生》）的生活。這就是溥儀夢寐以求，希望再登皇帝寶座的現實景況，

26〔編註〕吉岡安直（1890-1947），日本軍人，最終軍階為陸軍中將，滿洲國時期日本關東軍高參。日本戰敗後，吉岡隨溥儀一起準備到日本避難，在瀋陽機場被蘇聯紅軍拘捕，被解往並死於蘇聯。

他認為自己應該與天皇同一化，但最終仍舊無法遂償心願。馬克思在《路易．波拿巴的霧月十八日》中曾引用黑格爾的一段話，他說：「歷史上的大事件與大人物會再度出現」，「但第一次出現是悲劇，第二次就只是鬧劇」。溥儀以康德帝身分重登帝位，或許正印證了這個說法。

清朝末代皇帝宣統帝，以滿洲帝國首位皇帝康德帝的身分重現歷史舞台，之後，他再也未曾重即帝位。

◆日滿一體的悖論——統治權力間的相剋

「構成滿洲國的各民族，幾無例外，事變初期都充滿熱誠期待，但隨著時間推移，便直轉而下地冷卻下來」（〈弱小民族的諸問題〉，《滿洲評論》，一九三四年十一月二十六日號）——自滿洲事變以來，跛著不良於行的腳踏遍滿洲各地的橘樸，記下了上面這段印象。橘樸把自己的夢想託付在滿洲國能夠實現大同社會之上，從而他認為「構成滿洲國的各民族，皆能滿足於自己創造的國家，支持自己的國家，換言之便是在各民族之間扶植國民意識」（同前），他認為這是滿洲國成立時不可或缺的要件。為了確認此點，他也踏訪滿洲各地，但自建國起過了兩年半，各民族對滿洲國的態度，卻只能說與他的期望「走向完全相反的方向」（同前）。

不過，先拋開橘樸的感懷，回頭審視除了日本人之外的當地各民族，他們最初是否期待過滿洲國會成為自己創造出來的國家？光是這點就是一個嚴峻的提問。一般人自不待言，就算是提攜建國工作、聯名新政府的各種人士，他們也不太認為滿洲國及其政府是由自己所創造，屬於自己的國家。而且，對於日本人支配下的滿洲國，他們心中都充滿了不滿與反動。那麼，為何他們會擔任滿洲國官僚？對於記者愛德加・史諾的這個提問，中國人官僚則苦澀地回答，在滿洲國官廳工作的大部分中國人，都只是為了保護自己身家財產的安全，或者害怕自己逃亡後家人可能遭到殺害，在沒有其他辦法之下，才留在該處，絕對不是因為自己喜歡才如此，而且許多中國人官僚帶著反日情感，省、市的公務員中有許多甚至偷偷支持反滿抗日的運動（《遠東戰線》）。更何況，這種對滿洲國的反動，不是只有別無他法必須留下的滿洲國官僚才有，甚至連積極參與滿洲國的人也都抱持著同樣的情感。

火災的時候，沒有人討厭消防隊，甚至歡迎任何人來滅火。可是火滅了之後，要如何重建家園是屋主的權限，消防隊不應擅自插手要求如何搭建房舍。（菊池貞二，《秋風三千里》）

交通部總長丁鑑修的這段發言，菊池還特別注記，「事先聲明，他自始至終都是親日派的一員」（同前）。如菊池所言，丁鑑修一九一〇年自早稻田大學政治經濟科畢業後，自滿洲事變起便早早投入協助關東軍，擔任過奉天地方維持委員會、瀋海鐵路保安維持會會長、東北交通委員會委員長等職務，支援建國工作。建國後也歷任交通部總長（大臣）、實業部大臣、滿洲電業社長等職位，是滿洲國親日派重要人物之一。而即便是這樣的人物，也不由得開口抱怨，表達對日本在滿洲肆意而為、頤指氣使的不滿。至於日本如何恣意而行，有個由美國駐日大使格魯（Joseph Grew）在《滯日十年》中紀錄下來，關於丁鑑修的插曲。一九三二年七月，這個時期丁鑑修為了請求承認滿洲國而前往日本訪問，並接受了日本國內外的記者團訪問。——

丁進入會場後，旋即有七個日本官員將他團繞。外國特派記者對此景象都感到相當有趣。其中一人提問「你贊成滿洲國完全獨立嗎？」，丁給予肯定的回答。此時一旁日本官員中的其中一人，立刻在他耳邊細語，丁趕緊補充「將依照滿洲人的民族自決……」。其他特派記者針對日本承認滿洲國提問，丁也如實回答。此時同一個日本官員又站過來對他耳邊細語，丁便接著補充說明「而且我們也希望能獲得美國的承認」。這光景實在太過愚蠢，特派記者們眼看著就要爆發。

這個戲劇化的場面，在滿洲國的統治中卻是每天上演的戲碼。或者應該說，在滿洲國連這樣的戲碼都看不到，因為在關東軍的內面指導下，日系官僚根本毫無忌憚，放手進行統治。這其中還有一種情況，就是「相當有趣的，對日本統治保持最激烈反感的，就是那些從日本手中獲得利益的人們」（愛德加．史諾，《遠東戰線》）。連這群人也每天被迫活在屈辱的立場中，心中的憎惡與反感不斷悄然升溫。特別是在日本引入本土官僚後，「從下級官僚到打字員都是日本人，全部都採日本式，完全變成日本的公務部門」（山口重次，《消失的帝國滿洲》），在各級官廳中工作的中國人們，對此內心都充滿了憤慨。

一九三四年十一月，在橘樸報導滿洲國各民族的期望持續冷卻時，日本政治家大藏公望為昭和研究會撰寫了滿洲視察報告，其中他也記錄了滿洲國內某位中國人大臣的不滿，引用如下：

> 我們必須批評整個滿洲國的現狀。例如在本庄將軍的時代，中央政府官吏中，是滿洲人六人對日本人四人。但現在卻是日本人九人對滿洲人一人的比例（大藏注：實際上是日本人佔七成二，滿洲人佔二成八）。而滿洲人官吏淨採用一些平庸之輩、無學歷者，接著再大聲地說這些滿人多麼無能。從公文到公所內的工作，全都採日本式，簡直就是把滿洲國奪取吞到自己肚子裡一樣。一般滿洲人官吏薪俸不會超過一百七十日圓，而且能領到這個額度的人已經非常稀少，但日本人卻可以加給八成。我不知道究竟誰才是這個國家的主人。明白說了軍隊退出，將政治委交給滿洲國政府，但那僅是委託給滿洲國的日系官僚罷了。而且日系官僚完全沒有基礎方針，滿洲國成立當時，我們還充滿日滿提攜、共同建設偉大新國家的豪情，現在這種狀況，根本提不起任何勁頭。國幣統一大概是唯一可以稱道的日本善政，但其他所有事情都比張學良時代還差。如果在這種狀態下爆發日俄戰爭，大概全滿洲人都會站起來反抗日本吧。
> （〈最近的滿洲事情〉，《木戶幸一關係文書》）

介紹這則證詞的大藏強調，這絕非中國人單方面的意見，他也一併介紹在滿日人的想法。根據他的介紹，滿洲人對新國家的不滿，可以列舉鴉片專賣官、憲兵與警察的暴力、日系官僚的蠻橫、為了自衛沒收大家槍枝等例子，狀況已經到「如果現在日本軍隊撤退，說留下來的日本人會全被殺掉，也不過分」。另外有一位軍部高官說：「如果現在日俄爆發戰爭，日軍必須調度出約十個師團來與滿洲人作戰。」這些日人的證詞，應該是在當地日常生活中會接觸其他民族的人們，真確不造作的實際感受吧。不過，即便沒有這些證詞，一些中國高官們舉出的許多事實，關東軍與日系官僚們也都瞭然於胸。

舉例而言，日系、滿系的薪水差異，從建國當初就基於日滿比例問題，形成了日系與滿系間對立的焦點。為了修正這個差別待遇，於一九三四年六月制定文官相關俸給令，但仍以各民族生活程度與樣態有相當差別為由，說明須針對各種不同實際狀況發給薪俸，因而日系薦任官（相當於日本的奏任官）加給本俸的四成，委任官（相當於日本的判任官）給予八成的特別津貼。此時，熙洽、張燕卿、丁鑑修等人主張各民族應享一律平等之待遇，日本身為親善國，更應該表現出民族平等的態度，對此，起草此案的負責人，總務廳主計處對科長古海忠之做出如下回答：大意是，「想要講平等，就要先看能力平不平等，日本人的能力大，當然薪俸要高，而且日本人生活程度高，生來吃大米，不像『滿』人吃高粱就能過日子。他又說，要講親善，請日本人多拿一些俸金，這正是講親善！」（溥儀，《我的前半生》）。對於這種薪資上的民族歧視，奉行民族協和理念的大學、學院學生們，呼籲大家激烈抗議，但最終仍照原案實施。為了對抗這種狀況，還發生朝鮮人學生選擇離開的事態，石垣貞一追憶當時情況說：「對同學們而言受傷頗深，到現在都還記得當時心中的傷痛。」（〈大同學院與古海先生〉，《回想‧古海忠之》，一九八四年）此一薪資上的民族歧視，於一九三八年九月公布的文官給與令也造成相當大的問題，當時出現了形式上的平等只會便宜了不工作的滿系，而勤勉有能力的日系將遭冷落的論調，因此在實力主義的名義下，有人主張透過職務津貼與年功（年資）加俸等方法，企圖解決薪資上的民族歧視，但最終仍不了了之，未獲解決。一九三九年，從滿洲國回到日本國內商工省服勤的椎名悅三郎[27]就忿忿不平地說「原本近千元的月薪，突然降到只有兩百幾十元」（《我的履歷表》，一九七〇年），因為在滿洲必須依據不同狀況，提供比在日本高四到五倍高額薪水，以此為誘因，才能吸引日本官僚渡海前往滿洲國。

然而，比起薪資差異，日系與滿系間更大的嫌隙，則在於人事權完全掌握在日系手中。根據《滿洲帝國組織法》，「皇帝能訂定官制、任免官吏，以及規定俸給」（第九條），但該條應在國務總理大臣的輔弼之下執行。可是，實際上官制大權究竟掌握在誰的手中，這透過一段當時實際狀況的描述，便可如實說明：當國務總理大臣鄭孝胥辭任之際，皇帝溥儀

27〔編註〕椎名悅三郎（1898-1979），日本政治家，是日本一九六〇年代至七〇年代政壇的重要人物，歷任內閣官房長官、通商產業大臣、外務大臣等要職，在自民黨內亦先後擔任總務會長、政調會長、副總裁等職務。一九七四年田中角榮首相辭職後以自民黨元老的身分裁定三木武夫出任後繼黨總裁和首相，史稱「椎名裁定」。

屬意民政部大臣臧式毅，鄭孝胥則推薦間島省長蔡運升[28]繼任，最終卻是依據關東軍命令，由參議府議長張景惠就任。對於起用張景惠，當時的國務院秘書長神尾弌春推測，「既不懂日語，也無法讀漢文典籍，又無法針對國政發言，大概是這些特質讓關東軍看上了吧」（《夢幻的滿洲國》）。伴隨著此次人事異動，滿洲國政府內兩大勢力的領導者，臧式毅轉調參議府議長，熙洽則改任宮內府大臣。一直都被視為下一任國務總理的臧式毅，其在政治上的力量深獲眾人認同，溥儀也認為任用臧式毅可以增強自己發言的力道，而熙洽則猛烈批評日滿比例與日滿薪資差異，而且還組成滿蒙同志協進會，圖求滿蒙民族團結，擺出力圖對抗漢族與協和會的態勢。考察這兩人的背景，這次人事異動顯然是要把兩位實力派自政治中樞切離，將他們閒置一旁，意圖相當明確。加上在一九三四年十月，將四省制改為十省制以圖強化中央統制的省制改革之際，這兩位都已經解除過去兼任省長的職務，等於二人的權力基礎不僅遭截斷，而且還是連根刨起，現下被冷凍至參議府與宮內府，二者的政治影響力明顯縮減甚多。

與此相對，自從失去哈爾濱權力基礎以來就被評為「讓人聯想起秋天夕陽」，實力遠不如臧式毅、熙洽的張景惠，正因為其政治勢力的脆弱度，才幫助他坐上國務總理大臣的座椅。張景惠與張作霖在日俄戰爭時，曾有與日軍共同作戰的經驗，主張滿洲國不只是中國人的國家，日、滿人都應該把滿洲當作自己的國家。張甚至公開闡明自己的滿洲國觀，認為「若能立足於此基礎上，滿洲便可繁盛。年輕人不懂歷史以為日本人造成阻礙，那正是錯誤認識的根源」（星野直樹，《未竟之夢》）。這件事當然也是張景惠獲得拔擢的重要原因之一。張景惠被滿系官僚稱為「好好先生」，對關東軍或總務長官的指示永遠唯唯諾諾，被大家當作沒問題先生（Yes Man）。但是，如果要更正確評價張景惠，或許該說他並沒有積極參與滿洲國統治的意思。根據擔任張景惠秘書十年的松本益雄說，張景惠「如果有空，就一個人關在屋子（總理室）內，或靜坐或耽溺於抄寫經書……他那種身影，甚至讓人聯想到什麼悟道的高僧」（〈與張景惠總理的十年〉，平塚柾緒編，《目擊者訴說的昭和史．滿洲事變》）。松本也證實，張堅持「人事相關事宜他一概不予置喙，對人的好惡完全不會表現在臉上」的態度，在國務院會議中對總務廳的提案「從沒有固執反對意見的例子」（同前）。

在張景惠這種政治態度下，總務廳中心主義進展更加迅速。前文曾經指出，隨著帝制實施，賦予皇帝的大權須在國務總理大臣的輔弼下才算合法，國務總理大臣對於政務是握有最大權限的一個人。這種權限完全集中在國務總理大臣身上的國家制度，曾被評價「率直來說，這是一個變態中的最變態、冠絕古今的國家」（岸田英治，〈滿洲國憲法芻議〉，《滿洲評論》，一九三四年十一月十日號），但這個強大的權限，其實是由總務長官來行使的。因此，不管是行政機構改革，還是滿系定位職務的更迭，都由以總務長官為中心的日系官僚來決定，然後告知給張景惠。「張總理依慣例不動如山，定睛細看後，回答『好，就這麼辦』」（星野，《未竟之夢》），看上去好像又辦妥了一件事情。由於這個體制可以決定人

28〔編註〕蔡運升（1879-1959），字品山，薩麻喇氏，滿洲鑲藍旗，吉林將軍轄區阿勒楚喀副都統轄區雙城堡人。滿洲國政治人物。

事的任用，因此任免的基準，很自然就會傾向看被聘者是否認同、協力總務廳推進的政策。名古屋高工畢業，能操一口流利日語，自九一八滿洲事變後便出入政界，歷任財政部大臣、經濟部大臣的韓雲階，他遭免官便是因為批評了農地強制買收與產業統制。實業部大臣丁鑑修被調任滿洲電業社長、民生部大臣孫其昌被調任參議府參議，也都肇因於他們對經濟政策的不滿與批評。溥儀說「關東軍衡量每個人的唯一標準就是對日本的態度」（《我的前半生》），其實總務廳的日系官吏也使用同樣的標準在衡量滿系官吏。

只要採取這種評價基準，最終必然會走向重用與中國政界、經濟界沒有強力聯繫，但又能理解日本政策方針與行政樣式，且擁有日本留學經驗的人。一九四二年九月，建國十週年時採取的人事大異動，正是這種一掃「建國工作以來繁多遲滯」，動員留日經驗者確立戰時體制的最佳體現。根據這波異動，「被稱為『建國組』的老臣們全面從第一線撤退，而被拔擢來取代他們的，將會是年輕時期受過深厚日本教育的新進銳氣之士」（《滿洲國現勢》，康德十年版）。例如以谷次亨（交通部大臣、東京高等師範畢）、閻傳紱（司法部大臣、東大經濟學部畢）、邢士廉（治安部大臣、日本陸軍士官學校騎兵科）、阮振鐸（經濟部大臣、滿鐵南滿醫學堂畢）、盧元善（總務廳次長、宮城縣立農學校畢）、王允卿（特命全權大使、明智大學法科畢）、徐紹卿（奉天省長、東大農學部畢）、王賢湋（奉天市長、東北大學工學部畢）、王子衡（濱江省長、早稻田大學政治經濟科畢）、徐家桓（統計處長、京大法學部畢）、王慶璋（郵政總局長、東京工業大學畢）等滿系官吏成為主軸。雖然如此，但此舉絕非意味著，因為這些人事異動便將行政權限轉移給滿系官僚，正如大家私底下說的「二等皇民」一般，他們至多只是能通日語，具有一定便利性，佔據滿系官吏員額的「準日系」成員。對於這樣的人事調度，有如下批評：「雖然政府自豪拔擢新進，但這種措置仍稱不上充分……如果以為滿洲國國民大部分都屬滿系，因此大臣應該皆採用滿系人員，這種想法未免過於天真。畢竟如果一一注意這些細節，不管是國防還是協和，都將無法順利完成」（《滿洲國現勢》，康德十年版）。根據這段批判，多少可以推知當時的現實狀況。

對於這樣的人事配置，張景惠完全沒有任何異議，仍然保持最優先協助日本，積極提供資源與食糧的態度。因此他也被評價成「要啥給啥」的國務總理大臣。他把日滿關係比喻成「綁在同一根線上的兩隻蜻蜓」，以極低的價格買進糧食提供給日本，對於人民的不滿或飢餓，他甚至斥責說要大家「勒緊褲腰帶」。日本方面自然對這種以身作則體現日滿親善的作法大為讚賞，甚至拿來作為宣傳。此外，為了支持日德義三國同盟，太平洋戰爭爆發之後張景惠立刻表態支持，在他造訪汪兆銘政府時也提出「同甘共苦、同舟共濟」的訴求，張景惠首尾一貫，持續站在協助日本的第一陣線。雖然他的舉止被視為「滿身奴骨（渾身充滿奴隸根性）」，但根據松本益雄的觀察，即便是張景惠，也對日本的滿洲國統治及對中國政策，「心中似乎存有相當嚴厲的批評」（前出，〈與張景惠總理的十年〉）。例如日本為了開拓移民，強制買收已經開墾的土地，他便持續表達反對，除了屢屢要求星野直樹進行改善，甚至派遣松本去見小磯國昭拓務大臣，企圖從根本改善此事。此外，他對中日戰爭爆發也感到非常痛心，希望能迅速解決此事，為此他還表示「日軍絕對不可攻陷南京。應該在攻陷之前設法找出任何得以和平解決的方法」。他並向星野直樹表達自己的覺悟，說為了解決此事，有必要的話他願意飛到任何地方去協助（《未竟之夢》）。不過，張景惠內心最感憤恨的，大概是日本人對中國人的侮蔑感，連不懂日語的張景惠，有時甚至也會拿日語的「優越感」一詞與日本人對質。

滿洲國喊著民族協和、日滿一體口號，但當地日本人總是帶著優越感對待其他民族，事例繁多到連大本營陸軍部研究班整理的〈觀察海外地區國人言行之國民教育資料（案）〉（一九四〇年五月），都承認存在此種情況，並要求必須盡早改正。其中對官吏間的衝突相剋狀態，有如下批評：

大部分日本人官吏，嘴中喊著要遂行民族協和的國策，但仍未脫離內地官僚的舊習，針對此點有必要進行修正。而且因為殖民地官吏對其他民族帶有強烈的優越感，有意或無意間便會犯下許多謬誤，這種弊害在滿人官僚到一般滿人之間都產生了一種矛盾關係。而日本人官僚與滿人官僚間的衝突，主要來自日人官僚專斷橫行，又帶著薪俸上的優越，總是帶著輕視滿人官僚的傾向，此為滿人官僚深覺反感的基本原因。

產生這種矛盾相剋關係的原因，可舉日本與中國之間擁有不同的行政處理態度為例。也就是說，「日系官僚處理公文，是上司交待前先起草送交上司，但滿系官僚的習慣，則是讓上司閱覽後，再交給部下給予必要的指示，這種狀況出人意外地竟然也造成扞格」（片倉衷，〈燃燒的聖火〉，小山貞知編，《滿洲國與協和會》）。問題在於，在行政方式上出現明顯差異的場合，不必然日本方式就代表近代文明國家，中國方式就是傳統封建，一切都必須依照日本方式進行「改善」不可。這種優越感更加深了雙方的矛盾，讓兩者間的鴻溝愈益加深。而這種行政上的日本化所帶來的弊害，日系官僚們當然也了然於胸。針對此種情況，總務廳次長古海忠之在回顧建國十年施政情況時，一方面強調透過民族協和而獲得建國成功，另一方面也表明發生過如下述般無法隱瞞的事實：

滿洲國是複合民族國家，構成分子大部分都是滿洲民族（漢族、滿族），當然必須對滿系人員擴大活動範疇、貢獻滿洲國建設，寄予最大的期望，即便如此，日本的法制、組織等諸多制度的移植，卻造成限縮滿系積極活力的後果。此外，以滿系大眾為對象的第一線實際行政面，各種高度化的政策、複雜化的行政，皆難以獲得他們的理解與協助，這種情況也造成政治、行政效率低下的狀態。（〈建設十年之回顧與未來展望〉，《滿洲建國側面史》）

可是，即便承認了這個事實，又該如何面對處理？古海的解答如下——「日本的各種制度與行政營運模式，其目的與精神並無需任何修改」，毋寧在交通、衛生、礦工等部門，須更「大範圍地採用日本制度與行政模式」。只是，「在一般狀況下，要以滿洲式的想法來過濾、吸收日本模式的優點，在這個基礎上改變思考方式，特別在第一線行政上，必須降低到簡單樸實的程度」。只不過，要將第一線行政降低到簡單樸實的程度，實際上非常難以實現，這點古海也有看到，因為「想在日本的意識性格底下，產生出滿洲式的型態技術，就如同智者求愚一般，伴隨著相當的難度」。古海在同一篇文章中提及，「日本民族的『尺度』，對其他民族而言缺乏相通性……從而，以此『尺度』為基礎打造出來的住家，對其他民族來說便非常難以居住，有時甚至會發生不願入住的狀況」，透過這段文字，力說日本民族須深加反省。雖說如此，寫出此段文字的古海，不也帶著日本意識，毫無顧忌地說出要產生出適應滿洲國的型態技術，「就如同智者求愚」般的話語。這種已經病入膏肓的意識，不正是連被譏為滿身奴骨的張景惠也無法隱藏自己憤怒的日本人的「優越感」嗎？如此一來，本當承擔滿洲國行政中樞職責的滿系「參事官」，只被日本人當作鎮日「喝茶、讀報、聊天」的「三事官」，落得每天不斷招來日系官僚反感的苦境。

「滿洲非日滿提攜之國，而為日滿鬥爭之國」，關東軍幕僚的這段感懷，才是原本應該承擔日滿一體的人們，親身體會到的滿洲國真實相貌。

◆蛻化移形——奇美拉的變身

一九三七年九月，曾遭免去陸軍參謀作戰部長職務的石原莞爾，回頭被補任為關東軍參謀副長。身為滿洲建國的立功者，回到日本一躍被捧為英雄，彷如凱旋歸來的將軍般。距離他上次擔任關東軍的勤務，已經相隔五年。可是，他並不是對滿洲國將來抱著偉大期望，意氣昂揚回到滿洲。石原心中陷於凝重的思考，認為發起中日戰爭的日本「現在若遭遇重大失敗，日本人必須面臨從中國、臺灣、朝鮮、甚至世界各地撤退回狹窄本土的命運」（岡本永治，〈預言〉，《石原莞爾研究》，一九五〇年）。而造成這種事態的不是別人，正是領導滿洲建國、以石原為首的關東軍參謀們。到現在石原才痛切明白這種處境。

若嚴格依照陸軍刑法規定，司令官「擅自揮進或撤退軍隊應處死刑」，按理來說，策動九一八滿洲事變者，自本庄繁司令官以下的關東軍參謀都應接受軍法會議的審訊。但現實狀況卻是本庄升任上將，並授勛男爵擔任侍從武官長要職，石原們也論功行賞獲得晉級敘勳。無視於命令系統的結果，反而獲得恩賞，因而這種風潮迅速在軍部幕僚間蔓延開來。結果，前線軍人們得寸進尺般地追求功名，不斷策動對內蒙的行動與對華北的政治、軍事侵略，終於在一九三七年七月七日，爆發了盧溝橋事件。石原雖然採取了不擴大方針，但卻控制不了武藤章[29]、田中新一[30]等擴張派的行動，而且反遭逐出關東軍。

自建國以來經過五年半，石原再度踏上滿洲國。但他在滿洲所見到的，卻不是過去自己心中描繪、夢想看見的成長滿洲國，而是另一番截然不同的景象。無法阻止中日戰爭擴大而被逐出參謀本部，現在又遭現實中的滿洲國實態背叛，石原以他天生激昂的口吻，反

29〔編註〕武藤章（1892-1948），日本陸軍中將。南京大屠殺的主要責任人之一，被遠東國際軍事法庭判處絞刑。

30〔編註〕田中新一（1893-1976），日本陸軍中將，在侵略中國戰爭和太平洋戰爭爆發時歷任陸軍省作戰課長，參謀本部作戰部長，是擴大戰爭的最積極的一員。

覆對關東軍與日系官僚統治下的滿洲國展開批判。他對植田謙吉[31]關東軍司令官，要求對日系官僚減薪並整理人事；公然叫喚協和會中央本部長橋本虎之助為貓之助，並在眾人面前大加訓斥。他也貶斥東條英機[32]關東軍參謀長是軍曹或上等兵，還諷刺掌握內面指導權的關東軍第四課長片倉衷是凌駕皇帝的滿洲國國王。他還指著關東軍奢豪的官舍，痛罵道「來看看盜賊師傅的住宅……滿洲國應該是個獨立國家，但你們卻去偷人家的東西。滿洲國皇帝的住居，因為考慮到國民現在的狀況，至今都不敢整修，你們這些盜賊本性的日本人，難道不覺得不可思議？」（橫山臣平，《祕錄 石原莞爾》），不僅向植田關東軍司令呈報移轉宿舍，還直言軍司令官不適任等等……這樣的舉止，不可能不在關東軍首腦與日系官僚間引起激烈的情感對立，特別是與東條英機的爭執，已經激烈到變成相互憎恨，多年來與片倉衷持續的師徒與同志關係，也龜裂到難以修復的狀態。

一九三八年八月，石原提出「關於關東軍司令官撤回滿洲國內面指導權」意見書，指出「天下四處可聞指摘軍部橫暴之聲……我確信軍部回歸原本任務之際已然到來。進軍速度領先於世的關東軍，現下更應該率先止戈。亦即，軍隊要在周延的計劃下，盡可能迅速撤回對滿洲國的內面指導，必定要完成滿洲國的獨立」。其中石原提出許多方案，包括廢止內面指導機關的第四課；授予協和會國策決定權；為達成政治獨立必須設計出滿洲國能夠自給的行政官制；中央政治除職掌治安、司法裁判、徵稅、統制經濟外，其他行政委於自治；廢止地方上「省次長、副縣長等長官有『機器人』化之虞」的日系定位官職；滿鐵及關東州讓渡予滿洲國等。但這其中沒有任何一項被關東軍所接受，甚至讓石原自己都失去立足滿洲國的空間。甘粕正彥認為「關於石原在滿洲國一事，因為今日他已非為滿洲國設想，我只好將他請回」（武藤富男，《甘粕正彥的生涯》），終結了石原在滿洲國的任職。七年前因獨立國家案吞下萬斛淚下台的石原，今天則因為滿洲國變成日本的從屬國家，懷抱著萬斛憂憤提出辭呈，穿著協和會服被迫悄然離開滿洲國。這也是石原在滿洲國的最後時期，之後他再也未曾踏上滿洲之地。滿洲國於名於實，皆永久脫離石原之手。

更精確來說，當一九三七年石原再度赴任滿洲國時，滿洲國早已遠離當初提攜建國者們的雙手，轉型成由幹吏型軍人、行政技術官僚、特殊公司經營者的鐵三角體制來營運。象徵此體制的，便是社會上稱為「二樹（機）三介（右）（二KI三SUKE、ニキ三スケ——取此五位日本人名字中的同音字）」的星野直樹（總務長官）、東條英機（關東軍憲兵司令官、關東軍參謀長）、岸信介（產業部次長、總務廳次長）、鮎川義介[33]（滿洲重工

31〔編註〕植田謙吉（1875-1962），日本陸軍軍人，最終官拜陸軍大將。

32〔編註〕東條英機（1884-1948），日本陸軍軍人、政治家，是日本軍國主義的代表人物，被授予陸軍大將從二位勳一等功二級。在第二次世界大戰期間任職軍部最高領袖、大政翼贊會總裁、日本皇軍的陸軍大將、陸軍大臣和第四十任內閣總理大臣，是二戰甲級戰犯，任內參與策劃珍珠港事件，偷襲美國夏威夷珍珠港，引發美日太平洋戰爭。戰後被處以絞刑。

33〔編註〕鮎川義介（1880-1967），日產汽車和富士財閥的創始人。歷任滿洲重工總裁、貴族院議員、帝國石油株式會社社長、石油資源開發株式會社社長、參議院議員。

總裁）、松岡洋右[34]（滿鐵總裁）等人。當然，以他們為頂點的金字塔結構，由上至下充滿了許多同類型的人。而日滿關係穩定且異常精巧地邁向一體化，程度遠超過石原的想像。一九三七年十二月，日本終於撤除治外法權並將滿鐵附屬地行政權移交給滿洲國政府，同時也不再承認其他第三國對滿洲國的治外法權，滿洲國得以恢復主權並確保自身獨立性。關於治外法權的廢止，是「日本一德一心的仗義行為，為了冀求滿洲國的健全發展，從大局著眼，不啻是賜予滿洲國的恩惠……自此之後，國民中已無穿著治外法權甲冑之民族，各民族以真誠平等樣貌，握手共享協和之樂」（《滿洲建國十年史》），官方如此宣傳，說是日本為了促進民族和諧而放棄特權。可惜，這個措置，不全然是一種恩惠。因為，在廢止治外法權後，滿洲國便必須讓日本國民在滿洲全國自由居住往來，保證日本人可以在農工商一切職業自由就業，能夠享受土地所有權及其他各種權利，據此，從九一八滿洲事變以來日本人的在滿權益，全都獲得官方的承認。而且加上條約上的規定，關於神社、教育、軍事相關行政事宜，全部由日本政府執行，另外「日本國臣民不管在任何場合，皆不可接受較滿洲國民不利之待遇」，只要與日本人相關的適宜，就絕非真誠平等。重點在於，治外法權廢除可以將外國人排除，但對日本人而言在滿洲國的權益，將與在日本國內相等，透過這個舉措，便可圖得日本與滿洲國的行政一體化。

如此一來，滿洲國在法制上將與日本處於同一狀態，為了能夠有效促進、方便日本人進出滿洲，將滿洲國完全日本化乃是必要條件。筑紫熊七在溥儀一九三五年五月發布《回鑾訓民詔書》，宣示日滿一心一德時，力說溥儀「為了讓日滿兩國關係如同親子，只有將滿洲國的政治、經濟、文教、思想等一切問題，皆以相似於帝國的型態進行重建，非此無法顯現一心一德的實際狀態」（筑紫熊七，〈滿洲建國回顧〉，《創造》，一九四二年十一月刊，〈滿洲現狀報告〉）。而負責將滿洲國政治及其他一切事物都與日本相似化的，便是從日本派來的日系行政技術性官僚們，透過這些日系官僚，將當初為了對抗中華民國而形成的滿洲國制，改造成與日本天皇制國家「相似的體制」。一九三七年時，刑法、刑事訴訟法、民法、商人通法等商事諸法、民事訴訟法、強制執行法等法令，都已經達成日本化。在準備廢除治外法權的一九三七年七月的時點上，先進行了廢除監察院等的行政機構大改革，此時滿洲國已經沒有必要以中華民國的國制或法令為準據，而改以與日本型態相似的體制進行機構重整。

對於每天打造滿洲國成為日本仿製國家的日系官僚，根據在當地親眼目睹現狀的森島守人證詞，說明「對於這些人，我一直期待軍方會以專橫的藉口牽制他們，但這期待卻完全落空。他們在施行政策時，完全不理解滿洲的實際情況以及滿人的風俗、習慣、心理等，徹底沉溺於自我的意識形態中，想著整齊劃一的行政與法規萬能論，這種連日本內地都批判不已的官僚、僚屬政治，竟全盤搬至滿洲，讓當地甚至配合『土匪』一詞創造出了『法匪』

34〔編註〕松岡洋右（1880-1946），日本外交官，一九二一年就任滿鐵理事，一九二七年任同公司副總裁，一九三〇年當選眾議員，後為國際聯盟日本代表，一九三三年國際聯盟拒絕承認滿洲國，松岡代表退場，日本之後退出國際聯盟。一九三五年任滿鐵總裁，稍後擔任第二次近衛內閣外交大臣，一九四〇年促成日德義三國同盟，一九四一年締結《日蘇中立條約》，戰後被指名為甲級戰犯，審判前病死獄中。

這個新語彙」(《陰謀・暗殺・軍刀》)。日系官僚表現出的國家統治特質，果然不容忽視。滿洲國建國理念中打著順天安民、仁愛、王道與協和等各式各樣的亞洲詞彙，主張透過反抗西洋諸國的帝國主義式統治來獲得解放，但統治滿洲國所根據的正當性，卻又是靠著追求近代西洋發展出來的法律系統來達到成果，而且宣稱這是滿洲國趨向文明化，是身為近代國家的象徵。換言之，即以「普及文明的使命」(mission civilisatrice)作為統治正當化的根據，此點與日本自己也批判不已的西歐帝國主義式殖民地統治，其實毫無兩樣。而其中日本人對法規適用的嚴謹程度，或許對當地人來說才是更大的災難。

無論如何，一九三二年七月大藏省派遣星野直樹、古海忠之、松田令輔、田村敏雄、山梨武夫、青木實、寺崎英雄等人，開始輸入行政技術性官僚至滿洲。從下頁的表格可以看出，光看日本各省退休時任高等官的人，數量就增加許多。當然，這些官僚派遣並非毫無目標的推進，而是密切反映著滿洲國統治不同時期的政治課題變遷。換言之，從建國到一九三六年為止，整頓治安與確立財政是國家成立的當務之急，這個時期為了整理金融、財政基礎與統一貨幣，除了星野等由大藏省派出的人員外，還招聘了原本服勤於大藏省的阪谷希一、源田松三等人。此外，為了維持治安與整頓地方制度，內務省在一九三二年也派遣了和歌山縣知事清水良策，加上品川主計等共計二十一名幹部職員，為搭配他們關東軍也晉用了竹內德亥、星子敏雄、塩原時三郎等人。此時期郵政、通信也是整備上的重要課題，為此遞信省派遣了藤原保明、飯野毅雄、岡本忠雄等人。而維持治安一直以來都是滿洲國的難題，內務省之後還派遣了武內哲夫、薄田美朝、大坪保雄、大津敏男、菅太郎等數名官吏。歷屆共六名總務長官中，其中四人來自內務省且都擔任過縣知事，計有遠藤柳作、長岡隆一郎、大達茂雄、武部六藏等人。這種人事配置，顯示出滿洲國統治已經變成日本內政的延長，似乎已經把滿洲國當作日本的各縣般來處理。當前述一九三三年廢止治外法權成為政策課題時，為了法令起草與整備司法制度，來自司法省的派遣人數激增，吉田正武、前野茂、及川德助、柴碩文、青木佐治彥、菅原達郎、武藤富男、井野英一等人陸續踏破玄界灘（九州西北部海域）的波濤，投身滿洲國。司法省派遣的人員多為司法官，為他們還設有特別制度，保證三年後能歸國官復原職，並享有與原同梯次者相同之待遇，而輪值也較快。不過，司法省人員當中，例如從建國便前往滿洲的文教部總務司長皆川豐治、協和會總務部長菅原、弘報處長武藤等人，也投身司法以外的領域，擴展自身的

	退休人數	歸國後再任官人數
宮內省	8	1
內閣	4	
外務省	31	7
內務省	65	14
大藏省	23	4
陸軍省	14	
海軍省		
司法省	114	16
文部省	20	
農林省	64	11
商工省	35	11
遞信省	18	6
鐵道省	3	
拓務省	4	2
厚生省	11	3
會計檢查院	3	
合計	417	75

1. 原史料標題為〈成為滿洲國官吏而辭職者人員調查〉（陽明文庫藏，《近衛文麿公關係資料》所收）
2. 此外，原史料中作為備考，尚有「不包含內務省之地方部局、拓務省關係外地等。關東局未採計」之但書。

活動範疇，類似這樣的司法官也不在少數。

就這樣，在大藏、內務、遞信、司法等各省投入日系官僚的情勢下，至一九三七年為止，滿洲國已經統整出作為獨立國家的格局，接下來的課題就轉變為如何進行產業開發。開發滿蒙各種資源以增強日本綜合國力，原本就是關東軍統治滿蒙最大的目標，終滿洲國之治，日本都一直追求擴充生產力。不過，從建國開始到一九三六年左右為止，關東軍須不斷撥出軍力物資鎮壓反滿抗日運動，反抗運動最盛時期參與者甚至號稱達到三十萬人，直到一九三六年滿洲產業開發才終於成為政策的中心課題，得以聚焦專心處理。從一九三七年到一九四一年進入產業開發重視期，這個時代的象徵，便是產業開發五年計劃。此時為了籌措資金，關東軍引進了鮎川義介的日產財閥（Konzern，壟斷型聯合企業），使其設立滿洲重工業開發株式會社[35]。接著，為了有官僚負責政策推進，也從商工省、農林省、拓務省等處招聘人員。

商工省從建國之後，便派遣了高橋康順、小野儀七郎、美濃部洋次等人，但文書課長岸信介考量「滿洲的產業行政都由關東軍第四課隨性而為。因為他們是軍人，所以方向錯誤的情況相當普遍……如此以往終不可行，關於產業行政的問題，需要商工省的優秀人員前往，把軍人從產業行政上取代下來，某個時期我也得親自前往處理」（《岸信介回想》），因而力圖派遣人才，而響應他的人有椎名悅三郎等十七人。一九三三年，以實業部計劃科長身分赴任的椎名認為為了產業開發，必須要做資源調查，因此創設了臨時產業調查局。此局收集的資料，日後被活用於重要產業統制法的起草、選定開拓地以及水壩建設等許多項目上。商工省繼椎名之後又派遣了神田暹、稻村稔三等人，一九三六年岸信介前往滿洲，之後便在岸信介的規劃下推進統制經濟。這個時期中，接在產業開發五年計劃與一九三九年開始的北邊振興三年計劃之後的，便是被當作重要政策來推進，基於百萬戶移居的二十年計劃開拓政策（以上三者也被稱為「滿洲國三大國策」），以二十年間移入一百萬戶五百萬人為目標。該計劃推估二十年後滿洲國總人口為五千萬人，目標希望日本人口能佔有一成。伴隨這項開拓政策也必須執行農業政策，為此農林省派遣野田清武、井上俊太郎、五十子卷三、石坂弘、楠見義男等人，而拓務省也派出了稻垣征夫、森重千夫等人。此外農林次官小平權一也前往擔任滿洲糧穀理事長、興農合作社中央會理事長；拓務次官坪上貞二擔任滿洲拓殖公社總裁等，這些人才任用可以算是此時期的官僚特徵。但，因受中日戰爭擴大以及一九三九年德國開戰等影響，加上勞動力與資材缺乏，以及統制經濟造成的資材配給遲滯等原因，這些產業開發相關政策課題，許多都無法達到預期目標，在舉不出成果的情況下無疾而終。

一九四一年十二月太平洋戰爭爆發後，滿洲國的所有政策都集中在如何協助、貢獻日本遂行戰爭。滿洲為此提昇鋼鐵、石炭產量，並且作為「日本的糧食庫」，各種食糧的統制蒐集成為最優先的課題。輸往日本的食糧供給數量，一九四五年已達三百萬噸。這個時

35〔編註〕一九三〇年代後半期到四〇年代前半期滿洲國壟斷重工業和軍工生產，為日本帝國主義擴大侵略的特殊會社。一般簡稱「滿業」。根據一九三七年十二月二十日滿洲國公布的《滿洲重工業開發株式會社管理法》，「滿業」對鋼鐵、輕金屬、煤炭、其他重工業和軍工生產進行「支配性投資和經營指導」。

期因為其他佔領區對作為軍政要員的日本官僚需求增高，加上食糧增產、蒐集等任務需要通曉滿洲國事務者才方便執行，所以此時派遣至滿洲國的官僚變得極為稀少。

另外，這樣由日本往滿洲國派遣官僚之際，依照這些握有日系官吏任免權的關東軍，他們所提出的指名、招聘，以這樣的形式為基礎的人事辦法，特別在各省中有這樣的情況。這是因為關東軍實際能夠籌措的人才極為有限，各省也想要透過「將省內有發展性的優秀人才送到當地」（美濃部洋次追悼錄，《洋洋乎》，一九五四年），以掌握滿洲國經營的主導權，加上也可順便進行人才培養，因此才出現這種現象。

如前所述，作為對滿洲的行政體制，一九三七年七月起，關東軍司令官同時兼任臨時特命全權大臣與關東長官，成為三位一體的體制。但這至多是將權限由一人兼領，實際上行政機關並未獲得統合。為此，軍部中央和關東軍開始統合在滿洲的行政機關，為求有效掌握而實行機構改革。一九三四年十一月，設置對滿事務局並廢止關東長官一職，實現了所謂二位一體的體制。透過這次機構改革，原本外務省、拓務省職掌的在滿行政權，幾乎都收至關東軍司令官的統轄下。不過，這並不意味日本的滿洲國統治，想把職權全部置於關東軍的獨裁體制之下，因為在其他方面，還伴隨有「外交領事事務以外之一切產業行政及警察權，皆歸屬於內閣直屬之對滿事務局」（《日本經濟年報・第十八輯》，一九三四年）的狀況。換言之，對於關東軍專擅滿洲國統治的事態，日本的「內閣之中，還是希望公民一方能在滿洲建國創業之中，擁有一個相關的機構……來自公民方面的壓力非常龐大，或者該說，公民一方也燃起了欲求」（內政史研究會編，《栗原美能留氏談話速記錄》，一九七七年)，而這也成為創設對滿事務局的驅動力。

如此一來，對滿事務局便以陸軍大臣為總裁，由大藏、外務、內務、拓務、商工、陸軍等相關各省的局長組成，附設參與會議，而各省滿蒙相關專家也作為事務官被集合起來。藉此，「關於對滿行政，透過各省總動員的精神」(片倉衷，《回想滿洲國》)，以日本政府為總籌劃，參謀策劃滿洲國統治，因之政策上也有所調整。具體而言，當在滿洲國想要施行某些政策課題時，「陸軍省會由關東軍處接收提案，提往對滿事務局，對滿事務局再依據個別事項聯絡各省，取得理解後再送回陸軍省，以至關東軍，之後才對滿洲國說：『沒問題，可行』，大概是這樣的運作模式。日本方面的要求，也依照同一路徑，最終傳達給滿洲國總務廳」(古海忠之，〈滿洲國的夢不會消逝〉)。當然，除了此一官方路徑之外，派遣至滿洲國的官僚們也會接受派遣省廳的意見，實踐其政策意志，而且通過作為日滿二國間協議機關而設置的日滿經濟共同委員會，或者日滿食糧會議等管道，日本各省廳的統治意思也能傳達給滿洲國政府。在滿洲國官制下，滿洲國的法律與政策，以「各部—總務廳—國務院會議—參議府會議—皇帝」，這種簡單的迴路進行決策。雖說如此，滿洲國的實際決策過程仍如下頁圖所示，過程極度繁雜且與官制有著明顯差距，對照圖示後便相當明顯。而且，透過這張圖也能夠如實表現出獨立國家滿洲國的「獨立性」，其本質究竟為何。

至此，滿洲國統治改由「各省總動員」來推進，對滿洲國的人事派遣由各省廳組織性的對應並進而制度化，不過被派遣的官僚要如何保障其身分，當然也成為一個問題。包括為了前往滿洲國這個外國任官而在國內辭職者，或者身為滿洲國官吏在職數年後換算回日

滿洲國政策決定迴路

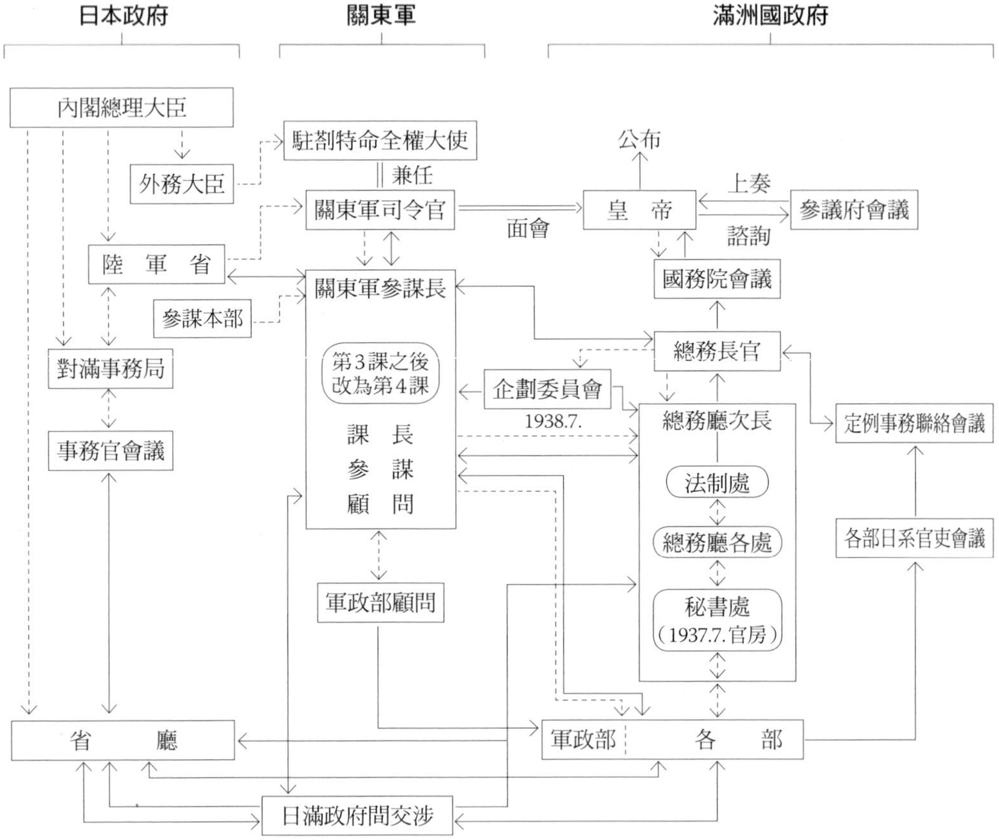

1. ——→ 政策決定迴路　----→ 指揮系統
2. 對滿事務局於1942年11月1日廢除。移管大東亞省滿洲事務局。

本年資並保證復職等制度，都從一九三六年開始進行檢討，並於一九四〇年以勅令第八八一號公布。滿洲國政府對日本人官僚而言，自不待言屬於外國政府，但至滿洲國出任官僚卻與前往國內其他省廳任職具有幾乎同樣的性質。隨著太平洋戰爭爆發形成了所謂的大東亞共榮圈，作為統治機構的日本於一九四二年十一月設置了大東亞省。據此廢止了拓務省與對滿事務局，大東亞省作為統管滿洲國統治單位，下設滿洲事務局。滿洲事務局，掌管「關於滿洲國之外政事項」，但因東條英機首相公然宣言「大東亞圈內無外交」，滿洲國統治又再度不被視為外交，而被當作內政來處理。重慶廣播對這項舉措做出評論說：「滿洲國成為淪陷地區後，遭到速成的傀儡政府統治，但今後則正式成為日本殖民地，並為日本政府直轄統治地區」（根據馬場明，《日中關係與外政機構》），此評論實為恰當。如此一來官僚派遣至外國的滿洲國，仍可以獲得與國內調動一樣的待遇，意味著滿洲國的統治已被當成國內直轄統治來處理了。正如德國法學家卡爾・施米特（Carl Schmitt）批評英、法殖民地統治方法一般，對日本而言，從國內法來看，滿洲國仍是帶有差異的外國；從國際法來看卻與國內相同，具有排除他國的特質（staatsrechtlichi Ausland, volkerrechtlich Innland），滿洲國便處在這種特殊位置上。

如此，日滿關係由對等獨立國關係逐漸變成準日本國內的地位，這種變化也可從滿洲國公開的文書中清楚看到。例如〈建國宣言〉（一九三二年三月一日）中只有簡單「借手鄰師」的表達方法，《日滿議定書》（一九三二年九月十五日）則為「日滿兩國間之善鄰關係」。到了《回鑾訓民詔書》（一九三五年五月二日）成為「與友邦一心一德」，已經成為「友邦」，接著〈協和會創立五週年紀念日勅語〉（一九三六年七月二十五日）成為「依賴盟邦日本帝國永久不渝」，改為「盟邦」。接著在《建國十週年詔書》（一九四二年三月一日）成為「獻身大東亞聖戰，奉翼親邦之天業」，已經用上了「親邦」這個文字。此處親邦的親，並非熟稔親切之意，而是親長之意。換言之，稱呼的修改，已經從對等關係轉為非對等的上下關係，日滿關係是「明明之鑑如親，穆穆之愛如子」般擬制的親子關係。而此處的親子關係是如「以盡報本之至誠」（《建國十週年詔書》）般，重點是在於為了報答親恩，應該單方面的盡奉至誠與孝養日本。滿洲國的農民苦於飢餓仍提供糧食與無償的強制勞動，就是這種孝養的證明。溥儀在自傳《我的前半生》中記錄，在滿洲國最後六年中，對日本輸出穀物合計三千六百六十二萬噸，一九三八年以降，因強制徵用而被迫無償勞動者，每年增加到二百五十萬人。

這樣的日滿關係變化，當然造成滿洲國建國理念的變質。關東軍認為「兩國一體化的實際源頭，在於日本肇國大理想之四海同胞共存共榮精神，亦即八紘一宇之大精神。與此同軌，以順天安民、五族協和為本義之滿洲國建國，二者合流合體」（關東軍參謀部編，《史之日滿》，一九三七年），因此滿洲國建國也體現了八紘一宇的皇道精神。一九三四年京都帝大教授牧建二提及，「今滿洲國努力成為王道國家，之後必須參考日本皇道主義才能使王家獲得永久安泰」（〈關於滿洲國統治〉，《法學叢論》第三一卷一號），強調由王道主義轉換至皇道主義的必要性，但一九三八年滿洲國則表達了如下擔憂：

建國之初不管什麼都要盡王道。現在不知不覺間變成皇道，而且沒人知道轉變的理由……不過此處只有一個擔心，那就是日本作為東洋盟主，在宣傳神聖政策之外，如果太過缺乏反省精神，只有獨善其身，恐怕會有損天子顏面，這將會成為重大問題。（滿洲國治安部，《鐵心》，一九三八年五月號）

可是即便沒有告知從王道轉換成皇道的理由，仍主張「滿洲國是依天皇大御心，創建道義世界的第一步表現」（〈滿洲國的根本理念與協和會的本質〉一九三六年九月），將此當作是建國當初不言自明的理念來謳歌。駐日滿洲國大使李紹庚[36]甚至發表以下說法：「我國思想的根基是由日本惟神之道生成、發展後歸一，我國作為日本肇國精神八紘一宇之顯昭，乃大東亞共榮圈之長子」（〈我等如此建設〉，《創造》，一九四二年十一月刊，〈滿洲現狀報告〉）。此種變化，與其說是滿洲國國家內涵的轉變，不如說其本質正逐漸顯現，後者說法或許更為恰當。

滿洲國以「八紘為宇，皇謨被光……因天照大神御神威才始以出現之物」（《滿洲建國十年史》）說法否定王道立國的建國理念時，另一個民族協和的建國理念也不得不隨之發生重大變質。一直以來民族協和的意義都是「單純被理解為諸民族停止鬥爭，取得和平合作，現在的『民族協和』卻變成為了實現建國理想，各民族必須一心一意朝其精進的必要

36〔編註〕李紹庚（1896-1949），盛京將軍管轄區奉天府遼陽州人，中華民國、滿洲國政治家、外交官。

條件。如此一來便不再是水平的融合關係，而是為了實現指導者的先行者民族，也就是日本人的建國理念，眾人必須付出奉侍精神，並以此為中心，其他民族必須努力追隨」(同前)，至此可看出甚至連民族協和概念也走到這般地步。

民族協和不再意味水平性、平等性的共存關係，而轉化為奉侍、追隨指導民族日本人的一種垂直性、位階性的「指導—追隨」關係。不論在何種意義上，這都已經無法再稱為民族協和了。

隨著太平洋戰爭爆發，連王道立國、民族協和等建國理念都能溯及既往加以改變，這意味著滿洲國的建國理念，已經完全迎向終結。由滲透入體內的日系官僚推動嵌入天皇制，使其成為奇美拉肉體的一部分，也就是蛇（皇帝與中國）的骨肉已經蛻化為羊（天皇制國家），完全喪失了自己的原形。

現在的奇美拉，已經完全變身，蛇尾早已消滅，成為僅剩獅頭及羊身的怪獸了。

◆死生存亡，斷弗分攜——日本洲國的命運

隨著日子過去，不斷與日本國家與天皇制同化的滿洲國，逐漸完成蛻化，法國某作家以滿洲（Manchuria）諧擬了一個新名詞，「人偶洲」（Mannequiria），並以此來稱呼滿洲國。法語的「Mannequin」意指完全服從他人所言之人，帶有傀儡的意思。同樣的，某美國商人到滿洲國旅行時，有感而發地稱呼滿洲國為日本洲國（Japanchukuo），也算是個名符其實的

名稱。確實，被當作日本國一部分，而統治上也被當作日本內政延長的滿洲國，不管被稱為「人偶洲」（Mannequiria）或「日本洲國」（Japanchukuo）都甚為恰當。問題是在這樣的樣貌之下，日本與滿洲國在不斷反覆相互投影和反射下，究竟發生了什麼樣的變化。換言之，在擁有滿洲國後，日本自身也受到什麼樣的規制，又不得不產生什麼樣的變容，如果不闡明這件事情，便無法看清滿洲國的歷史意義。

在這種相互性之中，我們先談滿洲國。如前所述，滿洲國強制接收日本的行政文化，中國人官僚因為不習慣而被視為無能。這層意義在如下證言中可以清楚看出：

滿系或許無能，但日本人拿著學校翻譯的歐洲政治學，想靠著政府組織的網絡，覆蓋整個滿洲，如此大費周章，還不如滿系官僚更理解滿洲人的需要。而且日系官僚不管適不適切，在全滿洲只以數人頭的數據為準，這是什麼道理？不理會民意的翻譯政治[37]，這就是新興滿洲國的現狀。在這種狀態下滿洲人逐漸失去生氣，無法激起國民的感激或興奮之情。滿洲國究竟出了什麼問題？……沒人知道一心一德究竟到什麼程度，但把滿洲人當機器人，就別指望大家一心一德。先做出一套讓日本人帶有優越感的制度，之後不管再怎麼禁止日本人表現優越感，也改變不了什麼事實。（滿洲國治安部，《鐵心》，一九三八年六月號）

37〔編註〕原文是「通譯政治」，按文義來看應該是在諷刺本段第二句的「拿著學校翻譯的歐洲政治學」。

這篇文章發表之後，隨著滿洲國的日本化愈益增強，就愈不可能出現改善空間。如果我們進一步思考這種情狀便可發現，類似的批評即便之後沒有浮上表面，那也不代表滿洲人民接受了日本的法律與政治，而且應該也不代表這些規制已經在滿洲定型。無須特意說明大家也能夠理解，人民愈是沉默，就愈代表人民已身處深不可測的絕望谷底。

不過，滿洲國施行的政策、行政與立法，並不能單純說日本只是將歐美方法拿來直接移植，或者直譯後照原樣套用。如同美國的《財星》(*Fortune*)雜誌中有一期「日本」特別號(一九四四年四月號)，很恰當地把滿洲國政府稱為「陸軍滿洲學校文官部」一般，我們可以理解滿洲國本身就扮演著一座實驗室、研究室的角色。根據《財星》雜誌的看法，日本陸軍的想像仍然停留在日本本土，既沒有政治力也缺乏知識，當時便以「滿洲國作為練習場，試著動員人力與組織。祕密決定把滿洲國當作研究室的關東軍，他們在此肯定大自政治、經濟，小至柴米油鹽日常茶飯，甚至居民起居往來為止，都鉅細靡遺，提煉出一套能一手掌握的計劃」。此處描述自然有些誇張，不過除身為軍人的東條英機、小磯國昭等後來成為內閣總理大臣外，身為官僚的遠藤柳作、田邊治通則擔任內閣書記官長，星野直樹任企劃院總裁與內閣書記官，大達茂雄成為內務次官。此外，一九四一年任職商工省的商工大臣岸信介，其麾下次官椎名悅三郎、總務局長神田暹、總務課長毛里英於菟等自滿洲國返國者，之後也一同在日本國內表現活躍。從關東軍幕僚來看，也有成為陸軍大臣的板垣征四郎、成為軍務長的武藤章、成為內閣總合計劃局長官的秋永月三與池田純久、成為總力戰研究所長的飯村穰等例子，這些軍人皆在動員全體國力遂行總力戰時，擔任重要的角色。

如果將觀察時間延長到二戰之後，成為閣員、國會議員、地方公共團體首長的前滿洲國日系官僚，人數極多，所以我們不能否認滿洲國擔任人事研究室的機能。更何況，如同大藏省選拔「省內一流人物，亦即未來將支撐背負大藏省重責的人」送往具備人事研究機能的滿洲國進行磨練的省廳，絕對不只大藏省。

從政策、立法以及行政機構來看，滿洲國對日本而言也具有實驗性與前瞻性，日本於該地做過不少嘗試。當初作為佔領滿蒙的主要目的之一，石原「我國毋寧迅速驅動國家對外突進發展，再參考中途遭遇狀況，於國內施行斷然改造」（石原莞爾，〈滿蒙問題私見〉，一九三一年五月）的想法便是一例。石原期待滿洲國扮演國內施行斷然改造的跳板或實驗室的角色。事實上在滿洲國聚集許多人，「驅使熱情在此追求日本國內無法辦到的事情」（佐佐木到一，〈滿洲統治上的憂患〉，一九三三年五月），而其中的行政核心便是國務院總務廳。總務廳力挺關東軍的武力與機密經費，一貫追求「整備、強化計劃統制機能」（一九三七年五月，〈滿洲國政治行政機構改革大綱〉），目標在於「確立簡明而強力的政治體制」（同前）。總務廳企劃處及企劃委員等，之後在日本國內設立國策企劃、政策立案機關，這也是根據滿洲國行政特色的企劃政治、計劃政治的結果。這種透過「企劃—指導—經營」或「計劃—統制—動員」等一連串關鍵概念表現出來的統制主義、計劃主義，其實受美國的泰勒主義、蘇聯的國家計劃委員會，以及納粹德國的四年計劃等影響頗大。而企劃政治、計劃政治得以在滿洲國施行的原因，在於該處並無議會審查，具備與民意斷開的行政營運系統，所以才得以遂行試驗。

以產業開發五年計劃、北邊振興三年計劃、二十年百萬戶移民計劃等三大國策為首，還有各種土地綜合開發計劃、自興村設置五年計劃、農產物增產十年計劃……，滿洲國行政似乎給人一種受計劃驅使的感覺。當然，冒出來的這些計劃或企劃，不必然都擁有實效性，許多不過是紙上談兵，很多計劃甚至被評為「缺乏土地氣味的企劃政治—空談政治」（《滿洲國現勢》，康德九年版）。

雖說如此，例如土地綜合開發計劃便是日本國土計劃的先行模型，毛里英於菟和美濃部洋次等人在滿洲國學到企劃政治手法，之後在企劃院與總合計劃局中領導、策定計劃，滿洲國的企劃政治回流日本，造成無法忽視的影響。而作為滿洲國國策企劃機關的總務廳企劃處（一九三五年十一月設置），也成為日本企劃廳及改組後企劃院（皆於一九三七年設置）的先行模型。此外，當日本構思如何形成國防國家，構想設置一個強力的國策統合、推進機構時，便聚焦於滿洲國的國務院與總務廳，以它們為模型來思考。例如石原莞爾派出淺原健三和宮崎正義成立日滿財政經濟研究會，並在該會提出〈政治行政機構改革案〉（一九三六年），提出廢止內閣制，創設國務院，國務院下有直屬的經濟參謀本部與總務廳二單位，國務院掌握其人事與預算的提案。陸軍在一九三七年整理的〈關於實施重要產業五年計劃綱要之政策大綱案〉中，也提出設置總務廳的要求。此外，其他個別法案或政策，許多也都在滿洲國實驗過後，才移回日本國內實施，此處僅舉米穀管理制度一例。滿洲國的米穀管理法，是以日本農林省派往滿洲國的小平權一為中心起草的。為何在滿洲國起草，是因為「米穀管理法的意圖，在於當時日本米穀的國家管理逐漸成為問題，因此先於滿洲國實驗性實施」（〈滿洲食糧蒐集機構與蒐集對策〉，一九四三年）。因為在日本直接施行可能引起混亂，為了防範未然，而把滿洲國當實驗室來使用。

先於滿洲國試行，之後再回流日本的各項實驗中，最引人注目的，就是否定議會政治，採取一國一黨制的協和會及其意識型態。一九三六年九月，植田謙吉關東軍司令官主張「議會政治具有容易陷入民主性、唯物性、西洋性政治之虞，因此滿洲國本質上不加採用」（〈滿洲國的根本理念與協和會的本質〉），聲明排斥議會政治，並以協和會作為政治性的實踐組織體。二二六事件[38]以後急速發展並開始企圖介入政治的軍部，便利用此份文書作為批判議會的基礎，當時甚至招來了政黨政治家們的危機感與反抗。一九三七年一月二十一日，政友會的濱田國松[39]在眾議院本會議中針對軍部自許為政治推進力，不斷進出政治、經濟等各領域的情形，批評軍方完全就是在採用協和會的意識型態，他提出如下指摘：

這個滿洲國的政治思想，自然地流入日本內地，好像思想自己擁有生命般想要來到

38〔編註〕指一九三六年二月二十六日發生於東京的政變事件。日本陸軍的部分「皇道派」青年軍官率領數名士兵對政軍高層中的「統制派」對手與反對者進行刺殺，最終政變遭到撲滅，直接參與者多被處以死刑，間接相關人物亦被調離中央職務，「皇道派」因此在軍中影響力削減，同時增加了日軍主流派領導人對日本政府的政治影響力。

39〔編註〕濱田國松（1868-1938），日本政治家，第三十一任眾議院議長。

日本……根據軍民一致協力的新體制，論及斷然施行強力政治，排斥憲政常道論等，難道大家沒有感受到這種想法內嵌著協和會的意識形態嗎？這種意識形態渡過玄海灘，橫跨黃海，已經登陸上岸，進到日本內地來了。

濱田的這段發言，是想要透過批判協和會，敲響軍部介入政治的警鐘，而非單純想要批判協和會，或者檢討該意識型態究竟具體在何時進入日本。現實中日本政治運動把協和會視為一種參考模型，是從一九四〇年十月近衛新體制運動後，組成大政翼贊會[40]時開始的。對此有人認為「滿洲的協和會運動對日本現有的政黨運動造成致命性影響，這是不容否認的事實，大政翼贊會的成立與協力會議的實施，大概都是參考協和會運動的產物」（小山貞知，《滿洲協和會的發達》）。事實上，大政翼贊會的協力會議中，採用一種稱為「眾議統裁」的組織營運方式，正是協和會在滿洲國全國協議會上所使用的方法。這個眾議統裁方式，是由建國大學副校長作田莊一提案，用以取代全場一致主義，方式是由議長「觀察、體會與會人員的意見動向，連貫國家與國民，在建設性的目的意識下，統裁歸一」（〈全聯協議會綱要〉），屬於一種基於指導者原理的表決方式。

不僅如此，擁有殖民地的國家，其國民也有可能遭國家利用殖民地統治原理來治理。只要日本把滿洲國當作親邦推動一體化，日本投射於滿洲國的一切，那些強烈的光與影，也會從滿洲國反射回日本。確實滿洲國是日本的實驗室，被當作實驗國家來構想，並於現實中擔負各種行政實驗的功能。但這些實驗許多都是雙向流動，而且又不斷互相修正回饋。重要產業統制法也好，國家總動員法也好，國土計劃也好，皆是如此。又或者，如大政翼贊會的道府縣支部長由知事兼任等，為了促進組織一體化的作為，其實就是協和會中採取省長等行政機關首長，皆由協和會省部長兼任，亦即所謂的政府與協和會二位一體制。與橘樸共同負責《滿洲評論》出版，同時也是協和會運動發言人的小山貞知表示：「因為滿洲國是新成立的國家，所以施行新體制時，經常處於白紙狀態，能夠輕鬆進行嘗試。滿洲事變時，有志之士也意識到想要更新日本庶務行政，就必須先在滿蒙問題解決問題」（《滿洲協和會的發達》），力倡滿洲國身為實驗國家的前導性，甚至進化出如下論述。

在滿洲嘗試，在日本應用，只要基於日本肇國精神大步跨出，滿洲自然會受到日本的統治影響，這種事態將來會永遠不斷重複再重複。

正因為是惡性循環才會永遠重複。日本與滿洲國宛如兩面鏡子互相對照，日本在滿洲國的鏡像中，滿洲國也在日本的鏡像裡，各自重疊投映出無限的影像。這些影像中何者是自己，何者是他人，已再也無法分辨。日本也因為來自滿洲國的反射，扭曲了自身的形象。唯有滿洲國這面鏡子破碎消失後，或許日本才能重新取回自己原本的姿態吧。

40〔編註〕是日本在第二次世界大戰期間的一個政治團體，於一九四〇年十月十二日宣告成立，一九四五年六月十三日解散。其以推動政治權力集中的「新體制運動」為主要目標，將既有政黨解散成一個全國性的政治組織，以一黨專政的模式統治日本。

可是，日滿兩國必須帶著緊密相互性共同動作的，絕不僅只限於意識形態、政策或立法層面而已。隨著二次大戰日本戰況惡化，如果欠缺滿洲國供給的食糧與鋼鐵，日本要遂行亞洲、太平洋戰爭，就會面臨資源窘迫的困境。根據劉惠吾、劉學照編的《日本帝國主義侵華史略》，「自一九三二年至一九四四年間，日本自東北掠奪了二億二千三百餘萬噸的煤炭、一千一百餘萬噸生鐵、五百八十餘萬噸鋼鐵」。滿洲國對日本而言，是國家生存上不可或缺的條件，而同時對滿洲國而言，日本也是維持國家存續的要件。當日本對英美宣戰的當天，溥儀發布了《時局詔書》，誓言「死生存亡，斷弗分攜……舉國人而盡奉公之誠，舉國力而援盟邦之戰」。如同該詔書的遣詞，兩國確實是生死存亡、斷弗分攜的同生共死關係，因此兩國也擁抱著這樣的關係，一同跌向死亡的深淵。

一九四五年八月九日蘇軍對日宣戰，八月十四日日本接受《波茨坦宣言》[41]，關東軍隨之解除武裝，十七日國務院會議上決議滿洲國解體。十八日半夜一時許，皇帝溥儀在逃難處的通化省大栗子，宣讀了皇帝退位詔書，在此，滿洲國的歷史劃上了休止符。

這篇詔書原稿上本來還有那少不了的「仰賴天照大神之神庥，天皇陛下之保佑」，可是叫橋本虎之助看出了不妥，苦笑着給劃掉了。

溥儀在《我的前半生》中如此記載，確實在滿洲國解體退位之際，還寫「仰賴天照大神之神庥，天皇陛下之保佑」這句，即便不是橋本也不禁要苦笑吧。不過，要說起能貫穿整個滿洲國國家存續與崩壞的，似乎也沒其他比這更合適的語句了。

宣布退位的溥儀，一一與高官們握手言別。張景惠國務總理大臣恥於自己高齡卻身臨此境，痛心感嘆日本敗戰。不過其中一位中國高官卻放聲嘲笑（松本益雄，〈張總理與滿國〉，《啊　滿洲》）。這位高官，正是盡心盡力幫助溥儀當上滿洲國皇帝，滿洲建國之際，在長春車站率領滿洲舊臣組成迎鑾團、揮舞黃龍旗的熙洽。曾經有望成為滿洲國國務總理大臣，最終卻被切斷政治實權冷凍做宮內府大臣的熙洽，為何不顧周遭眼光，演出放聲嘲笑的狂態？是因為至今他還記恨與日本親邦對立的憤怒？還是嘲笑包括自己，所有把賭注都壓在日本身上的人？抑或是嘲笑滿洲國這個國家不過是一齣鬧劇？現在我們已經無法確認他的想法了。不過，恐怕中國人高官或隨從們之間，或多或少都抱有與熙洽相同的感懷吧。退位儀式剛結束，由本來應為皇帝隨從的宮內府大臣熙洽為首，中國人的高官們為了尋求新的餬口之道，爭先恐後地鳥獸四散了。聽說之後沒有任何中國高官留下目送溥儀離開大栗子。

41〔編註〕又稱作《波茨坦公告》，是一九四五年七月二十六日在波茨坦會議上美國總統杜魯門、中華民國國民政府主席蔣介石（未實際與會，只是簽名以示發表）和英國首相邱吉爾聯合發表的一份公告。蘇聯最高領導人史達林與會參加了波茨坦會議，但當時蘇聯尚未對日本宣戰，故七月二十六日沒有在公告上代表蘇聯列名簽字；八月八日蘇聯對日宣戰後，《波茨坦宣言》中添補了蘇聯領導人史達林的名字。這篇公告的主要內容是聲明三國在戰勝納粹德國後一起致力於戰勝日本以及履行《開羅宣言》等對戰後對日本的處理方式的決定。即對大日本帝國所下的公開招降宣言。

大概與此同時，位於舊首都新京（現已恢復長春舊名）的滿洲映畫協會，理事長室的黑板上遭用力寫下一句話，那是甘粕正彥的筆跡。甘粕正是因為大杉榮虐殺事件[42]而聞名的那位陸軍憲兵上尉。他於一九二九年渡滿後，從事與關東軍相呼應的特務工作，除了為滿洲建國在哈爾濱施展各種陰謀與謀略，也擔任溥儀的警戒護衛等工作，在各方面暗中活躍。滿洲建國後歷任民政部警務司長、宮內府諮詢、統制入滿苦力的大東公司主宰者、協和會中央本部總務部長、滿洲映畫協會理事長等職務，在滿洲國統治中，暗地裡持續擁有發言權，是具有相當實力的政治人物之一。甚至被傳說成「白天由關東軍司令部統治滿洲，晚上則由甘粕治理」（武藤富男，〈滿洲建國黑幕．甘粕正彥〉，平塚編，《滿洲事變》）的這號人物，在黑板上刻寫下這樣一句：

大豪賭　血本無歸　光溜溜

這句話究竟反應了多少甘粕的心情，我們不得而知。可是對滿洲國與關東軍而言，甚至對日本而言，在這場大豪賭中不斷孤注一擲，從九一八滿洲事變起，滿洲建國、承認滿洲國、脫離國際聯盟……等一連串的決定，完全不顧後果，靠著造成既成事實來賭是否能夠獲得成功。日本不斷採取這種超高風險的行動模式，也是不爭的事實。

在八月二十日早上，甘粕喝下氰酸鉀自殺。甘粕在日本已經無容身之處，算是拼上性命在滿洲國這場豪賭中活下來的其中一人。一手織出滿洲國夢想的甘粕，在滿洲國從世上消失的瞬間，或許他對這個世界也不再有牽連與羈絆。甘粕自己身為創出滿洲國的其中一員，也隨著滿洲國命喪黃泉，為滿洲國殉國。

這個在大杉榮虐殺事件中，為掀出近代日本陰暗面而必須負責的人，在創建滿洲國時再度背負責任，但他並不把責任轉嫁給任何人，當他想以自己的風格擔起責任時，或許自殺是他最後的方法吧。甘粕的遺體在三千位日滿人的陪伴下，以消防用手推車送至滿映本社裡的湖西會館。右邊的繩子由日本人、左邊的繩子由中國人拉著，聽說送葬隊伍長達一公里（同前）。滿洲國消失之後，加入送葬隊伍拉著甘粕遺體的中國人們，究竟抱著什麼樣的想法邁步前進呢？是以德報怨的想法嗎？還是死者已無須再區分國界？或者伴隨甘粕將滿洲國永遠葬去，一步一步邁出，迎向新的國家呢？……

為甘粕舉辦送葬的八月二十日，位於大同大街的關東軍總司令部廳舍，已由蘇聯軍隊的瓦西列夫斯基元帥[43]進駐。

當天，溥儀早已開始了遠在西伯利亞的居留生活。

42〔編註〕大杉榮（1885-1923），日本無政府主義者，思想家、作家、社會運動家。一九二三年關東大地震後的混亂期中，與妻子伊藤野枝及年僅六歲的外甥橘宗一，被甘粕正彥帶領的憲兵隊逮捕並殺害，遺體遭棄置於古井中。

43〔編註〕亞歷山大・米哈伊洛維奇・瓦西列夫斯基（Aleksandr Mikhaylovich Vasilevsky, 1895-1977），蘇聯紅軍總參謀長、遠東軍總司令。一九四三年，榮獲蘇聯元帥軍階。

終章

奇美拉的實相與幻象

◆滿洲國的雙面性——民族的協和與反目

滿洲國就這樣誕生，然後走入歷史。

以中國四千年的治亂興亡來看，十三年五個月的歲月恐怕只是瞬間的光芒乍現。只是，時間的長度並不能測量歷史的重量。只有真正生活在當地的人們的愛恨總和，才能作為衡量一個時代歷史重量的依據。如今，若要重探滿洲國的意義何在，恐怕必須要從滿洲國的理想及現實衝撞後所產生的激烈的愛恨情仇之中，去思考有哪些遺產值得傳承，又有哪些事物應該受到批判，加以細細思量，方能找到一個定論吧。否則，就算詞藻多麼冠冕堂皇，理念多麼崇高，卻忽略真實的面向，也很難對其歷史意義提出正確的評價吧。

本書以描繪滿洲國的輪廓為主要方向，基於此方向，當然論及了必須加以討論的部分，同時也在行文的過程中，發現了不少疏漏之處。在本書的終章，我想要對於我在〈序章〉所提及的滿洲國形象或滿洲國論述的立場，提出我的觀點，以為本書的結論。

> 我們當時的日本青年，充滿熱情地奔向滿洲國，只為了在滿洲這片大地上建設理想的國家。為此傾心盡力……民族協和的理想，將隨著歷史的發展而益發地發揚光大吧。世界若缺乏這種理想，恐怕將難以擁有長久的和平。在此意義下，滿洲國建國的理想將永遠活在青史之中。（古海忠之，〈滿洲國的夢不會消逝〉）

古海用上述文字總結了滿洲國的歷史意義。像古海這樣持續主張滿洲國民族和諧的理念是今後世界和平基礎的人並不少。尤其，如今地球上的各角落仍有數不盡的民族紛爭與流血衝突，看著新聞反覆地播放這些片段，更對民族和諧的必要性產生強烈共鳴。為何民族上的差異會產生如此強烈的憎惡？為何人類總是無法尊重差異？這種感受在二十世紀末的今天，更顯得強烈。不過，就算如此，滿洲國所揭櫫的民族和諧的理想，真的會如文中所說的「隨著歷史的發展而益發地發揚光大」嗎？

滿洲的日本人，在日常生活中的各個層面上，從未停止過對中國人的差別待遇。就連同桌吃飯，吃相同的料理時，日本人吃白米飯，中國人吃的卻是高粱飯。（山口淑子、藤原作彌，《李香蘭——我的前半生》）

茶與飯是日常生活之中的必備要素，而滿洲國所謂的民族和諧，卻連在最日常的地方都存在著民族差異。「滿洲國成立後，一等是日本人、二等是朝鮮人、三等是漢人及滿人。配給的食糧也不同，日本人領白米，朝鮮人是白米跟高粱各半，中國人則是高粱，薪水也有差異」（安藤彥太郎，〈延邊紀行〉，《東洋文化》第三十六號，一九六四年，朱海德的證言）。對此食糧配給的差別，身為此政策推行者之一的古海如此說道：「我雖然認為這種做法是正確的，卻還是遭受到批評。雖說白米只配給日本人，而不分給滿系的人，但其實是因為滿人本來平常就不吃白米，因此，這種做法我認為是正確的。」（〈滿洲國的夢不會消

日本人經營企業的薪資差距

		工場		礦山	
		實收薪資（日圓）	與日本人同性別的薪資比率	實收薪資（日圓）	與日本人同性別的薪資比率
男性	日本人	3.78	100	3.33	100
	朝鮮人	1.52	40.2	1.30	39.0
	中國人	1.09	28.8	0.98	29.4
女性	日本人	1.82	100	—	
	朝鮮人	0.76	41.8	1.02	
	中國人	0.53	29.1	0.30	

資料來源：1999年8月，勞工協會調查。《滿洲勞動年鑑》（1940年版）

逝〉〉這種對於眼前的民族差別沒有自覺，甚至受到他人指責也沒有感覺的日本人，在當時恐怕不只古海一人。這種說法是對是錯，也許直接看滿洲國陸軍軍官學校的實際狀況再進行判斷更為適切。陸軍軍官學校和建國大學各為滿洲國文武的最高學府，換句話說，即是培養滿洲國民族和諧理念菁英的殿堂。那麼，該處的民族相處狀況又是如何呢？

軍官學校的學生，中國人和日本人各佔一半。課程、教材雖然一樣，但生活上的待遇卻有天壤之別。在服裝上，日本人學生從上到下全部都是穿新品，中國人學生除了外出服之外全部都是舊的。寢具或其他生活用品也一樣，中國人學生也都是用舊的。

用餐上也有很大的差別。日本人學生的主

食是米飯，配菜的營養也比較豐富。中國人學生的餐食只有高粱，而且還是給牛馬當作飼料的紅高粱。當時吃了這些粗劣餐食而患上胃病或胃潰瘍的學生，四十年後的今天仍然受這些胃疾所苦。這些若不是「民族壓迫」，那什麼才是？（高山，〈滿洲國軍官學校〉，《中國少年眼中的日本軍》）。

另一方面，建國大學則是在日系學生的提倡下，首創全校平等食用白米混高粱的白米高粱飯（作田莊一，〈滿洲建國的回顧〉，《嗚呼滿洲》）。關於採取這種措施的學校的報導並不在少數。結果，這類報導反而證明了滿洲國採取差別食物政策的事實，甚至在滿洲，日本人以外的民族吃了白米飯，還會被當成「經濟犯」受到處罰。另外，薪資的差距也可以透過前表得知，電車的座席也分等級，特等為日本人搭乘的車廂，普等則為中國人搭乘的車廂，中國人不許進入特等席。（李占東，〈殘留心中的歌〉，《中國少年眼中的日本軍》）。此外，關於民族和諧的真實狀況，還有如下史料可供參考。

滿洲國的關東軍司令官曾為了日系官吏編纂了類似《服務心得》的小冊子。這本小冊子的內容，至今似乎尚未在日本被公開過。古海雖然在《官吏心得》之中以此為名稱寫下了日滿職員的比例，但實際狀況如何卻仍然不明。對此，只能透過曾經與擔任過國務總理大臣秘書的松本共益同處一室的王子衡，在瞥見松本桌上的《服務心得》後，所抄下來的筆記才能窺知一二。但這份史料有不少矛盾之處，恐怕不能盡信。史料中說道：「應該盡量疏遠朝鮮民族與漢民族，不應使其親密。兩民族產生衝突時，若其對錯各半時，須支持朝鮮民族，壓抑漢民族。若朝鮮民族有錯時，則兩方同等處置。」此外，還詳細記載了各民族的民族性。其中，對於滿系官吏，「無論其為親日派還是反日派，皆應該詳加注意其公私之生活」、「勿忘『非我族類者，其心必異』這句格言」、「除了日本人之外，所有民族的財產皆應縮小，不宜使其擴張」（王子衡，〈偽滿官吏的秘密手冊〉，《文史資料選輯》第三十九輯）。我認為這些資料並非全部真實，只是，這份史料可以從關東憲兵隊所擬的〈對滿戰時特別對策〉中「反覆利用複合民族之間的反目與離間對策」（《日本憲兵外史》，一九三八年）此文句中，找到類似佐證。由這些文字可見，滿洲國高喊的民族和諧恐怕只是空談，反而是以民族間的反目與離間作為統治手段。

其實，滿洲國的民族和諧最大的問題，也許就在於推動這個政策的日本人的自我民族中心主義上。

> 我等大和民族是內在十分優秀卓越的民族，對外以寬厚仁德指導其他民族，補足其不足之處，令其誠心服膺於我，以共同完成道義世界的天命（關東軍司令部，〈滿洲國的根本理念與協和會的本質〉，一九三六年九月）。

文中多少反映出一九三〇年代過於誇張的文字描述，在今日自然須打上幾分折扣。不過，就算如此，仍然可以感受到文中過剩的日本民族觀和強烈的自我意識。具有這種觀念的日本人，要在不侵犯其他民族的前提下，達成政治上、經濟上、文化上的和諧，恐怕十分困難吧。而事實上也是如此。在號稱「民族熔爐」的滿洲國，日本人和其他民族幾乎都是在不同的生活區塊分開生活。

確實，滿洲國這個跨越人種、語言、習俗、價值觀的多民族國家社會，是日本人史上初次的大規模體驗。不過，其實際上所執行的，卻不是容納異質的兼容並蓄，而是為了達成所謂民族和諧的單一價值與唯一服從。因此由上而下的統合指導體制是唯一的方針。反抗者則被視為「無法誠心服膺」的對象，必須面對遭受排除的命運。隨著「討匪」、「肅清工作」的進行，憲兵隊、特務、秘密偵探組織的保安局等「剿滅」反對者的工作，以及矯正「思想不良者」的思想矯正輔導院或保護監察所的思想「矯正」工作，無時不在進行。

所謂真正的民族和諧，應該是異質的民族或文化透過衝突與摩擦的過程逐漸融合，而成為促進新生社會誕生與文化形成的活力來源。因此，用高牆保護自我，對於滿洲國的多樣性試圖管控卻漫無章法的日本人，欲達成多民族國家的建設，基本上並無可能。

或者該說，不只是日本人，只要是以侵略為手段所帶來的征服，無論是多麼崇高的民族，都不可能實現民族和諧的理想。而能做到這種理念的民族，基本上就不可能發動侵略，換句話說，就是不會將自己的理想強加於他人之上。由日本人所倡導的民族協和，說穿了就是「協即協助，和即大和」之意吧。也就是說，日本人所謂的民族協和，其實是「協助大和民族侵略中國」的意思——這是中國東北地方的人，對滿洲國的揶揄。

民族協和，確實是人類的夢想，也是此夢想的前提。只是，個人以為，就算打著民族協和的號召，以滿洲國的狀況，終究難以讓這個理想「永世長存」吧。

◆安居樂業——凜雪如刀

開拓產業交通，增進住在滿洲的支鮮滿各民族福祉，打造一個真正的安樂土，以求共存共榮。（關東軍參謀部，〈於滿蒙佔領地統治問題之相關研究〉，一九三〇年五月）

尊重支那民眾之利益，實現安居樂業之理想，以貢獻滿蒙之開發。（板桓征四郎，〈關於滿蒙之問題〉，一九三一年五月）

在滿洲國建立與滿洲居民共存共榮的烏托邦、安居樂業的樂土，是關東軍所揭櫫的理念。因此在滿洲國的各種文書之中，除了「安居樂業」、「共存共榮」之外，還常看到「順天安民」、「經濟開發」、「人民安寧」、「增進福利」、「與民生息」等口號。滿洲國究竟有沒有如〈建國宣言〉所稱的做到「境內一切民族皆獲得發展，步步高升」的境界呢？

我手邊有一份滿洲國最高檢察廳所編的《滿洲國開拓地犯罪概要》（一九四一年），這份史料中記載了徵收民間土地時的情況。

吉林省樺甸縣朝鮮人農民：叫無處可去的我們交出房屋，等於間接逼我們走上絕路。實在悲哀。

吉林省額穆縣中國人地主：滿拓（滿洲拓殖公社）所開出買地的地價是買劣地的地

價，因此我答道能不賣就不賣，結果卻被縣職員毆打。隔天縣公署的議員就來說地被以米三百晌與金四萬元強制收購。若是個人間的交易這塊地可以賣到十萬元以上，對於當局的這種強制購地，整個家族都感到十分無奈，這跟所謂王道樂土的主旨也差太遠了。

吉林省額穆縣中國人農民：匪賊搶走了我們的金錢財物，滿拓則強制買走農民賴以為生的農地。對農民而言，最痛苦的莫過於失去了耕作的土地。

農民不只被奪走了賴以為生的土地，連遮風避雨的家舍也被奪走，無法度過嚴寒的寒冬。對中國人而言，會將開拓局稱呼為開刀局，甚至稱之為殺人局，也是可想而知的吧。津久井信也是負責處理土地徵收業務的人之一，他於一九三八年在三江省寶清縣任職，秉著「無我至純」的理念，進入農村第一線跟中國人接觸。對於強制徵收土地，他曾經寫下如下想法：

> 無視痛哭跪拜乞求的農民，忽視他們執著於土地資產的意願，用極低廉的價格強制買走其土地，如此一來就算開拓團入駐，也只是種下將來的禍根。對於自己的行為，感到罪惡。（〈嗚呼「無我至純」〉，《邊境》，一九七二年十一月）

由此可見，滿洲國這片提供給日本農民、中小企業轉業者、滿蒙開拓青年團的「希望大地」、「新天地」，其實是奪走了原本在此開墾數十年的中國人及朝鮮人農民的命脈，使得這片土地上滿布他們的怨念。而那些來自日本的開拓移民，也是日本內部經濟矛盾下的犧牲品，並背負著「一旦有事，協助當地軍事後勤行動」（〈滿蒙開拓青少年義勇軍編成建白書〉，一九三七年十一月）的國防任務。然而，這種開拓移民政策並沒有真正解決這些矛盾，反而是將日本國內的矛盾輸出，並擴大到中國人、朝鮮人農民與日本人移民之間。或者換句話說，這些日本人移民，其實是在日本的國家政策下，成為加害者的受害者也說不定。

在這片以安居樂業為理念的大地上，發生的事態還不只這些。「匪民分離」的集團部落建設、不合人道的農產品徵集、勞務供給、強制儲蓄、金屬貢獻運動……在第一線經辦這些活動的津久井信也，也發表過他的想法：

在伯力、寶清（縣，三江省）與抗日義勇軍交火，邊看著為了集團部落建設而燒毀的民房，邊與抗日義勇軍的俘虜對談，才發現「滿洲國」的「建國理念」與他們的民族意識之間的差距有多遠。討伐集家工作，雖說是為了縮短這份距離而進行的任務，但仍擺脫不了內心的罪惡感。在抗日軍所包圍的村落度過輾轉反側的夜晚，又聽聞「盧溝橋事件」的爆發，令我對於「滿洲國建國」的未來感到沉重的挫折感。

關特演（關東軍特種演習）、太平洋戰爭爆發的那一年，我人在通陽縣（吉林省），今年起軍政的要求量都變得很大。農產品的輸出、勞動者的徵集等業務，都隨著擴大的戰事而變得十分沉重。糧食的不足造成了縣內貧窮農民處於飢餓狀態，軍事工程、礦坑的非人道勞役，造成死者無數。視察密山縣（東安省）時，看到十數具勞工的屍體推疊在一起，我心中感受到的已經不僅是罪惡感，而是必須贖罪的懲罰了。

曾任關東軍齊齊哈爾憲兵隊的土屋芳雄[1]，在一九四四年的冬天前往龍江省林甸縣時，寫下自己與一個中國老農夫聊天時的見聞：「統制經濟已經到了極限，我們農民的生活已經無以為繼……這附近已經有人家沒有棉被衣服，小孩子全裸生活的景象隨處可見。」（朝日新聞山形支局邊，《見聞　一位憲兵的紀錄》）林甸縣是北滿首屈一指的糧倉，卻有人光著身子在嚴寒的冬天過生活，土屋原本不敢置信，但在真正見到全裸的兩名孩童後，也驚訝不已。與孩童對話後，才知道他們的父親在二年前因為勞役徵集而離家，至今生死不明。由於土屋知道這些被「抓去」進行勞務的中國人，如果從事的是與軍事有關的機密建設，最後都會遭到無情的殺害，因此大概已經推測到這二名孩童父親的命運。他在回程的路上，與康安警察署的日系警官聊天，對方答：「這種事在這裡一點也不稀有。在這附近還有將剛生出來的孩童，衣不蔽體地養在鋪著稻草的洞穴中生活的例子。」令他震驚的還不只如此，他回想：「由調查得知，這種狀況在當地還算少數，在熱河省長城縣附近，

1〔編註〕土屋芳雄（1911-），為日本滿洲獨立守備隊的一員。一九四五年日本戰敗，他被關入撫順戰犯管理所，直到一九五六年被釋放回日本。回到日本之後，他參加了中國歸還者聯絡會，並接連出版了四本書籍，包括《半生的悔悟》、《我對侵略中國的悔悟與謝罪》、《關東軍對中國東北的侵略》、《訪中謝罪紀錄》等，並致力於告訴世人當初日本人在中國東北的殘酷行為。

大部分的居民幾乎都是衣不蔽體地過著日子。發現自己對於這種狀況根本束手無策後，只好黯然離開。」

在零下三、四十度的酷寒之地衣不蔽體地生活，這與滿洲國「熙熙皞皞，如登春台」，亦即在國家的恩惠下，讓人民過著溫飽舒適生活的建國理念，有著極大差距。之後被判為戰犯的土屋，曾經說過他被一名中國詩人的詩文深深打動，其詩中的一文寫著「凜雪如刀——」。冬季飄落的雪宛如利刃般劃在人民身上，這就是滿洲國這個國家帶給——除了日本人之外的——人民的感受。生活在一九四一年之後的滿洲國，沒有春風蕩漾，只有烈日秋霜。

中國方面用「三光」形容滿洲國的政策，三光表示軍事面的「殺光」、「搶光」、「燒光」與經濟面的「搜光」、「刮光」、「搶光」。或許這其中多少有誇大的成分，不過，若說沒有被「搶光」，為人父母，又有誰會讓自己的小孩在零下三、四十度的冰天雪地中光著身子生活呢？

魯迅在寫給蕭軍描寫東北抗日軍的長篇小說《八月的鄉村》（一九三五年）的序文中，將作者的思想用如下文字道出：

失去的天空、土地、受難的人民，以及失去的茂草、高粱、蟈蟈、蚊子。

失去的不只是土地、茂草、高粱，就連害蟲蚊子也失去了。這是蕭軍的思想，也是魯迅深切的共鳴。這是資產被掠奪一空的受害者，最深切的悲憤吶喊。

在此悲憤的吶喊之前，滿史會依舊誇耀著滿洲國建設的成果：「一九四五年八月，太平洋戰爭敗戰，滿洲國回歸中國之時，過往滿是曠野的大地，已轉化成近代都市的面貌，成為東洋首屈一指的近代產業重鎮……無論動機為何，這些因日本人的努力所帶來的近代化成果，仍舊是不變的事實。」（滿史會，《滿洲國開發四十年史》上卷）但這個日本人自賣自誇的「誇耀」與「成果」，聽起來是多麼空虛。

◆王道國家——沒有國民的軍營國家

追殺　土匪　染血的臉
眼底殘留的是　稚氣（栖田光哉）

血淋淋的　中國士兵
手中仍緊握著　戰場上的沙（堀內喜春）

為治安工作　前仆後繼的士兵　如今安在？
只剩三四十具　遺骨在哭泣（加藤鐶）

友人來信　匪賊討伐　充滿挑戰之趣
戰場之友　心有戚戚焉（秋川十四夫）

滿洲國的熱情　逐漸冷去
每天折損的士兵　大約四五名（谷鼎）

（太田青丘等選輯，《昭和萬葉集》卷三）

前述大多是針對滿洲國的匪賊討伐所詠的詩。詩中可以感受到吟詩者各自對於滿洲國的感受。其中共通的意識，就是對於應該是民族和諧、王道樂土的滿洲國，為何會成為不得不「互相殺戮、相互憎恨」之地的疑惑。

不過，若轉換角度，站在反滿抗日的立場，心中所想的，恐怕是「為何我必須要過著被奪走家門土地，流離失所的日子？」這種憤怒恐怕正是誘導他們拿起槍桿子反抗的主因。對於反滿抗日的人們而言，所謂的王道國家滿洲國，在他們心中的定位，或許可以用一九三六年四月二十六日東北人民革命軍第四軍的宣傳資料加以說明。

〈抗日救國告群眾書〉

工、農、商、學各界同胞們！

這五年來，在日賊的統治之下，我們父母兄弟不知幾人遭到殘害。我們的妻姊妹嫂不知幾人遭到姦淫，或者受迫淪為妓女。我們的房舍不知有多少遭到焚毀。我們的土地證明書及槍砲不知有多少遭到沒收。諸如此類，罄竹難書。我民族之工商人士不知有多少因此破產。

中國人每日都有人遭到屠殺，流放大江，燒死、活埋、勒死、監禁致死等，不計其數。另外還有更多的人窮死、凍死、餓死。日賊惡行不只如此，還徵召中國人，令中國人互相殘殺，更有甚者，將集團部落一網打盡地整個屠村。（滿洲國軍政部軍事調查部編，《滿洲共產匪之研究》，一九三七年）

對於這些日本人的行為，恐怕也不須在此詳述了吧。不過，最後所提及的，對於集團部落「一網打盡地整個屠村」又是什麼意思呢？所謂的集團部落，是強制將分散的住戶集中在一區加以管制，阻絕居民與「匪賊」之間的聯繫，斷絕居民與「匪賊」間食物、武器彈藥及情報的流通，同時作為討伐隊的據點。集團部落是隨著非居住區的劃分與集住工作的進行而規劃的，其外圍挖有壕溝，內圍有高達三公尺左右的土牆，四周設有瞭望台與砲台，且只能由規定的四個門進出。十二歲以上居民必須強制捺指紋，出入時也必須攜帶居住證、通行許可證及購買攜帶物品許可證等。部落內設有警察派出所及村公署，常備有十名以上的武裝警察進行監視。部落會組織青壯年男女組成自衛團，進行軍事訓練之外，也協助道路、通信設施等修築的勞務。村落另設有告發「通匪」者的獎金制度，讓當地居民互相監視。這就是滿洲國政府所提倡的「王道小社會」的實態。集團部落其實就是類似要塞或者軍營之類的區域。這類集團部落由間島省開始，設置於吉林、龍江、安東、奉天各省，但因其居住條件十分惡劣，因此有人仿照馬廄的稱呼將集團部落的住宅稱為「人廄」。為了將居民強制移居至集團部落，必須強迫農民離開長年居住的住家及土地，這對這些居民而言十分痛苦。就連記錄集團部落建設之正當性的《滿洲國史：各論》都不得不記下「當工作班受命燒毀農家時，老幼婦女無不痛哭流涕，甚至有人不顧勸阻衝進火海搶救家具，可見其斷腸與心碎」之類的文字。

與集團部落建設配套的另一個治安維護工作，就是保甲制度。「先以十戶組成最小單位的牌，在家村或者同等定位的行政區域內的牌組成甲，再以甲組成一個由警察單位負責統轄的單位保」（民政部警務司，《保甲制度論》，一九三六年）。市街區大概是十個牌組成一個甲，同一個牌單位內的居民有連帶責任，若其中出現影響治安的犯行，整個牌都須受到連帶處分，並繳付連坐罰金。不過，為了防範於未然，若提早向警察通報牌內違反治安的情事，則可以獲得連坐金的減免。保甲中十八歲以上未滿四十歲的男子，必須組成自衛團，分擔警察機能並肩負自衛任務。保甲制度在全國實施，一九三五年底保的數量為一千四百五十八，牌的數量則超過四十四萬。（永井定，〈保甲制度的現在及將來〉，《滿洲行政》，一九三六年十一月號）。保甲制度毫無疑問的是讓居民相互監視，以達到維持治安的目的及鎮壓反滿抗日分子的手段。

集團部落建設及保甲制度（一九三七年之後改為街村制）的實施，讓滿洲國從行政體系的末端都成了一具對抗反滿抗日活動的有機體，也讓國家整體成為一個巨大的軍營。就行政組織而言，滿洲國的實態正是個軍營國家。或者說，為了成為一個王道國家或道義國家，因此容不下反對的聲音，必須除之而後快，為了達到此目的，而讓人民互相監視。這儼然是黑格爾《法哲學》中所述及的「槳輪船國家」的型態。

滿洲國雖然高唱道義仁愛及法治，但軍隊和警察卻具有「臨陣格殺」的權限。亦即，面對「盜匪」時，「得依當下的情勢判斷」，直接格殺。也就是說，當判斷對方與滿洲國敵對時，當場就能加以殺害。這個「臨陣格殺」的權責，規定於建國後一九三二年九月制定的《暫行懲治盜匪法》之中，然而，這個權限在《暫行懲治盜匪法》於一九四一年被《治安維持法》取代之後，仍然「暫具效力」，直至滿洲國滅亡。滿洲國大量制定法律，誇示其法治國家的另一面，正是這種搬弄法律的「法匪」面孔。這也是滿洲國無法真正依據法治主義的原理治國的表現，空有王道國家的理想，實際上卻與法治理想背道而馳。

集團部落及保甲制度正是為了對抗反滿抗日的勢力而誕生的制度，滿洲國也在往防禦化的軍營國家靠攏。隨著中日戰爭的長期化，以及張鼓峰事件（一九三八年）、諾門罕戰役（一九三九年）等衝突後，與蘇聯、蒙古的國境之間情勢逐漸緊張，滿洲國也將國內的戰爭動員層級拉高，進入所謂的戰時體制。

一九三七年，在產業開發五年計劃的推行下，關東軍定調滿洲國的「組織運作趨近戰時標準，於最短時間內迅速於物質與精神上進行備戰，指導人民進入臨戰體制」（《自昭和一一年度至一六年度　滿洲國戰爭準備指導計劃》），並從此年度開始逐步實施募兵制。一九四〇年四月公布《國民兵法》，改採徵兵制，目標為「改善國軍之素質與訓練人民之中堅分子」（國民兵法事務局，《國兵法要覽》，一九四〇年）。《國民兵法》公布後，被徵兵的中國人的訓練重點在於擔任治安維持時的演練，同時灌輸對部隊及滿洲國的忠誠心。

至此，滿洲國政府高唱人民總服役主義，若壯丁男子無法服兵役者，則受到一九四二年十一月公布的《國民勤勞奉公法》之規範，服國家勞役。這個仿照納粹的國民勤勞奉公制度（Arbeitsdienst）的法規之目的為：「令帝國青年投入高度國防國家建設事業……發揚其對國家奉公之觀念，以邁向建國之理想。」（《國民勤勞奉公法》，第一條）。國民自十九歲起於三年間必須要盡到累計服務國家達到十二個月的義務。如此一來，「軍營若為國民鍊成之場，則有必要成為訓練之道場，並對具有此義務之國民進行訓練」（高橋源一，《大軍需廠滿洲國》，一九四四年）。在徵兵制及勤勞奉公制的雙重體制下，「國民鍊成」如火如荼地展開，同時也試圖強化國民對國家的忠誠思想。

可是，對於被《國民兵法》所徵集的中國人而言，滿洲國與必須守護的國家認同之間的距離實在過於遙遠，而且「討伐」的「匪賊」幾乎都是身邊的同胞。士氣當然十分低迷，逃兵者也不在少數。再加上，對於被迫以生產成本五成以下的定價提供糧食的農民而言，每年三個月的勤勞奉公時間實在過於漫長，難有心力配合。因此逃避勞役、不願報到的例子隨處可見，動員十分困難。為了對應這種情形，滿洲國試圖整體掌握「國民」的狀況，於一九四四年一月開始實施國民手冊的政策，年滿十五歲以上的男子必須按捺十指指紋。

試圖「把握帝國總體戰力的人力資源，並作為帝國人民的身分證明之用，以順利推行國政並確立勤勞動員之體制」（《國民手帳法》，第一條）。

滿洲國積極以《國民兵法》、《國民勤勞奉公法》推動的「國民總服役」動員以及透過國民手帳法所推動的「國民」身分證明制度，皆是為了建設一個能夠全力動員「國民」的高度國防國家。不過在滿洲國政府全力指導下的這個國度，卻其實沒有一個人是真正的滿洲國「國民」。

為何這麼說呢？因為雖然有過許多草案與討論，不過滿洲國一直到最後都沒有制定國籍法。若分析留下來的法案草案，可知未制定的原因，並非立法有難度或技術上的問題。我個人認為，阻礙國籍法制定最大的原因，在於滿洲國雖然號稱民族和諧的王道國家，但在滿日本人心中卻還是堅持抗拒放棄日本國籍的緣故。

王道樂土滿洲國，最後只好不得不成為一個沒有任何一個國民存在的軍營國家。

◆奇美拉的死滅

民族協和、安居樂業、王道樂土的滿洲國，就這麼成了民族差別、強制收奪、軍營國家的滿洲國。而且，此國家還是個國民不存在的複合民族國家，如馬賽克般模糊的國家。或者說，滿洲國只是個空有支配機構與統治組織的裝置國家。

不過，就算滿洲國是以支配機構進行國家形塑，在國民統合上的成效不彰，但並不表示其對國民統合或者國民形塑就漠不關心。或者應該說正因為缺乏國民統合的事實顯而易見，因此必須投入百分之一百二十的精力強制執行同化政策。不過其同化政策的最高標設定卻非皇帝溥儀，而是日本天皇。況且就連皇帝溥儀本身也歸依了天照大神及日本天皇，再加上滿洲國的國本已經定位為唯一神道，因此就算給國家成員同化的選擇對象，也不可能產生其他選項。

於是，變身為獅頭羊身的奇美拉——雖然九成都是日本血統——開始強迫自己邁向自我內部同化之路。

一九三七年，滿洲國公布學制，其中關於語言教育的基本方針為「基於日滿一心一德之精神，重視日語，為滿洲國語之一」。日語因此與滿語（在滿洲國禁止使用中文、中國人之類的用語，中文一律稱為滿洲語）、蒙古語並列為滿洲國的國語，且為滿洲國內所有地區必須優先修習的第一國語。即使在滿洲國的日本人未超過百分之三，還是訂下了「於任何學校皆必須學習日語，並以日語為將來滿洲國的共通語言」（滿洲日日新聞社，《昭和十五年版 滿洲年鑑》）的目標。

語言之外的另一個面向是宗教。滿洲國的人民被強制信奉連日本人都未必理解的惟神道。一九四五年為止，境內建立了二百九十五座神社供參拜，通過時還必須強制脫帽並致上最敬禮。各學校的校庭也搭建了建國神廟、建國鐘靈廟等，早晚皆須參拜。此外還有模仿天皇制的學校活動，校內設有奉安殿供奉皇帝的照片及詔書，火災時必須犧牲自己的生命守護，可說是一種擬似的天皇制。在日本與英美開戰的一九四二年十二月八日，國務院以布告第十七號公布了〈國民訓〉的制定。此〈國民訓〉的內容如下：

◎國民應崇敬建國之淵源，惟神道之天照大神，對皇帝陛下盡忠

◎國民應以忠孝仁義為本，建設民族協和之道義國家

◎國民應勤勞奉公，廣公益，鄰保相親，砥礪事業，以求國運昌隆

◎國民應剛毅自立，重廉恥尊禮讓，以顯揚國風

◎國民應全力以赴，實現建國之理想，往大東亞共榮之目標邁進

這訓辭明顯與一九四〇年《國本奠定詔書》相仿，都將滿洲國的國本設定為神道教，

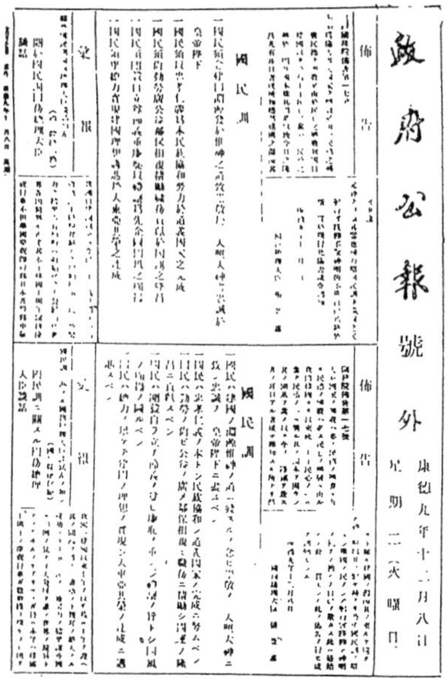
政府公報 號外

康德九年十二月八日 星期二（火曜日）

佈告

國民訓

刊載於《滿洲帝國政府公報》
（一九四二年十二月八日）的〈國民訓〉。

強制滿洲國民接受日本神話，信奉天照大神。這與日本內地的〈教育敕語〉及一九三七年於朝鮮制定的〈皇國臣民誓詞〉是近似的事物。滿洲國〈國民訓〉於學校的操作如下：首先升起滿洲國旗（有些學校也會升起太陽旗），遙拜建國神廟、宮城、帝宮，祈求皇軍的武運長久及弔念戰歿英靈的安息，接著由校長致詞，內容主要為〈國民訓〉的朗誦與訓話，若訓話之中出現皇帝陛下、天皇陛下等語詞時，教師及全體學生都必須立正，訓話結束後則進行建國體操。

滿洲國軍也在日本人軍事顧問的指導下，進行類似的典禮儀式。首先遙拜建國神廟及宮城、帝宮，之後為皇軍祈福，和日本一樣朗誦由大元帥（皇帝）所公布的〈軍人敕諭〉及〈國民訓〉。對於這些儀式的運作，就連盡量不批判關東軍的溥儀之弟溥傑都忍不住激憤抱怨道：「誠惶誠恐恭迎天照大神……這種禱詞可以不要嗎？而且若沒背熟，馬上就遭到毆打，實在是太粗暴了！」（愛新覺羅浩，《「流轉王妃」的昭和史》）就連畢業於日本陸軍士官學校、晉升陸軍大學的溥傑都對於這種儀式感到痛苦，可以想見對於不懂日文的一般士兵，更是一種折騰。

另外，對於一般民眾，日本人的憲兵或者警察也常在各地抓人詢問「你是什麼人？」若不回答「滿洲國人」或者「滿人」的話，往往會被痛毆一頓。

那麼，這種近乎強迫式的「國民」意識的灌注，到底有沒有效果呢？一九四五年八月十七日，即滿洲國解體的那一天，建國大學的朝鮮民族學生與中國人學生前往助教授西元宗助處道別，臨別時也說出了他們的感受：

朝鮮民族學生：「老師您知道嗎？除了出身濟州島的一、二個人之外，我們建大（建國大學）的朝鮮系學生幾乎都有加入朝鮮民族獨立運動的集會結社。我們認為在朝鮮真正脫離日本的統治後，日韓才有可能真正互相提攜。我們要回去朝鮮，為了祖國的獨立與重建奮鬥。」

中國人學生：「老師，我們每天早上都在建大進行遙拜東方的儀式。您知道當時我們心中想的是什麼嗎？我們想的是日本的『要敗』。遙拜之後是默禱，默禱在我們心中想是『磨刀』，磨一把打倒日本帝國主義的刀。因為在中文裡，默禱跟磨刀發音類似，遙拜與要敗也是發音相近。老師，我們有感受到您的善意，因此對您感到不好意思。不過，無論老師您對我們多麼具有善意……還是改變不了滿洲國是日本帝國主義傀儡政權的真相，這是個遺憾的事實。」（湯治萬藏編，《建國大學年表》）。

在八月十八日滿洲國發布解體宣言前，奇美拉早已死去。首先失去生命機能壞死的部位，就在其中樞。

西元宗助回想道：「聽了學生這麼說，我似乎聽到『建國大學』無情崩解的聲音。」（同前）確實，以建國大學為滿洲國培育「楨幹棟樑之材」（〈朕賜建國大學之詔書〉，一九三八年五月）的觀點而言，建國大學所砥礪的卻是一心盼望滿洲國瓦解及日本帝國失敗的學生思想，可謂教育的徹底失敗。但若從「體會建國精神的精隨，攻究學問的奧秘，培育身體力行實踐道義世界的先驅指導者人才」的建國大學的興學角度觀之，朝鮮民族學生所說的話，才是真正體會了民族和諧的道理，並身體力行的實踐者。換句話說，建國大學確實成功地培育了這樣的學生，建國大學「無情瓦解」的這一刻，也許正是證明建國大學的教育成功的時刻。

另外，中國人學生百感交集所說的話——「無論多麼具有善意……還是改變不了滿洲國是日本帝國主義傀儡政權的真相，這是個遺憾的事實」——不正說明了滿洲國的實質面貌嗎？同時，也是為奇美拉送葬最貼切的祭禱文。

但即便如此，如本書在序章時所述，無論是戰後還是一直到現在，認同林房雄所說「亞洲的歷史不會同意用西洋政治學的角度認定滿洲國是個傀儡國家」的觀點的人，依舊不在少數。不只戰後，戰前也有認為滿洲國絕非日本的傀儡國家，用西洋的政治學概念無法解釋日滿關係的看法。這類看法大多強調滿洲國作為一個獨立國家的正當性與日滿關係的特殊性。例如，不同意「支那總說滿洲國是日本的傀儡，也就是說對日本不具獨立地位」（金崎賢，〈取代三位一體制之物〉，《外交時報》，一九三四年八月十五日號）這種看法的金崎賢，對於日滿關係的解釋如下：

日滿關係原本就是歐美未曾見過之例子。就如歐美的政治學無法套用在滿洲國的王道政治上一樣，歐美的國際法也無法規範皇道國與王道國的合作，且原本就沒有必要。我等進行的是扶助歐美的政治學無法解釋的王道政治國家，彼此的關係是以王道為基礎，而非以法律為基礎，因此並非歐美的國際法可以規範的關係。

原來如此，依照金崎所主張的，誕生於歐美社會的政治學及法律學並無法適用於所有社會體制，強迫大家接受的態度是一種知識的傲慢，是一種知識的帝國主義。不過，若日滿關係真的是基於新的政治理念所創造出的獨特國際關係，那就應該提出足以說服歐美的概念體系來跟歐美的思想對抗。沒有做出這樣的努力卻一味強調「亞洲的歷史不會同意用西洋政治學的角度認定滿洲國是個傀儡國家」，難道不也是一種知識的傲慢，和另一種變形的知識帝國主義嗎？而且，不准將滿洲國視為傀儡國家的「亞洲歷史」，到底是哪裡的、怎樣的歷史呢？在這個歷史之中，不也包含了一直指責滿洲國是傀儡國家的中華民國，以及三十幾萬反滿抗日軍，或者是前述建國大學的中國人學生的歷史嗎？每次提到亞洲，日本人總是拿來當作欺瞞的擋箭牌。如果不打算再讓自己進退兩難，在這個二十一世紀的今後，希望日本人不要再拿「亞洲」當成冠冕堂皇的理由，再次自欺欺人了。讀完這本書的人，對於奇美拉的實相應該多能加以掌握，對於其到底是否為傀儡國家這一點，也沒必要再鑽牛角尖了。在此另外提出一份史料，即關東軍司令官催促駒井德三出任總務長官時所說的話：「搞出了一個傀儡國家，卻就這麼逃掉，會不會太卑鄙了？」（駒井，《大滿洲國建設錄》）在一手促成滿洲國成立的一名當事者的心中，滿洲國原本就是個不折不扣的傀儡政權。記錄這個對話的《大滿洲國建設錄》於一九三三年由中央公論社刊行，可見，對於日本人而言，這同樣是個共識。

關於這個部分，在此想再提出關於日本人的「善意」的問題。在本書中也提起過許多次，無論是否對滿洲國的理想產生共鳴，我想這些努力讓滿洲國存在的日本人原本應該並非帶著「惡意」參與這個事業。也許這是我身為日本人的偏見，但我認為這些參與的人，應該都是基於「善意」的出發點。同時，對於本身的「善意」以及與「現實」的差距，也絕非渾然不覺。曾任總務廳次長的古海忠之在其建國十年以來的統治經驗中，如此憶述道：

站在這個國家的指導者立場，確實能感到位居中樞的日本人所面臨的「善意的惡政」的考驗。亦即，用日本的意識、性格、方法企劃執行的結果，卻往往走向失敗。（古海，〈建設十年的回顧與將來的展望〉，《滿洲建國側面史》）

即使察覺到惡政與失敗的事實，卻因為出於「善意」之故，仍舊堅持日本的行政比滿洲還要來得優越，而從未檢討改善。這種因為出自於「善意」而將滿洲國的統治正當化的論調，到了戰後仍然根深蒂固。例如，高工太平對於當時的生活，以如下的方式做結論：「滿洲國的政治對居民並非不好，只是在行政上欠缺同理心」，「尤其是法規的任意制定，讓滿洲人對於無法法治化的狀況感到不滿，甚至以『法匪』稱呼日系官吏，對於殖民地行政的不熟悉，成為日本人善意的過失」（高宮太平，《順逆的昭和史》）。

「善意的惡政」或曰「善意的過失」——是否因為出自於「善意」，一切就能獲得赦免？關於這方面值得探討的部分還很多。在此僅引用溥儀在其自傳中引用《尚書》的一文加以思考。

天作孽猶可活，自作孽不可活

自己造的孽，無論是出於怎樣的「善意」，終究無法逃開。

最後，這個曾經存在、卻消失解體的滿洲國，應該如何定位其在歷史上的意義呢？滿洲國，伊藤武雄以「幻造國家」稱之，這個近代日本所創造出來的人造國家，原本應是某種烏托邦的理想，卻以最慘烈的現實之姿誕生。打著王道樂土與民族協和的大旗，混亂日本人的道德感，麻痺自我對於其他人種的感受性，是不可遺忘的錯誤。如滿洲國最後的總務長官武步六藏最後所不經意說出口的心聲，「滿洲國，其實只是陸軍的機密費罷了」（武藤富男，〈寄託滿洲國的夢〉，《思想的科學》，一九六三年十二月號），也就是說，滿洲國說穿了恐怕只是陸軍機密預算下的產物。或者應該說，近代日本的歷史，從日清戰爭、日俄戰爭到太平洋戰爭這一連串的趨勢中，這都是個顯而易見的事實。或者說，滿洲國是日本與中國、蘇俄等鄰國之間關係下的一種凝縮的產物。又或者說，在兩次世界大戰之間，在共產主義正獲得極大共鳴的時代，滿洲國才獲得孕育出生的養分。也就是說，滿洲國與二十世紀的各種課題，如世界大戰、革命、民族、亞洲、自壓迫中解放等問題環環相扣，息息相關。由這個角度思考，探討滿洲國的問題，就等於探討了近代日本的問題，也等於探討了二十世紀這個時代的問題。

奇美拉，十三年五個月的生命，就這樣隨著「帝國日本」一同幻滅了。

雖說歷史並不能以成敗加以下定論，但若如石原莞爾所言，領有滿洲是「日本唯一之活路」這一點，恐怕存有很大爭議。但若說滿洲國建國是引導日本邁向滅亡的導火線，應該毋庸置疑。

無論如何，滿洲國的一生，在中國東北這片大地上吸取無窮的養分，並不時轉變其形貌，與東北大地這個母體同生共死。希臘神話之中的奇美拉，正是口中噴著火焰，焚毀大地，掠奪家畜而去的怪物。

同時，奇美拉這個詞在歐美之中的意思，也指幻想及奇怪之意。只是，這個奇怪的幻想（奇美拉），卻造成許多人的悲慘一生，受到命運無情的捉弄。

「事過境遷，所有幻想皆消逝」，日本作家萩原朔太郎這句歌詞，唱出往事茫茫如雲煙的空虛。活在滿洲國那個時代的人大多數都已入土，不在世上。一九四五年，蘇俄對日宣戰，加速了滿洲國的滅亡，四十六年後的今天，蘇俄也隨著共產主義這個幻想，消失在世界上。歲月仍舊不停流轉，一個世紀結束，新的世紀來臨。

但那些失去國家、失去生命的事實從未消失。能輕易忘記這些過去的人，或許代表對於自己對他人造成過的痛苦過於無所謂、過於沒有感覺的緣故。

集結人民的夢想與希望、罪業與憤怒、悲慘與苦痛、吸取人民血汗淚水的滿洲國，就這樣，消失了。

走過那段傷痛的歷史，中國東北的大地，如今依舊乘載著生活在那片土地上的人民的喜怒哀樂，持續往前走，走向無窮無盡的悠久時空……。

後記

距今明明已經二十年以上了，但當時所受的衝擊，至今仍然時而強烈、時而微弱地觸動著我的心。

——那天晚上，如平常般在課堂結束後，照例到長尾龍一[1]老師的家中小坐。應該是那天講課的主題「大亞細亞主義」的延續吧，老師從書架上拿了一本《笠木良明遺芳錄》。剛入大學沒多久的我，背景知識跟讀解能力都不足，自然無法讀通書中的道理。只是，當時書中強烈的怒氣與文章的壓迫感，至今仍令我印象深刻。當然，當時的印象並未在我的心中增幅放大，只是對於這種從未接觸過的文章，感到衝擊罷了。《笠木良明儀芳錄》之中所收錄的文章，可見到一個知識分子對一個時代燃燒理想的憧憬與追慕，以及被放逐後直轉而下的憤慨與憂傷，這些情感，在書中皆毫無保留地散發出來。這是我當時對這本著作的直接感受。

也許，再晚個幾年讀到這本書，書中的情緒就會被我當成世上的常態，變得不值一提。

1〔編註〕長尾龍一（1938-），日本法學家、哲學家，專攻法哲學、政治思想史、憲法思想史。

也就是說，當年的我只是因為太過年輕，在無知與無經驗之下，對於那樣的情緒過度反應而已。只是，當年讀到的笠木人生中的那個滿洲國，在那天晚上卻已經成了一個難以接近的形象，也成了一個一接近就將被其黑暗所吞噬的惡夢。我雖然感到畏懼，卻開始不停地涉獵有關滿洲國的書籍，但卻總有種「好像不太對」的感覺。相關書籍的描述總有種隔靴搔癢之感，更重要的是，與當年笠木的書所帶給我的印象並不相符。

一九六八年的準備會之後，我開始加入京都大學人文科學研究所山本有造教授的「『滿洲國』研究」會。對我而言這是我正式面對那片黑暗或者說是惡夢的開始。在研究會之中，我受到了山本教授、古屋哲夫、西村成雄、副島昭一、井村哲郎、岡田英樹、水野直樹、松野周治、松本俊郎、村田裕子、奧村弘、西澤泰彥、安冨步等各領域學有專攻的學者啟發甚多。共同研究會一直持續到一九九二年三月，這段期間，雖然仍舊模糊，但我對滿洲國的輪廓，已經感到似乎逐漸浮現。

這段期間，一九八七年這年，我到美國的哈佛大學燕京研究所漫讀史料的過程中，對滿洲國逐漸浮現出了奇美拉這個形象。回國後，頻繁與《中央公論》本誌的宮一穗氏見面談論我對於滿洲國相關書籍的感想，未久，宮一便敏銳地幫我將滿洲國具體形象開闢了一條坦途。而我只是順著那條路去書寫而已。當時的所寫的文章為〈閱讀最後的《滿洲國》風潮之感〉（《中央公論》，一九八九年六月）。我的這篇拙文於國內外的褒貶不一，光是拋出形象似乎十分不夠。猶豫到最後，宮氏一句話，「不先下筆，什麼也不會開始」，讓我下定了決心。寫書的過程則受到中公新書編輯部長早川幸彥先生的幫助甚多。

答應執筆之後，我前往剛發生天安門事件不久的中國，在培養中國人對日研究者的北京日本學研究中心客座，一邊教課，一邊收集史料，同時和研究朝鮮民俗的研究者野村伸一先生一同前往中國東北，開闊了我實際接觸到中國東北以及朝鮮民族的體驗。一九九〇年初春，回國後的我開始準備執筆。原本打算以「一九九一年滿洲事變六十週年」為書寫斷限，卻怎麼樣也寫不出來。就像失了神般，拿著鉛筆卻一個字也寫不出來的日子，持續了好一陣子。在早川先生的敦促下，還是於一九九二年三月交出了本書至第二章為止的原稿。原本以為有個起頭就能較為順利，沒想到又嘎然而止。寫一節比寫一篇論文還來得痛苦。

對於滿洲國的書寫，我一直有所忌諱。關於滿洲國，曾經有比現存的史料多數百甚至數千倍的史料遭到焚毀，在回憶錄之外，還有無數遭受遺忘的沉默聲音，深深埋藏著滿洲國的真相。每每思索至此，不禁深感空虛——面對這樣的不安，我不知有過多少次想要放棄的念頭，幸好早川先生總是在背後給予鼓勵，讓我能堅持下去。回想起來，早川先生真是不簡單，每次聽到我對滿洲國的抱怨，總能給我正面的回應與指示，他的耐心可說是本書的幕後功臣。

或許，試圖用奇美拉勾勒滿洲國形象的意圖，也不過是異種嵌合的幻想罷了。但說真的，這已是我的極限。另外，雖然（原）副書名為《滿洲國的肖像》，但我恐怕還是僅能寫下我僅知的部分。對於那些打造出滿洲國以及生活在滿洲國中的人而言，滿洲國真正的意義到底是什麼？我恐怕仍難以窺探。唯一可以確定的是，滿洲國的真實樣貌，只憑日本人的觀點來看絕對不足。中國與朝鮮的角度同樣十分重要。只是，這個理所當然的事實，卻也是我最難以兼顧的部分。由中國人或朝鮮人的角度來看，我的論述恐怕仍舊充滿偏見，考察也過於偏頗吧。但我會將這些批判放在心上，今後朝向歷史和解與共有的目標邁進。

本書雖然是個人的著作，但卻需要仰賴前人的先行研究與意見才得以順利完成。本書受到的幫助，遠多於其他的著作甚多。首先，是「『滿洲國』研究」會的諸位先進，我受到您們的啟發不計其數，不過，本書並不代表此會的意見，當然，也無代表的資格。甚至可以說，有許多意見是與我相左的，這些都可以從參考文獻之中獲得參照。

另外，本書若沒有經過與編輯宮先生的討論，以及編輯部長早川先生的忍耐及誘導，同樣不可能付梓。十分感謝兩位的恩情。

一九八六年轉到現在的職場以來，感謝狹間直樹老師、吉川忠夫老師、小野和子老師、森時彥老師、石川禎浩老師，總是為我解答關於中國的許多外行問題，可惜我最後只能寫出如此程度的著作。我也要感謝研究所圖書室的工作人員，總是微笑地應付我不停調閱史料的要求。不只在史料上，日常生活中，給予我許多幫助，讓怠惰的我重新振作的友人們，源了圓、石田雄、島田虔次、松本三之介、飛鳥井雅道、G・馬格馬克、栗原健、松尾尊兌、岡田與好、樋口陽一、佐藤慎一、鈴木董、田中慎一、金子文夫、金子勝、平野健一郎、濱口裕子、涉谷由里、土屋英雄、岩崎隆二、廣岡守穗、柳澤遊、赤羽孝之、雄田俊郎、李廷江、張啟雄、馮瑋、賀躍夫（敬稱職稱略），同樣在此表達我深深的謝意。

最後，將本書獻給在母親因顱內出血臥床後，致力照顧母親的起居使其生活回到正軌的父親，盼雙親皆能身體安泰。

千言萬語，絮絮叨叨，謹此擱筆。

一九九三年五月　山室信一

補章

滿洲與滿洲國的歷史意義究竟為何？

如同本書（原）副書名「滿洲國的肖像」所示，本書主要是以政治學、法政思想史的觀點，述說滿洲國自形成國家後，經歷變遷、變化乃至滅亡的歷史過程。因此，對想要瞭解滿洲及滿洲國的歷史意義的讀者而言，包括建國前史、二戰後的問題，以及有關滿洲的印象等全貌，本書礙於篇幅所限，介紹的並不夠完整。

另外，本書屬於大眾知識圖書，讀者當然會期望本書可以導讀上述問題。所以本章使用一問一答的方式，對讀者可能產生的疑問進行簡單說明。例如：「滿洲與滿洲國歷史意義究竟為何？」等相關問題。另外，考量到閱讀的方便性，本章在引用史料時，語法呈現上會有所變化。

問題 1　滿洲既是地理名稱，也是民族名稱，究竟滿洲一詞的歷史由來和意義為何？

一九四五年以前，日本稱之為滿洲的地區住著女真族（或稱女直族）等民族。這些民族信奉佛教中掌管智慧、鎮守東方的曼殊室利、文殊師利，就是所謂的文殊（Manju）菩薩信仰。因此，日本開始使用漢字以後，就用同音的滿洲或滿殊表示文殊一詞。十七世紀初，建州女真的太祖努爾哈赤（姓愛新覺羅）統一建州、海西、野人等地的女真（女直）族，建立了國家，將其命名為「Manju Gurun」（滿洲國、滿殊國），民族名稱則改使用「jušě」或「Rûzhēn」等詞。不過明朝和朝鮮王朝等也用過「Aisin」（金、愛新）一詞當國號，所以努爾哈赤建立的國家國號也叫作金（大金）或後金。但用滿洲話來說的話，國號還是「Manju」。一六三六年，太宗皇太極將國號改為大清，從此「Manju」一詞代替了「Rûzhēn」成了這個民族的名稱，不再當國號使用。

這也是為何一九一一年的辛亥革命建立中華民國時，要以消滅滿族、恢復漢族主權為目標。革命軍為了推翻外族王朝清朝，高喊口號「滅滿興漢」。在這樣的歷史背景下，對漢族創建的中華民國而言，自然難以接受關東軍在征服王朝的發源地擁立滿洲族的溥儀為元首，而且還建立了滿洲國。不過最為有力的說法是日本歷史學者市村瓚次郎的偽造說。市村認為因為太宗改國號為大清，所以當時的日本歷史學界捨棄了國號大金、後金，並借用了太祖努爾哈赤的尊稱「滿住」來偽造滿洲這個國號（當時努爾哈赤被當成文殊〔Manju〕菩薩的化身）。所以在一九三二年時，沒有人把滿洲建國看作是女真族「滿洲國」（Manju Gurun）的東山再起。

問題 2 戰後日本不論是「滿州」還是「滿州國」都用「州」，但為什麼本書是用「滿洲」、「滿洲國」這個「洲」呢？

上個問題的回答中也有提到，原本「Manju」的漢字就是使用滿「洲」，所以本書不用滿「州」。加上水字旁其實還象徵著王朝的正統性。中國王朝以五行「金、木、水、火、土」

當作自身正統性的依據之一。清朝的前王朝「明朝」是象徵「火」的「火德」王朝；推翻明朝的清朝取水戰勝火之意，是象徵「水」的「水德」王朝。因此，王朝名稱的「清」以及民族名稱的「滿洲」都有水字旁。雖有一說指出加上水字旁是指地名，但在阿桂[1]等人奉旨編撰的《滿洲源流考》（一七七七年）一書中，就提到應當留意滿洲是部族名，絕非地名。清朝時也曾經把東部內蒙古以東、鴨綠江與圖們江以北、黑龍江以南一帶稱為滿洲，儘管這些在中國並非正式用法。

另外，十九世紀末的中國雖將上述地區稱作遼東、東三省、東北等等，但在一九〇七年，這些地區比照中國本土，由總督管轄，所以統稱東北或遼寧（因時代不同也叫作聖京、奉天）、吉林、黑龍江三個省份為東三省。由此可見，二十世紀只有日本人使用滿洲一詞，滿洲在中國不被當作地名。本書的正字標記依據這些歷史事實，並根據專有名詞和歷史名詞的由來與變革，將其標記為滿洲、滿洲國。

問題3　就歷史層面來看，日本對滿洲的認知為何？

古代時多叫滿洲為肅慎、高句麗、遼東、靺鞨。渤海於六九八年建國，建國的一百九十多年間，曾派遣三、四次渤海使節來日本。之後在日本人的認知中，受到遼、金、元等統治的地區就是滿洲。日本到了江戶時代，多叫滿洲為韃靼或山丹、黑龍、兀良哈等等。

居住在黑龍江流域的「Olcha」被稱為「Janta」、「Janta」用愛奴語來講就是「Santa」，即為山丹。傳說山丹人在樺太[2]等地和日本進行交易。山丹人從滿洲官人那裡取得中國製的官服、錦緞，經由愛奴人[3]傳入日本，所以這些服飾被叫作蝦夷錦，在當時被視為珍寶。此外，一六四四年十五名越前難民曾到盛京（今瀋陽）和北京，他們返國後的經歷被記錄成冊，名為《韃靼漂流記》。由此可知，山丹就是韃靼。

幕府命令林鵞峰[4]編撰《華夷變態》，此書整理了一六四四年明清改朝換代後的海外消息（鵞峰死後由其子鳳岡繼續編撰到一七二四年為止），從書中可窺見滿洲被當作地名使用的變遷經過。根據記載，一開始日本叫女真族為韃靼北虜，叫清朝為韃靼、韃虜。林家主張朱子學，自然認為提倡朱子學的明朝才是中華（鳳岡是第一代大學頭[5]），視清朝是韃靼、韃虜的夷狄。不過在一六八四年以後，中國人來到長崎，日本人從他們口中得知康熙帝的治世盛況，而有了「康熙帝的本土韃靼人」的用法出現。到了一六八七年則變成了

1〔編註〕阿桂（1717-1797），字廣廷，章佳氏，初為清滿洲正藍旗人，以平回部駐伊犁治事有功，改隸正白旗人。

2〔編註〕即庫頁島，俄語名為薩哈林島，是俄羅斯聯邦最大的島嶼，位於北太平洋，日本以北，緊鄰哈巴羅夫斯克邊疆區，屬於薩哈林州。

3〔編註〕愛奴為居住今北海道一帶的原住民，愛奴也稱蝦夷。

4〔編註〕林鵞峰（1618-1680），又名三郎、春勝、恕，字子和、之道，號春齋、鵞峰、向陽軒，日本江戶時代前期儒學學者。

5〔編註〕大學頭是江戶時期直屬幕府的教育機構——昌平坂學問所——的最高長官。

「康熙帝的本土滿洲」、「大清的本土滿洲」。滿洲取代韃靼成為地名，之後這個用法逐漸被傳承下來。

就地理位置而言，日本人具體上是如何看待滿洲的呢？如同一八〇四年日本學者近藤正齋（重藏）出版的《邊要分界圖考》中提到：「從西邊的樺太地方到滿洲山丹之境為止，從古至今無人知其地理……因為此處是極北的絕海、戎夷的巢窟，耳目而不得見聞之地。」近藤把滿洲當成未開拓的邊境，「戎夷的巢窟」也就是指野蠻人的居住地—邊界。不過，近藤不愧是戰前「滿洲地理學之開山始祖」，此書收錄的〈滿洲考〉一文中，廣蒐了中國和日本的史書，明確地指出韃靼、兀良哈等地與滿洲非同一地。

其後，一八一一年左右，日本天文學者高橋景保繪製的地圖——《日本邊界略圖》——把滿洲一帶標記為滿洲、盛京。一八三二年以後，德國旅行家、日本學家菲利普・法蘭茲・馮・西博德（Philipp Franz von Siebold）出版的《Nippon》轉載這個地圖，將滿洲音譯為「Mandsaheu」。另外，到了一八四〇年以後，日本人為了學習世界情勢，開始閱讀歐洲人著述的西洋地理書籍，這些書籍將該地標記為「Manchuria」，我們可以推測這也是為何日本覺得滿洲是地名的重要考據之一。

到了幕末，俄、美等國遠渡重洋到日本要求開國，日本人更加認為滿洲與日本的命運是密不可分的。譬如，提倡「日俄同盟論」的日本思想家橋本左內曾說：「不使山丹、滿洲、朝鮮國三處成為美洲或印度的領土難矣，情非所願。」吉田松陰[6]倡導遵守跟俄羅斯、美國簽訂的條約，他的主張非常有名。吉田認為：「養足國力，爭討易佔領的朝鮮、滿洲、支那等地，用朝鮮、滿洲兩地補償貿易上失於俄國之處。」從這些議論來看，或許可判定近代日本從幕末時期以來就一直企圖佔領朝鮮跟滿洲。想當然，在那個時期，這些都還只是紙上談兵的夢想罷了。

值得留意的是，幕末時期的朝鮮跟滿洲，已然成為與俄國、美國間的談判籌碼。

問題4　十七世紀中葉以後，這些地區被日本稱為滿洲，當時這些地區的情勢如何？

清朝入主北京後，把自己的發源地當成祖宗發祥的故鄉（龍興之地）、神聖的故居。為了保護這個地區，清朝在行政方面，將該地配置在特別的行政軍事機構——滿洲八旗（駐防滿洲）——底下，分派盛京將軍、吉林將軍等人掌管此地。他們採取了「封禁」滿洲的政策，禁止漢族及其他民族踏入、移民至此。但此「封禁」政策卻造成土地荒廢、人口減少，所以實際上不得不放寬政策限制。於十九世紀前期，漢族開始移居當地。

另一方面，十七世紀中期以後，俄國人沿著阿穆爾河（即黑龍江）南下，逼近清朝的北邊邊境，康熙帝出兵反擊。兩國於一六八九年簽訂《尼布楚條約》，劃定額爾古納河和

6〔編註〕吉田松陰（1830-1859），日本長州藩武士，江戶幕府末年的野心家，名列明治維新的精神領袖及理論奠基者。著作有《講孟余話》、《幽囚錄》、《留魂錄》。在井伊直弼鎮壓尊王攘夷派的「安政大獄」事件中，吉田松陰於一八五九年八月被解至江戶，之後遭處死。

外興安嶺為兩國的邊界。但俄國依舊持續實施南下政策，清朝又與俄國在一八五八年簽訂了《璦琿條約》，清朝被迫承認俄國領有黑龍江左岸及松花江的通航權等等。雖然清朝不承認該條約，但一八六〇年簽訂的《北京條約》不僅再次被迫承認俄國領有的疆界和權利，清朝甚至還把烏蘇里江東岸割讓給俄國。海參崴在滿洲語中意為小漁村，改名為「符拉迪沃斯托克」，即「征服東方」之意。俄國在佔領此地後，便以這個村落沿岸為首進行土地開發。

一八五八年第二次鴉片戰爭[7]，清朝和英國簽訂《天津條約》，牛莊被迫開港，外國在中國南方的權力也逐漸擴大。因此，也可以說十九世紀末中國東北成了亞洲最大的殖民地。

問題5 在俄國和英國進出中國時期，日本和滿洲的關聯是如何產生的呢？

日本人從一八八〇年代開始進駐滿洲。一九〇四年日俄戰爭時，駐在滿洲的日本人大約有三千人。日本於中日甲午戰爭獲勝，日清兩國簽訂了《馬關條約》[8]。日本相當重視清朝割讓遼東半島一事，因為從確保軍事戰略地的地政學角度來看，相較於取得移民用地，更重要的是透過割地才能掌握旅順港。

就日本來看，滿洲位在朝鮮半島旁邊，與其說日本與滿洲直接產生關聯，倒不如說是日本先意識到朝鮮半島在地政學上的重要性，接著注意到與朝鮮半島接壤的滿洲。山縣有朋[9]首相在一八九〇年第一會議上的演說中，提出了「主權線」、「利益線」的主張，正驗證了日本對滿洲的看法。這個主張基本上是由日本政治家井上毅所草擬。「主權線」意指國界，必須在國界設置可以行使自己影響力的區域，來保衛國境、遏止外敵的侵略，也必須保衛這個區域外的邊緣地區。山縣首相稱邊緣地區為「利益線」。換句話說，這個國防論的主張在於必須保衛這些國防上的空間。就他們的觀點而言，以地政學的角度來說，日本列島有著長長的國界，朝鮮半島宛如一把匕首從側腹插向日本，成了日本的致命傷，所以日本必須先確保朝鮮半島這條利益線。若侵略這把匕首的是中國和俄國，那中日戰爭和日俄戰爭自然是無可避免的戰爭。

事實上，日本經歷了這兩場戰爭，保有了朝鮮。接下來的目標就是位在朝鮮前方的滿洲，甚至包括蒙古，這就形成了「滿蒙生命線」。

像這樣一個接著一個，不斷地在國境前方建立勢力範圍，利益線論便油然而生。日本人被困在幾近強迫性的觀念當中，他們認為不那麼做，便得不到安全。當然，產生這個見

7〔編註〕為第一次鴉片戰爭的的延續，又稱英法聯軍之役，是一八五六年至一八六〇年九月英國與法國因清咸豐皇帝拒絕續簽《南京條約》，以亞羅號事件及廣西西林馬賴教案為導火線，組織英法聯軍進攻中國的戰爭。

8〔編註〕《馬關條約》為大清帝國與日本於一八九五年四月十七日在日本山口縣赤間關市簽署的條約，原名《馬關新約》，又稱《清日講和條約》，日本方面稱為《下關條約》或《日清講和條約》。中方代表為欽差頭等全權大臣李鴻章和欽差全權大臣李經方，日方代表為首相伊藤博文和外務大臣陸奧宗光。該條約的簽署，標誌著甲午戰爭的結束，並導致中國割讓臺灣予日本，造成往後五十年的臺灣日治時期。

解的癥結點還是在於一八九〇年，也就是山縣首相在第一議會進行演說的那一年。隔年的一八九一年，俄國著手建設西伯利亞橫斷鐵路一事對觸發此論點起了很大的作用。早在一八八七年，俄國興建西伯利亞鐵路的報導出現後，八月十二日的《朝野新聞》就道破了「這條鐵路將開拓西伯利亞，無須贅言，滿洲蒙古的北方將會成為繁華之地，然而俄國的主要目的不在於此，而是為了用兵便利」，換句話說，任誰都能預想得到建設這條鐵路，俄國帝政的軍事勢力將能夠更加輕易地拓展到遠東。在這之前，日本只以為日本海另一端的朝鮮半島前方有著一片未開發的荒涼土地——滿洲——而已。但隨著西伯利亞鐵路的開通，連位在鐵路背後的強大歐洲勢力都有可能衝向日本而來。俄國再兩週左右就能把軍隊人數世界第一的陸軍從歐洲運到太平洋海岸，也因此滿洲所具有的軍事意義大幅提升。

就算西伯利亞鐵路完成了，只要想到海參崴一到冬季就會結冰，那麼俄羅斯所帶來的威脅也減少了一半。換個角度想，更大的威脅是鋪設西伯利亞鐵路的俄羅斯為了尋求不凍港，南下滿洲尋求實質支配朝鮮半島、遼東半島的權利，進而獨佔日本海的制海權。俄羅斯以三國干涉迫使日本歸還遼東半島，一八九八年先獲得旅順、大連的租借權，並把西伯利亞鐵路增設到大連，進而開始建設大連港。日本因為迫切的威脅來襲，危機感大增。日本在一八九八年強制韓國鋪設連接首爾和釜山的京釜鐵路，正是為了對抗俄羅斯鋪設鐵路的南下政策所進行的北上政策。

問題6 俄國勢力進入滿洲與日俄戰爭的爆發之間有什麼因果關係呢？

滿洲的俄國勢力之所以會突然變成整個東亞世界的問題，主要是起因於一九〇〇年的義和團事件。也就是說，由於義和團運動擴散到了滿洲，因此造成連接哈爾濱與大連的鐵路有三分之二遭到了破壞，俄國便以修復鐵路與保護本國居民為由出兵攻打。即便一九〇一年中國與各國簽訂了《辛丑合約》，整個事件原本該告一段落，但俄國卻三度無視與清廷所簽訂的協定，拒絕撤兵，持續駐軍滿洲。俄國屯兵於位處朝鮮半島國界交接的滿洲，看在甲午戰爭後獲得朝鮮的日本眼裡，是一個令人無法坐視不管的危機。

針對這個問題，伊藤博文[10]與井上馨[11]等人認為，為了使俄國承認日本在韓國的優越權，日本要先承認俄國在滿洲的優越權，藉此劃定彼此的勢力範圍，這就是所謂的「滿韓交換論」、「日俄協商論」。不過，桂太郎[12]、小村壽太郎[13]、林董[14]等人認為，就算與俄國

9〔編註〕山縣有朋（1838-1922），長州藩下級武士出身。曾任日本內閣總理大臣（首相）、陸軍大將、元帥、元老。在日軍和日本政府中勢力龐大，號稱日本陸軍之父，開啟了長州藩軍人控制陸軍的習慣。

10〔編註〕伊藤博文（1841-1909），日本近代政治家，首任日本內閣總理大臣，明治維新元老。

11〔編註〕井上馨（1836-1915），明治維新元勳、九元老之一。政治家、實業家。明治、大正兩朝元老重臣，幕末以及明治時代時的活躍人物。

12〔編註〕桂太郎（1848-1913），長州藩出身，曾任臺灣日治時期第二任總督，後來三度出任日本內閣總理大臣，是日本有史以來任職時間最長的首相。

13〔編註〕小村壽太郎（1855-1911），日本明治時代的外交官。曾任外務大臣。

14〔編註〕林董（1850-1913），日本明治時期的外交官、政治家。曾任外務大臣、遞信大臣等職。

達成協議，也仍舊無法保證俄國不會南下。有鑑於此，所以這派人士主張為了確實達到預防效果，應該要找與俄國處於敵對狀態的英國合作，組成英日同盟，這樣才是真正有效的方法。後來在一九〇一年十二月的元老會議上，日本確立了締結英日同盟的方針。此外，就俄國的角度來看，一八九六年朝鮮國王高宗等人逃往首爾的俄國公使館避難，因此親俄派勢力逐漸增強。不只如此，俄國認為日本原本就沒有資格對俄國的在滿權益說三道四，而對於提供權益或是交換權益等事，日本更是沒有置喙空間，因此俄國完全沒把日本所提出的「滿韓交換論」等倡議放在眼中。

另一方面，變成懸案的滿洲問題，說到底仍舊是中國的領土。因此在發生了俄國出兵滿洲且在北滿國境區域屠殺大量中國人的事件，以及在事件結束後俄國拒絕撤兵等事，完全觸怒了中國人，並點燃了中國的民族主義之火。在日本的中國人留學生還主導、集結成「抗俄義勇隊」。中文漢字的「俄」，指的便是俄羅斯，也就是俄國。雖說這個運動主要訴求為用實力趕走俄國，但由於慈禧太后與光緒皇帝逃跑到西安，造成清廷在外交上的種種顧慮，最後清廷因為希望俄國能夠自動撤兵，反而倒過來牽制抗俄義勇隊的行動。種種情事，喚起了民眾對清廷的強大不信任感，也助長了反清革命運動的火苗。抗俄義勇隊後來化身成軍國民教育會，最後在一九〇五年時與孫文等人在東京成立的中國同盟會漸漸有了交集。如此一來，這片原本屬於清朝發源之地的滿洲大地，因為俄國相關問題的處理不當，而間接導致了清朝的滅亡。對創建清朝的滿洲人來說，滿洲就像是一個神聖故居般的存在，然而因為滿人已經離開家鄉將近二百七十年，且已漢化；而對漢人來說，滿洲原本就是一個遠離中原的關外之地，所以自然不會想要駐屯重兵於該地，這也是這個地方出現「亂流」的原因。

俄國出兵滿洲，以及對韓國虎視眈眈、持續進行滲透，加強自己影響力的動作，都讓日本的危機感不斷升高。在這樣的背景下，一旦一九〇四年西伯利亞鐵路開通，俄國就有辦法將大批軍隊從歐洲運往大連。再者，若俄國取得旅順與大連兩個不凍港，則勢必取代日本、奪走原本由日本掌控的制海權。如此一來，軍事力量懸殊的日本要將俄國勢力趕出滿洲的成功機率可說變得更加渺茫了。因為上述種種因素，本身陸軍人數只有二十四萬人的日本，即使面對的是人數差距懸殊的俄國二百零七萬陸軍，仍毅然決定搶在西伯利亞鐵道開通之前對俄國宣戰。

在日本進擊滿洲時，森鷗外[15]在其從軍詩歌集（《歌謠日記》，〈第二軍〉）寫到「鐵道到達北京之時　支那就要崩解　韓半島滅亡日亦不遠矣　我國焉能和平？」、「戰吧　與三百年來　跋扈囂張的露西亞開戰的時刻來了」，希望藉此鼓舞軍隊士氣。而透過這些作品，我們也能夠看出，俄國鐵路在東亞世界的鋪展，對於其他國家的心理造成了怎樣的影響。

15〔編註〕森鷗外（1862-1922），本名森林太郎，號鷗外，又別號觀潮樓主人、鷗外漁史。日本明治至大正年間小說家、評論家、翻譯家、醫學家、軍醫、官僚，也是日本二戰前與夏目漱石齊名的文豪。

問題7 日俄戰爭的結果，對於日本在滿洲的地位造成什麼樣的影響？

日本於日俄戰爭中獲得勝利後，根據《樸資茅斯條約》與《中日會議東三省事宜條約》[16]，接收了俄國在旅順、大連等關東州的租借權及南滿洲鐵道的經營權、附屬地租借權，開始著手建構統治滿洲的基礎。

可是，這個所謂的滿洲統治，卻誘發了新的國際紛爭。日本在日俄戰爭爆發的同時，一方面對清朝承諾會於戰爭結束後歸還滿洲，一方面也對歐美列強宣稱之後會開放滿洲，促進通商自由化，希望藉由這些動作獲得各國的支援與協助。然而，在《樸資茅斯條約》簽訂完成後，參謀總長兒玉源太郎[17]等人卻布達軍政，設置了由軍政署負責管轄的關東總督府，並凡事以軍事目的作為施政的最優先考量。如此一來，日本與清朝東三省當局，以及與美國、英國等國家，便開始不斷發生衝突。

對於此情勢，韓國統監伊藤博文主張門戶開放主義，並堅持應該要與列強協調，他在一九〇六年五月向首相西園寺公望提出決議案，建議召開滿洲問題協議會、逐漸廢除軍政、開放大連、並更改關東總督的名稱。兒玉等人認為戰後經營滿洲的唯一要訣就是「白天時戴上經營鐵路的假面，實際上在暗地裡執行各式各樣的建設」。因此他們認為確保日本在滿洲「排他且獨佔」的利權，是一個理所當然的前提。為此，伊藤博文表示：「兒玉參謀總長等人根本完全誤解了日本在滿洲的處境與地位。日本在滿洲的權利，除了依據合約從俄國手上接收過來的部分以外，根本是一無所有的……滿洲並不是我國的屬地。滿洲很單純的就是清朝的領土。」最後西園寺首相採用了伊藤的看法，進行處理應對。

然而，這個以尊重清朝主權為考量的滿洲開放政策，卻在一九〇七年與俄國簽訂協約時發生了政策大轉彎，最後演變成擴大、穩定化了日俄兩國統治滿蒙的基調。

也就是說，在一九〇七年七月第一次日俄協約的秘密協定中，日俄兩國相互承認朝鮮與外蒙古分別為兩國的特殊權益，也就是所謂的利益範圍劃分：南滿洲屬於日本，北滿洲屬於俄國。接著，在一九一〇年第二次日俄協約中，兩國為了維持滿洲現狀，並阻止美國勢力進入滿洲，又加入了強化保護鐵道權益的內容。

如此一來，這些由日俄兩國在滿洲主導的種種排他動作，引起了原本打算預防俄國南下所以和日本結盟的英國，以及在日俄戰爭中支援日本、企圖於戰後進入滿洲發展經濟的美國的強烈不滿與反彈。特別是美國鐵路大亨哈里曼，他原本計劃藉由購入滿洲鐵路，將企業版圖擴張至滿洲，所以一直很期待門戶開放政策的推動。日本選擇採取與俄國聯手，壟斷各國進入滿洲發展的政策，對美國而言，可說是一種背信行為。在一九〇九年提出滿

16〔編註〕《中日會議東三省事宜條約》是中國清朝政府和日本於一九〇五年簽訂的有關東三省的條約，日方稱為《滿洲善後條約》。在日俄《樸資茅斯條約》簽訂後不久，日本派外務大臣小村壽太郎來到中國，與清政府全權大臣慶親王奕劻、外務部尚書瞿鴻禨、直隸總督袁世凱交涉「東三省善後事宜」，於十二月二十二日正式簽訂該條約。通過此條約日本實際上將東三省南部納入其勢力範圍。

17〔編註〕兒玉源太郎（1852-1906），正二位勳一等功一級子爵（追封伯爵），長州藩的支藩德山藩出身，臺灣日治時期第四任總督。兒玉在總督任內，也在中央身兼數職（兼任日本內閣陸軍大臣、軍務大臣、文部大臣等職位），更領兵參與日俄戰爭，因此在臺灣的時間很短。

洲鐵路中立化提案、卻遭受日俄兩國拒絕的美國，就如同國務卿諾克斯所言，美國打算要像「用煙來熏趕」般的方式，將日本勢力逐出滿洲，以便美國經濟支配力得以浸透此地。換句話說，滿洲因為變成了美日兩國對立的舞台，而受到國際社會注目。美國人荷馬李[18]（Homer Lea）寫了《日美必戰論》，而日本國內也陸續出現像是《如果日美開戰的話》等，以日美開戰為幻想題材的小說。石原莞爾認為日美兩國必經一戰，因此佔有滿洲乃勢在必行，便是基於這些歷史脈絡下的考量。

此外，一九一一年辛亥革命後成立的中華民國，原本就對於清朝過去與列強締結條約，導致國家權益受損之事，一直耿耿於懷。而日本繼承的原本是俄國在旅順、大連的租借權，租借期好不容易要在一九一五年期滿，但日本反而又提出了《二十一條》，意圖將租借期限延展九十九年，這件事引起了中國人極大的反彈，並將之視為國恥，發起了抗日收復國權運動，中日關係也從此進入了極為嚴峻的對立狀態。關東軍對於這一連串抗日運動的應對也引發了九一八事變的爆發。

問題 8 在蘇聯成立之前，日本因為與俄國締約而成功地減輕了威脅，但為何日本最後仍不顧中國的強烈反對，執意要掌握滿洲呢？

雖然日本到一九一六年的第四次日俄協約為止，都一直企圖與俄國進行協調來擴大滿洲經營的版圖，但這並不代表日本與俄國的敵對關係就此解除。關於這一點，我們可以從一九〇七年日本初次制定的〈帝國國防方針〉中嗅出端倪。該方針指出：一旦有戰事發生，不允許在日本島國內作戰，唯有在海外採取攻勢，方可維護我國國防萬全。這段文字明白指出，日本一改長久以來的「國內防衛型守備方針」，企圖修改為外征導向的「前方進出型方針」，這同時也意味著滿洲將被日本當作國防的第一道防線。接著，該方針亦明確指出，作為日本將來首要假想敵的國家，應該是俄國，而美國、德國、法國等其他國家則排在次位。所以就這個觀點來說，滿洲成為了迎擊首要假想敵「俄國」的主戰場，而日本後來之所以會把美國視為敵人，也是因為和美國在滿洲發生了利權衝突。此外，國防所需的帝國軍備標準在於用兵方面。日本的兵力必須具備能夠取得東亞的能力，才得以與俄、美兩國相抗衡。因此日本便開始以凌駕俄、美兩國的兵力為目標來推動武裝軍備的發展。而為了強化武裝軍備，開發滿洲成了必要條件。也就是說，滿洲變成了日本發展國防的過程中，不可或缺的一塊極重要戰略用地。

然而，讓日本真正意識到能否確保滿洲將關係到國家存亡的一個重要契機，是第一次世界大戰。因為第一次世界大戰一改過往傳統的戰爭型態，所以帶給了日本很大的衝擊。人類在這場戰爭中體驗到何謂「總體戰」，一種新型態的戰爭。向來以戰史研究第一把交

18〔編註〕荷馬李（Homer Lea, 1876-1912），一九一二年擔任中華民國首席軍事顧問。同盟會會員。著有地緣政治學研究等書籍。

椅自居的石原莞爾確信，將來的戰爭將會變成要驅動「全國國民所有力量」的一種殲滅型持久戰。因此他認為生產力是能否與敵人對抗到最後一刻的關鍵所在。其中，對於當時的武器製造產業而言，生存的絕對條件在於保護最重要的資源——煤炭與鐵。而對於極度缺乏資源的日本來說，能夠穩定提供這些資源的，就只有滿洲而已，因此日本才會認為必須確保能夠排他且獨享在滿洲的利益。

就此層面來看，我認為總體戰體制對世界造成了極大的衝擊。對於在滿洲的日本來說，便是從那時踏入了另一個階段的吧。日俄戰爭後，擔任首任滿鐵總裁的後藤新平[19]，認為日本若要在未來的第二次日俄戰爭中獲勝，能否有效控制滿洲將會是一大重要課題。後藤新平曾在一九〇六年時，主張要將五十萬人移民至滿洲，經營滿鐵也是為了要達成這個移民目標、為了牽制俄國軍事行動所推動的政策。而在之後的一九〇九年，小村壽太郎外相所提倡的「滿韓移民集中論」，主張要從一九一〇年起的二十年間，將一百萬日本人送到滿蒙，基本上來說就是與後藤新平出於同樣的考量。當然，滿鐵的企業利益，以及作為大豆、高粱產地的滿洲所代表的意義也很重要。不過更加重要的是第一次世界大戰結束後，滿洲所擁有的撫順煤炭與鞍山製鐵場等戰略物資。換句話說，滿洲成為了一個擁有提供執行「總體戰」的物資提供地。日本早在一九一八年，也就是第一次世界大戰的戰爭期間，公布了《軍需工業動員法》，設置軍需局，以滿洲生產軍需資源為前提，由政府統合管理整個軍需產業。

不過，就算日本將滿洲視為提供戰鬥資源的基地，也不代表這個區域就應屬於日本。

還有另一派雖然同樣重視在滿洲的資源，但卻主張利用不同途徑來達成享用滿洲資源的目標，其代表人物便是石橋湛山。石橋認為與其費盡千辛萬苦去佔有滿洲，不如想辦法維持滿洲的通商貿易的順暢，如此一來便能確保穩定的資源來源，這就是所謂的「滿洲放棄論」。確實，比起花費龐大的成本去維持殖民地支配體系，若能讓各國進入該地進行共同開發的話，或許日本就能透過貿易的方式，將資源進口到國內，這或許是一個成本較低且能穩定長久發展的方法。只不過，持反論意見的人認為，若考慮到歐美國家的經濟霸權力量及貿易壁壘經濟等發生的可能性，就無法如此樂觀以對了。

事實上，一九四一年日本在進駐法屬印度支那時，美國就曾經中斷石油與鐵的出口，並聯合英國與荷蘭凍結日本的資產。雖然說這是美國針對日本軍事行動所採取的經濟制裁，但就此案例來看，只靠自由貿易來確保資源，確實是令人感到疑慮。若考量這個可能，然後再來觀察第一次世界大戰，田中義一與石原莞爾等人認為若無法將滿洲納為殖民領土的話，就無法保證能夠穩定擁有鐵與煤礦等資源，這是有其歷史上的前車之鑑的。只不過，必須要確保住滿洲，日本才得以生存的看法，在第一次世界大戰後的世界史中，其實只是從軍事觀點出發的可能選項之一，但若是完全忽略這一點的話，我想是無法完整討論滿洲問題的。

---

19 〔編註〕後藤新平（1857-1929），大日本帝國時期的政治家、醫師，曾任東京市第七屆市長、東京放送局（今日本放送協會）第一任總裁、拓殖大學第三屆校長、臺灣總督府民政長官，南滿鐵道會社首任社長、內務大臣和外務大臣、帝都復興院總裁。

問題9 第一次世界大戰對日本或滿洲造成的衝擊，只有總體戰嗎？

隨著第一次世界大戰發展出新型態的戰爭——總體戰——也讓戰後的國際秩序構造原理產生了變化，若是忽略了這一現象，我認為是無法完整掌握住二十世紀世界史潮流的。就這個層面來說，滿洲也因此有了重要的意義。換句話說，美國總統威爾遜所提倡的民族平等、民族自決原理，轉化成了在滿洲抗日運動或是收復國權運動的思想動力源。接著，威爾遜所提倡的民族自決思想，也促使了中國在一九一九年發生五四運動，此後為了對抗中國的民族主義思想，特別是作為對抗國民黨三民主義的部分，就如同本書前文中所言，是因為有了五族協和思想之故。

再者，對於朝鮮三一獨立運動後民族自決思想的高漲，若無法有效壓制抗日獨立運動發源地的滿洲與其國境交接地帶的話，則將危及日本在朝鮮的統治基礎。正是因為這樣的危機感，造成了朝鮮軍在九一八事變擅自跨越國境進行出兵。

此外，為了避免第一次世界大戰期間成立的蘇維埃政權與共產主義思想流入朝鮮或甚至是日本，滿洲還具備著「防波堤」的重要價值。也就是說，滿洲擁有作為防止赤化的前線戰略價值。如此一來，由第一次世界大戰所衍生出來且撼動二十世紀世界史的兩個中樞思想（意識形態）——民族自決思想與共產主義——便在滿洲國交鋒對上了。我想這也可以算是第一次世界大戰對於滿洲所造成的巨大衝擊與影響吧。

第一次世界大戰於開戰之初，原本預計是一場約四十日左右便能結束的戰爭，沒想到卻演變成一場長達四年的泥沼之戰，而且還讓各國投入了所有生產物資，最後甚至迫使戰場後方的婦人與小孩也必須加入戰爭行列。就此意義來看，第一次世界大戰的經驗，也是促使滿洲國往總動員體制之軍營國家方向發展的一個重要因素。

問題10 先不論日本政府或是軍部的政策性觀點，也不管從世界史的視角所見到的滿洲樣貌為何，對日本國民而言，滿洲的形象是如何被塑造出來以及發生轉變的呢？

一般認為日本人開始移居滿洲是在一八八〇年，從海參崴經過伯力最後再進入滿洲北部的。至於當時移居的人多半是「北方的唐行小姐」[20]，她們被叫作「娘子軍」、「醜業婦」、「藝娼妓」等等。

日本人開始正視滿洲，則是一八九〇年代以後的事了，而俄國開始開發滿洲，則是讓日本態度發生改變的一個契機。一八九七年俄國著手建蓋連接滿洲里、哈爾濱、綏芬河的東清鐵路，這條鐵路從一八九一年起，便與尚在建設中的西伯利亞鐵道接軌。此外，一八

20〔編註〕唐行小姐（日語：からゆきさん，唐行きさん）是十九世紀後半葉日本對前往中國、東南亞賣身的婦女的稱呼，亦有稱為「南洋姐」。唐指中國，雖然這些日本女性並不只前往中國，但是他們去的地方都是華僑較多之地。

九八年依據旅順、大連租借條約的內容，俄國被允許推動從哈爾濱到大連的鐵路建設。隨著鐵路建設的發達，還有一八九八年哈爾濱的都市建設，以及一八九九年由俄國人薩哈羅夫主導，開始在青泥窪一帶，建設一個叫作斯帕斯克達利尼（一九〇五年二月十一日後，日軍將該地改稱為大連）的港灣都市，俄國人對此感到自負，認為「沙皇恩寵野蠻的滿洲，犧牲良多，賜予其文明」。日本人後來接收了俄國人的建設成果，包括哈爾濱、大連以及串聯其中的南滿鐵路。

俄國全心投入滿洲開發之時，第一本向日本民眾推銷滿洲的著作，應該就是私自以勝海舟[21]為師的探險家小越平陸所寫的《滿洲旅行記》（一九〇一年）。小越平陸將他在哈爾濱（在滿洲話中意指曬魚網之地）所看到的都市建設，以及俄國人在東清鐵路沿線的開墾情況等所見所聞紀錄到作品中。之後在一九〇三年的時候，又有一本由戶水寬人所寫的見聞錄《東亞旅行談》。戶水寬人是一名羅馬法學者，他不但是主導日俄開戰、提出主戰論的東大七博士其中一人，更因為強烈主張要迫使俄國割讓貝加爾湖以東的土地，因此又被人稱做「貝加爾博士」。在他的遊記中，對滿洲是這樣敘述的：「今天還有非常多沒有開發的原野，如果將這些地方全部開發的話，就算只看農作物就好，滿洲也可說是一座世界上數一數二的大寶山……何況滿洲還蘊藏著極為豐富的礦產，因此只要能夠佔領滿洲的話，等於掌握了一座寶庫。」這本著作中將滿洲描述成一個「世界大寶山」、「資源大寶庫」，並向大眾提出日本應佔領此地的看法。

從此，滿洲是一座尚未開發的寶山一事便開始流傳於世，而日本政府也開始鼓勵民眾前往滿洲進行所謂的「農業移民」，而許多移民導覽的書籍也從這時開始陸續出版問世。其中一本刊行於一九一一年的《立身致富・海外渡航介紹》將包含南美在內的整個世界放入視野之中，討論日本成功移居海外各地的可能性。書中有一篇標題為〈作為一個國人發展地點的滿洲〉的文章，大力推薦滿洲是最適合日本人移居海外的一個地點：「物產豐饒的滿洲，確實是東洋的一塊大珍寶，是一座蘊藏無窮無盡天然物資的寶庫。每年增產五十萬人口的日本人，不用勉強跑到遙遠的南美或是南洋，近在咫尺處便有一個叫滿洲的地方。只有日本人能夠掌握滿洲這塊寶玉。」這個敘述打動日本人移居滿洲，進而解決國內的人口問題。

然而，一九三一年九一八事變爆發當時，關東州、鐵道附屬地、商埠地等處的在滿日本人人數總計有二十三萬。其中農業移民的人數卻不到一千人，由此可見這個所謂「世界大寶山」的形象，似乎對農業移民不太有吸引力。這自然是與當時的日本人對滿洲所抱持的印象有著密切關聯。例如，一九〇九年夏目漱石[22]受滿鐵總裁中村是公的招待到滿洲進行訪問後，以《滿韓漫遊》一作來描述其觀察。他描寫到中國人的勞動模樣，他們成群結

21〔編註〕勝海舟（1823-1899），日本幕末開明政治家，江戶幕府海軍負責人。曾留學美國學習海軍軍事。在坂本龍馬行刺他的時候說服坂本龍馬成為他的門生。當幕府崩潰前夕，任陸軍總裁，同討幕軍將領西鄉隆盛議和，使江戶和平開城。後在明治政府中任海軍卿等職，旋即辭職。

22〔編註〕夏目漱石（1867-1916），日本作家、評論家、英文學者，在日本近代文學史上享有極高地位，被稱為「國民大作家」。

隊、充滿了生命力，但卻像是「沒有舌頭的人類」般，默默地一直工作。他還寫到滿洲的「命運之影」同時蘊含著忍耐與活力。除此之外，就像夏目漱石在小說中描寫的一樣，這些從滿洲回到日本的人，給人一種不舒服之感，像是某種破滅型的人類。換句話說，夏目漱石認為滿洲雖然充滿開發中國家的「野性能量」，卻也同時是一個漠然的空間，讓人感到格格不入，難以形容。

儘管如此，給人尚未開發、充滿生命力印象的滿洲，換個角度，則是讓人產生對自由的遼闊平原的憧憬，這在日本是無法感受到的，甚至會讓人在腦海中自然浮現出「單手持槍於荒野上奔馳的馬賊」的畫面。當這些畫面浮現出來時，還會讓人不自覺地哼唱宮島郁芳作曲的《馬賊之歌》：「因為我會去，所以你也要去！」或是另一句名歌詞：「一回神時間已過　十餘年　現在已是滿洲大馬賊　在亞洲高嶺間　吆喝手下　數千人」等等。又如文學評論家池田龜鑑以池田芙蓉為筆名所寫下的少年小說《馬賊之歌》中的美少年馬賊插圖，我想這些都是極具影響力的作品。此外，日本首次於滿洲進行外景拍攝的電影，是從美國回到日本家鄉的小谷亨利所自導自演兼攝影的電影作品《夕陽之村》（一九二一年），內容描述一個為了馬賊而遭遇危難的日本旅行者，後來被頭目女兒出手相救的戀愛故事。而一九二五年造成大流行的《馬賊之歌》，後來改拍的電影由本山裕兒導演，高田稔主演，這部作品同樣是描述日本俊美的青年被馬賊捕捉，面臨生命危機時，被一見鍾情的頭目女兒所救的動作愛情催淚片。換句話說，雖然滿洲是一片馬賊猖獗的危險荒野，卻同時也是一片處處充滿了戀愛、浪漫、冒險的大地，就像美國西部片給人的印象一樣，那裡孕育著人們展翅高飛的夢想。

不僅如此，對日本人而言，滿洲還具有「聖地」的意義，因為滿洲是賭上日本國運的日俄戰爭主戰場。因為甲午戰爭的關係，日俄戰爭時的遼東半島已經被日本人視為一處聖地，就如同櫻井忠溫在小說《肉彈》中所描述的「一度讓日本男兒以命交換」的情境一般，日本男兒為了奪回此地，前仆後繼地登陸遼東半島。後來的日俄戰爭，在旅順發生激戰的地點二〇三高地[23]，因為乃木希典[24]的兒子勝典與保典皆戰死於此，因此這塊地被命名為「爾靈山」，連同水師營會見所以及建造於各地的忠靈塔或是忠魂碑，一併成了日本人觀光旅行及校外教學的有名景點。這個形象之所以會逐漸滲透進日本社會，我認為時下作品的影響力是非常大的。像是真下飛泉作詞的軍歌《戰友》，裡頭的歌詞描述「距離故鄉數百里的滿洲大地　鮮紅夕陽灑落　吾友長眠荒野石下」，還有由文部省編製的歌曲《廣瀨中佐》，這首曲子歌詠了軍神，即海軍出身的廣瀨武夫。另外，鍵谷德三郎作詞的歌曲《橘中佐》則是讚賞隸屬陸軍的橘周太，佐佐木信綱作詞的《水師營的會見》，描述乃木希典與俄國將軍安納托利・斯特塞爾（Anatoly Stoessel），除了這些人人琅琅上口的歌曲以外，其他像是櫻井忠溫的戰記小說《肉彈》（一九〇六年）等作品的影響力也不容小覷。關於這點，我們可以從九一八事變後馬上被創作出來的《滿洲行進曲》的歌詞中得到驗證，歌詞

23（編註）二〇三高地是位於中國遼寧省大連市旅順口區的丘陵地形，以其海拔二百零三公尺得名。

24（編註）乃木希典（1849-1912），日本陸軍大將。出生於日本長府藩藩士家庭，從師玉木文之進。多次參與日本內部及對外戰爭，在二戰前與東鄉平八郎一起被多數日本人奉為「軍神」（又稱「聖將」、「武聖」）。

寫道：「過往的日俄戰爭　埋葬著勇士骨骸　仰望忠靈塔　赤紅血潮渲染　高空夕陽　聳立於千里曠野」。士兵們在日俄之戰後三十年的九一八事變中，能夠很輕易地將日俄戰爭的犧牲與滿洲做聯結，就因為滿洲具有「大和民族的聖地」之意象。

不過，這也使人們不願平白無故將用「十萬生靈、二十億國帑」代價贏得的神聖大地拱手讓人，造成反對石橋湛山的「放棄滿洲論」的聲音未曾停歇。同樣，我們亦無法否認滿洲是「明治天皇的御懿德」的想法，也成為了日本滿洲政策的一大枷鎖。

問題 11　從日俄戰爭起至滿洲國建國為止，日本是透過怎樣的機構與制度與這個區域保持關係呢？

依據時期不同情況有所差異，但因礙於篇幅所限，因此只能概略說明，首先必須要確認的是日俄戰爭後日本所獲取的權益中，基本上來說，第一點便是取得旅順、大連等關東州的租借權，第二點是取得從長春到旅順的鐵路（南滿鐵路）與支線的經營權及其附屬地行政權，還有撫順、煙臺煤炭的開採權等附屬權益。

而要如何維持並擴大上述兩點權益，便成了日本政府經營滿洲的課題。負責掌管處理第一點權益的單位有關東總督府、關東廳、關東局等行政官廳，而負責掌管處理第二點權益的是南滿洲鐵道株式會社（滿鐵）。處理整體外交事務與保護在滿日本人的相關業務，則分別由設置於安東、瀋陽、吉林等地的領事館與各地領事分館來負責。

其中，作為軍政機關的關東總督府，接受了本書在前文所提到的滿洲問題協議會的決議，於一九〇六年改組成平時組織「關東都督府」。關東都督除了掌握關東州的管轄權以外，同時也擁有鐵路附屬地的行政權與司法權，為了保護鐵道線路，因此手中同時握有兵力使用權與滿鐵業務的督導權。關東都督府鑑於朝鮮的三一獨立運動等，於一九一九年被廢止，其原本所有的行政、警察權與對滿鐵的監督權責便移交關東廳，而軍隊統帥權則移交新設置的關東軍司令部。關東廳的最高指揮——關東長官——在內閣總理大臣（一九二九年新設置拓務省後改由拓務大臣）的指揮下，負責處理關東州與滿鐵業務監督的政務。而開始負責軍務的關東軍，其前身是依據《樸資茅斯條約》追加條款，以保護鐵道為目的，所被允許設置的每一公里十五名，總計一萬四千四百一十九名以下的守備兵團。司令部將其從行政機關關東廳中獨立出來，因此後來改為聽從陸軍的指揮。

此外，雖然滿鐵基本上算是鐵路公司，不過卻因為同時附設有調查部、農事試驗場、中央試驗所、地質調查所等設施，煤炭、製鐵所等附屬事業，以及經營旅館、醫院、報社、電影製作所，還有以滿洲醫科大學為首的教育機關，因此得以從事非常多樣化的活動。而且，滿鐵以其鐵道線路兩側土地和市街地作為鐵道附屬地，管理位於這些地方的教育、土木、衛生等相關設施，並被賦予向居民徵收手續費或其他費用的權限，所以也具備了行政機關的功能。一九〇七年從俄國接收這些附屬地時的總面積大約有一百五十平方公里，但到了一九三一年九一八事變的時候，已經擴大到八百四十三平方公里。由於滿鐵的資本有半數是由政府出資，因此算是代替政府推行國家政策的半官半民公司，公司的總裁或理事，也都是由日本政府任命，並在經營面上接受政府的嚴密監督。

如同上述，滿洲在營運時，必須同時接收關東廳、關東軍司令部、滿鐵、領事館等四個主管權限不同之機關單位的指揮，在如此多頭政治的狀態下，容易產生對立與矛盾、欠缺統一性等問題。

另外，我認為在思考滿洲統治問題的時候，該考量的不只是外務省管轄下的領事館，朝鮮總督府的存在也是必須一併考量的一點。無庸置疑，朝鮮總督府的權限是無法遠及滿洲，不過，從吉林省東部開始，橫跨圖們江到現在的朝鮮民主主義人民共和國所鄰接的間島地區，卻存在著錯綜複雜的權力關係。作為朝鮮族的殖民開拓地的這個區域，關於其統治主體的問題，從清末以來，相關的國際紛爭就不曾間斷。根據一九〇五年《第二次日韓協約》[25]，掌管了外交權的日本開始與清朝進行交涉，並於一九〇九年的時候簽訂了承認清領權力的《間島協約》。根據該協約，開放了龍井村、局子街等地給外國人居住與進行貿易，並在這些地方設置了日本的領事館與分館，因此住在這裡的朝鮮人，在發生民事、刑事判決案件時，變成都是由日本領事館員或是委任官吏來進行處理。然而，如同大家所熟知的，這個間島是金日成[26]等人抗日武裝游擊活動的根據地。因此為了謀求統治朝鮮與滿洲國的穩定，朝鮮總督府不得不關注在該地行使有力的警察權等相關問題。再加上不只是間島地區，由於朝鮮總督府對於朝鮮族的統治較久，擁有較多的經驗與資訊，因此從滿洲國建國後到一九三七年的撤除制外法權為止，滿洲國內的朝鮮人主要都是由日本領事館、朝鮮總督府、滿洲國政府進行「三重管理」，所以衍生出許多複雜的問題。

問題12 為什麼關東軍有辦法在一九一九年關東軍司令部正式成立到一九三一年九一八事變為止的這短短十二年期間，取得整個滿洲的主導權呢？

就像我們常會聽到的故事：在滿洲國成立以前，就算是在滿鐵總裁宴會上，關東軍的司令官或是將校居於末席，一直被視作理所當然之事。這是因為本來關東軍就只有被賦予警備滿鐵沿線的權限。然而，在第一次世界大戰過後，情況發生了變化；因為滿洲不管是置於日本總體戰體制下，或是從對蘇戰備兵站基地的戰略位置來看，地位都日趨重要，因此關東軍的地位也跟著不斷水漲船高。再者，第一次世界大戰後，民族自決思想於世界各地興起，中國的民族主義浪潮也日漸高漲，甚至有抵制日貨以及否認旅順、大連租借權等收回國權的相關運動發生。而我認為只要日本想藉由武力來壓制這個問題的話，就會發生

25〔編註〕又稱《乙巳條約》，是朝鮮王朝（時稱大韓帝國）和大日本帝國於一九〇五年十一月十七日簽訂的條約。此條約規定由日本掌握大韓帝國的外交權、在大韓帝國設置統監府等。由於韓國認為這是在日本人用武力勒逼下簽訂的，所以韓方又稱該條約為《乙巳勒約》。《乙巳條約》的簽訂標誌著韓國正式成為日本的保護國，也就是事實上的殖民地。

26〔編註〕金日成（1912-1994），原名金成柱，是朝鮮民主主義人民共和國的「國父」、建國領導人、獨裁者，先後任朝鮮勞動黨委員長和總書記。

關東軍的權限被擴大，以利處理日漸嚴重的反日民族主義問題。

不僅如此，加上當時的最大假想敵國蘇聯，從一九二八年起便開始推行第一次五年計劃，這讓關東軍有了擴編的理由，因為當時一般認為若是無法趁蘇聯五年計劃結束前有效佔領滿洲的話，日本就會永遠也無法與蘇聯抗衡。

再說，過去為了確保滿鐵利益，日本並不承認中國有鋪設與滿鐵並行的鐵道（滿鐵並行線）的權力。不過受到了國內民族主義高漲的影響，中國方面也開始著手建蓋鐵路包圍滿鐵線，針對日本獨佔滿鐵的行為進行抵抗。如此一來，日本的滿鐵經營便受到了一定程度的壓迫，為了維持滿鐵原本擁有的獲利能力，因此變得愈來愈依賴有能力對抗張作霖、張學良政權的關東軍。關東軍便是在這樣的背景下壯大起來。簡單來說，關東軍透過強調局勢吃緊，而得以壓過關東廳與領事館，最後成功取得在滿洲的主導權。另外，受到一九二九年世界恐慌的影響，滿鐵陷入了嚴重的經營不善狀態，在滿洲有四大權力分布之狀態也因此產生變化，滿鐵當局為了要讓經營能夠起死回生，也變得不得不支持關東軍。

思及該背景，雖然主導九一八事變的人確實是石原莞爾和板垣征四郎等關東軍參謀，但我們也不能忽略滿鐵社員與滿鐵本身在他們背後提供強力後援的事實。也就是說，日本僅憑著一萬四千名的兵員，就能夠「神速」地在短時間內制伏整個滿洲，不但是因為滿鐵將其運輸兵員的功能淋漓盡致地完全展現出來的緣故，其他還有像是以「滿洲青年聯盟」、「大雄峰會」等組織的成員為首，許多最精通滿洲當地情況的日本滿鐵社員所貢獻的知識與資訊，也極為重要。此外，為了樹立滿洲國建設方針，關東軍讓滿鐵自行組織了經濟調查會，並將該會定位為經濟參謀本部，擬定了《滿洲國經濟建設綱要》等政策。若少了這些豐富的情報與中國人脈的話，我想滿洲國建國的構想，終將只是南柯一夢。當然滿鐵的社員總人數約為三萬九千人，包含支援關東軍而參加自組武裝自衛隊的人在內，對九一八事變有功而接受表揚的日本人社員人數共有一萬五千八百八十四人，而就連中國人等外國人社員人數也有六千三百七十人，隨著建國完成，其中還有二百四十四人離職轉任日系官員要職，這些事實在在象徵著滿鐵與關東軍，已深化成了一種互需、互賴的關係。

滿洲建國之後，滿鐵總裁一職改由日本政府任命續留了下來。負責日本外交權的則是駐滿全權大使，至於一九三四年取代關東廳的關東局長官所握有的權限，則變成由關東軍司令官一手掌握。如此一來，常常為人詬病的滿洲多頭政治之弊害問題，則因為採取了這個新的「三位一體」之體制，導致權力轉向集中到關東軍司令官身上。滿洲國在成立以前，事實上是一個由市民（citizen）主導統治的社會，但在建國後，卻轉換成一個實質上由軍政主導的體制。

當然，若允許關東軍的排他性支配權的話，日本政府也會擔心是否會危及本國的統治體制根基。因此，日本政府同時也在摸索強化控制滿洲的方式，例如成立對滿事務局或是各種日本協議會，以及遣派內地的官員前往任職等。這些政治過程，便成為了關東軍與日本政府間的權力鬥爭史，而在日本國內，也出現了軍部與高級文官和議會之間爭奪主導權的現象。

問題13 對於關東軍統治滿洲國的這段歷史，我們應該如何看待呢？

雖然擔任總務廳次長的古海忠之認為「滿洲國是一個處理關東軍機密經費的巨大裝置」，但不只是滿洲國，日本陸軍之所以能夠在亞洲各地展開這樣全面性的活動，其實是因為投入了許多從滿洲國吸收而來的資金。滿洲國的資金來源基本上是鴉片，雖然這個問題會牽扯到在臺灣的統治經驗，但若單純考量到吸食鴉片會讓人變成廢人的話，當然會出現要求廢止的聲音，可是如果突然一口氣廢止鴉片的話，反而會造成社會混亂。日本政府以此為理由，採取了由政府進行專賣、逐漸減少鴉片數量的方針。滿洲國原則上也是採取了與臺灣相仿的措施，並認為這是德政而感到自豪，不過，實際上暗地裡交易的鴉片，不只支撐起滿洲國的財政，更是機密費的主要資金來源。因此不只在滿洲與蒙古各地進行栽種鴉片，還透過滿洲國通信社社長里見甫，從波斯等地將大量大麻流入滿洲國，並從中獲取大量利益，用作支那派遣軍用的謀略資金。甘粕正彥之所以會被人稱做地下皇帝，且在滿洲國擁有巨大權勢，便是因為手中握有這些秘密資金的關係。甘粕正彥在引進中國人勞工進入滿洲工作的仲介事業過程中，也收取了不少秘密資金。就算是身為政府官員的岸信介，也曾親手轉交過當時面額一千萬日圓（換算成目前物價的話，相當於大約八十至九十億日圓）給從事特務工作的甘粕正彥。只不過，甘粕正彥並沒有盜用這些資金，而是將這些錢使用在日本從滿洲國進攻華北或是蒙疆地區時的特務工作用基金。

像這樣的機密費用與秘密資金問題，本質上是很難使用資料來精準論證的，最多只能藉由證言來旁證，因此日後還有必要進行實證來還原史實。

另一方面，就像本書前文所引用的《財星》雜誌裡刊載的社論一樣，有人認為滿洲國就是日本陸軍一個壯闊的實驗場。日本陸軍在滿洲進行統治實驗後，將經驗套用於建構總動員體制與國防國家體制上。然而，參與創造該體制的，不只是陸軍的人士，還有那些曾參與統治滿洲國的許多革新派官員，如岸信介、椎名悅三郎、美濃部洋次等人。我想這是在考察滿洲國與日本之間的相互關聯性時，不可或缺的一個視點。不只如此，之後日本在架構大東亞共榮圈時，關東軍參謀也將許多指揮官或是智囊團的幹部派遣至亞洲各地。例如在九一八事變中輔佐石原莞爾的和知鷹二，被派遣到菲律賓擔任最高職務「軍政監」、磯谷廉介前往香港佔領地擔任總督、今村均[27]則是擔任爪哇與拉包爾軍隊的司令官，因此這群關東軍參謀的殖民地統治經驗，對大東亞共榮圈各地來說，變成了一個很重要的意涵，這是很難否認的事實。另外，曾任總務廳長的大達茂雄在日軍佔領新加坡後，被派任昭南市的市長。像這樣滿洲國日本人官吏被派往大東亞共榮圈各地擔任要職的例子可說著實不少。

27〔編註〕今村均（1886-1968），日本陸軍軍人，最終階級為陸軍大將。在太平洋戰爭期間負責指揮日本軍第十六軍進攻荷屬東印度（史稱蘭印作戰），一九四七年五月十五日以「指揮第八方面軍士兵在索羅門群島跟新幾內亞犯下戰爭暴行」罪名遭澳大利亞軍事法庭判處十年有期徒刑。

此外，關東軍為了統治內蒙古，而讓德王[28]成立的蒙疆聯合自治政府，也是由曾任間島省長的金井章次、曾任滿洲國外交部次長的大橋忠一、曾任滿洲國總務廳長的神吉正一輪番擔任總務廳長及最高顧問，我們可以從中瞭解到為何自治政府被稱作「第二個滿洲國」。

問題14 對於居住在當地的日本人來說，滿洲國的生活象徵著什麼樣的意義呢？

我認為思考在滿日人的生活問題時，有必要將其區分為居住於滿鐵沿線地帶的都市區域與農村區域兩個部分來討論。雖說開墾團的環境大多欠缺了閱讀報章雜誌的機會，但在具有政治象徵意涵的首都——新京（長春）——由於日本政府挹注了大量資金推動基礎建設，因此新京擁有了設施完善的下水道系統，而且相較於東京的百分之二點八，新京的公園佔有率更是達到了百分之七點二，換句話說，新京甚至擁有了比東京更為舒適的都市生活空間。此外，人稱「北方珍珠」的大連裡有一座規模東洋第一的滿鐵病院，市區街道中不但鋪著柏油，同時還有水洗廁所與中央暖房等都市環境設備。

當時的日本帝國總面積，包含臺灣的三萬六千平方公里與朝鮮的二十二萬平方公里在內，約六十八萬平方公里。然而，滿洲國的總面積大約是一百三十萬平方公里，這數字還比日本帝國要大上兩倍以上。當時日本國內經常發生販賣女兒及全家自殺等社會問題，所以很多人相信「只要到滿洲就能成為十町步[29]的大地主」這樣的宣傳用語，接著便以移民或是墾親團的身分前往滿洲，這些人也未必是被強迫送往滿洲的。十町步的面積大約有三萬坪，對於當時已經陷入疲乏狀態的農村，連耕作土地都沒有的農民來說，滿洲根本就是一片充滿希望的大地。當然，移民滿洲可以分成「武裝移民」、「集團移民」、「分村移民」等不同類型，且根據前往開墾的時期與型態不同，狀況也會跟著有所差異。不過，就實際的情況來看，一般開拓者是不會被分配到面積這麼大的土地，況且要在農法、氣候完全不同的滿洲自行耕種，原本就有其侷限與難處。因此，也有不少人變成是受僱在當地耕作的人。

此外，被開拓的地點之所以會集中在滿洲國的北部與東部，其實也隱含著日本在面對蘇聯侵略問題時的態度。推動拓墾滿洲國工作、隸屬關東軍司令部的陸軍大佐東宮鐵男，將開拓移民定義為「屯墾軍」，因此選擇開拓地的基準在於是否是「對蘇的要衝地帶」。即便一九四五年六月時已經確定要與蘇聯開戰了，關東軍也沒有打算要撤離開拓團，主要是因為擔心這樣的動作會誘使蘇軍侵入滿洲。就此層面來說，日本為了迎戰一九四五年的那場悲劇做了很多準備，比如像是一九三二年開始的武裝移民，或是被稱作「昭和防人」的滿蒙開拓青少年義勇軍（在滿洲國為了避開「軍」的名稱，因此稱之為義勇「隊」），他們

28 〔編註〕德穆楚克棟魯普（1902-1966），人稱德王，字希賢。內蒙古錫林郭勒盟蘇尼特右旗人，蘇尼特扎薩克杜棱郡王，曾任錫林郭勒盟盟長，主張內蒙古獨立。二十世紀三〇年代起與大日本帝國合作，在當時察哈爾省、綏遠省等地建立了政權蒙疆聯合自治政府，並擔任要職。

29 〔編註〕面積單位，一町步等於十四點八五畝等於零點九九公頃。

從一九三八年到敗戰為止，其總人數高達八萬七千人。特別是在一九三九年諾門罕事件後，為了強化對蘇防備，日本開始在軍事設施周邊進行開拓，隨著關東軍的兵力南移，這群「大陸圓鍬戰士」後來被編入了案山子的部隊，進而演變成必須要用圓鍬與蘇聯的重戰車及機關槍對抗。日本小說家湯淺克衛在《先驅移民》（一九三八年）中談到關於滿洲移民與巴西移民等最大的差異，就如同字面所示，滿洲的日本移民就像是到處被種植的「民草」，被日本當成了盾牌。而這些被到處種植的瘦弱「民草」，卻在國家毀滅時背負了最嚴苛的指責。

在這群滿洲農業移民當中，還有一些像是其他宗派、宗團的團體組織，或像是品川區武藏小山商地街等，因為受到東京物資缺乏的波及而被迫關閉商店與工廠，然後遷移到滿洲以求發展的案例。岸信介等人從滿洲回國後就開始推動中小企業整併業務，這也是統合經濟的一環。這些被屏除於總動員體制之外，也就是被裁員的人，雖然完全沒有農業經驗，但也有為數眾多的人因此前往滿洲發展。不僅如此，還有一點不能遺忘，有一些受到歧視的部落也在這波移民潮中前往滿洲。不過即使這些集團移民是因為想要逃離令人感到絕望的日本，才遠赴滿洲追求新天地，但他們在滿洲還是遭受歧視，所以只好東奔西跑轉換開拓地，這個現象說明了日本社會的歧視構造即使到了殖民地仍舊不會消失，甚至還在滿洲擴散發酵。連日本人都有可能對跟自己相同的民族投以歧視與藐視的目光了，更不用說是其他民族了，這些從日本逃來的人只會遭受更加冷酷無情的對待。

無論如何，每個前往滿洲國的人都各懷著不同的動機，加上滿洲國的生活樣態多樣化，因此實在很難簡單概括述之。這群拓荒者所到達的地方，大多是遠離鐵道沿線的窮鄉僻壤地帶，整個開拓團裡，甚至連一臺收音機都沒有，可說是完全沒有文化生活。勉強算得上是娛樂之事，就是在開拓地上建蓋神社，然後舉辦祭典或是運動會，可說是非常貧乏。因此有為數不少的人都罹患了精神官能症（neurosis）與思鄉病（homesick），這在日文漢字寫作「屯墾病」或「懷鄉病」。

但在另一方面，於大連、奉天、新京、哈爾濱等主要城市，在百貨公司裡頭不但販賣有走在流行前端的商品，還到處都有像洋酒等在內地難以買到的舶來品。日本人商店裡則擺放許多日本製品。新京還有被稱作新京銀座的「吉野町」與「日本橋通」，奉天則有「春日通」，大連有「浪速町」與「山縣通」，哈爾濱的三道街上有個地方叫作「日本人町」。除此之外，這些城市裡還有日本料理店與遊樂場，可說是將日本內地的生活完整重現。大連甚至出現了握壽司店。不僅如此，在飯店或是日本人專用的會館、俱樂部內，還會舉辦社交舞會與音樂會，而劇場也有打扮講究、前來觀劇兼社交的日本人進進出出。住在這裡的人們白天就是打網球、打高爾夫球、打獵，享受殖民地特有的文化，冬季則是流行滑雪、溜冰、冰棍球等冬季運動。熊岳城、五龍背等溫泉區聚集了許多遊客。在大連近郊的星浦被稱作「東洋的尼斯」，那裡建有一排排供人享受海水浴的別墅。號稱「滿洲的輕井澤」的濱洲線巴林附近，同樣也聚集了許多避暑遊客。松花江的中洲、太陽島上甚至設有帆船俱樂部，包含俄國人在內的玩家，大家都會把握稍縱即逝的夏天假期前往娛樂，非常熱鬧。

如此這般的殖民地特有生活，我想便是大家對滿洲產生「西洋文明最前線」這個印象的原因。直到今日，漫步於大連路上，看著遺留在南山麓住宅街上的瀟灑洋房，仍舊會勾起人們對過往時光的思緒，而人稱「東洋的小巴黎」或「東洋莫斯科」的哈爾濱中央大街，鋪著石板的街道，至今仍舊散發出濃濃的歐洲風情。

這樣的異國情懷，我想就是吸引人們前往滿洲國的一個要因。例如造訪哈爾濱的日本小說家橘外男就曾在《哈爾濱的憂鬱》（一九四〇年）一書中描述「哈爾濱！沒有大海的上海……像一個漩渦，獵奇、浪漫、冒險都在裡頭轉啊轉。北滿國際都市交織著過去與未來的交響樂曲！落魄的俄帝大公爵在街角替行人擦著鞋子，帝寶歌劇團的當紅舞者，年老珠黃後蹲在路邊賣著火柴棒，真是充滿了眼淚的都會！」在哈爾濱與大連等露西亞城中，充滿了與歐洲時代重疊的氛圍，因此滿洲或許就是日本人所能接觸到的、距離最近的西洋吧。

問題 15

日本人前往滿洲這片「曠野與西洋相逢的最前線」的理由，除了經濟因素外，是否還有其他原因呢？

不可否認有不少日本人因為對「王道樂土」、「五族協和」的理念有所共鳴，才因此遠渡滿洲。此外，有的人跟日本指揮家朝比奈隆一樣，到哈爾濱交響樂團學習指揮、修練技藝。這群人們想要到海外留學，卻因為戰爭的關係被困在日本國內，如果想要吸收西洋文明的話，滿洲便成了一個很好的窗口，我想這是不容遺忘的。其他還有一些人對俄語或俄國文學感到憧憬，進入哈爾濱學院學習。有的人則是為了拍出在日本無法拍攝的電影，加入了對製作費毫不吝嗇的滿洲映畫協會（滿映）；有的人滿懷實驗精神，前往滿洲拍攝日本沒有的拍攝景點，以追求照片藝術的革新，這些人有滿洲寫真作家協會的淵上白陽、宇野木敏等人。

如同上述所言，滿洲不只是一個與西洋文明接觸的先端空間（最前線），當我們在思考日本近代政治性格時，我認為滿洲應該也具有其特殊的意義。比如說，當我們在回顧日本近代史的時候，可以舉出一個重要的史實現象是，除了社會運動家佐野碩、演員岡田嘉子、教育家山本良吉等極少數案例外，日本近代史中幾乎沒有出現流亡者。然而為何日本的流亡者不多呢？當我們在理解日本近代史時，這個問題成了一道重要的課題，我認為或許是因為滿洲提供了一個「疑似流亡的空間」的關係。

滿鐵提供了容身空間給許多立場轉向左翼的人，或許共產黨大森銀行襲擊事件的實行犯大塚有章也是因為滿映才得以獲得自由。在這層意義下，滿洲或許可說是日本近代中唯一的「庇護空間」（Asyl）。包含王道樂土建設等政治理想在內，滿洲是一塊自由的天地，讓人可以逃離閉塞的日本、可以追求在日本本土所無法獲得的事物。滿洲是一個連共產主義都能研究的地方，因此我才說這塊土地是一個具備「庇護空間」意涵的空間。

有人是因為顛沛流離，淪落到滿洲這塊土地，也有人是想逃脫束縛與舊習而來到這塊土地，所以可以說滿洲有兩種大相逕庭的形象，一種是「像地獄的滿洲」、一種是能夠自由翱翔「像庇護空間的滿洲」。因此，不同背景的人們即使面對的是同一個滿洲，也會產生不同的極端感受，人們對滿洲的印象產生了分裂。簡單來說，不可否認有許多人是因為懷抱理想而來到滿洲這個空間，但另一方面，也有許多人是因為在日本沒有容身之處，才跑到滿洲這個新天地放手一搏，他們被叫作「滿洲無賴漢」、「滿洲浪人」、「一旗族」。這個現象延續到了戰後，這或許也是為何日本人會對那些從滿洲被遣返回日本國內的人們，同時有著某種偏見跟憧憬的主要原因。

問題16 滿洲同時具有「地獄」與「庇護所」兩種面貌，那麼對女性而言，滿洲又是一個什麼樣的空間概念呢？

正如同〈日本殖民地的開拓先鋒是女人〉（平林廣人，《在滿洲的國人接客婦之勢力》，一九三四年）一文之妙見，日本人進入滿洲的先驅者正是「北方的唐行小姐們」。在日俄戰爭爆發之前，貝加爾湖以東的所有城市都能見到日本女人的蹤影，這些女性主要是來進行性交易。她們的交易對象有被僱用來西伯利亞開發或鐵道建設的中國人、朝鮮人勞動者，還有俄國軍民。這些女性後來隨著東清鐵路的建設南下進入滿洲。日俄戰爭前，日本諜報員石光真清等人從海參崴到哈爾濱進行軍事諜報偵查活動，他也在自傳《曠野之花》中，寫到成為馬賊妻子的阿君與阿花等「唐行小姐們」的故事，描述這群女性不管在身心或物質上，都曾給予他們許多援助。

日俄戰爭結束後，趕上這群女性腳步的女性人數也開始逐漸增加，其中有滿鐵聘用來發展鐵路事業的職員及其妻室，還有土木建築業、藥商、貿易商等商人們所僱用的女性員工或女傭等女性勞工。除此之外，由於滿洲國的建國，滿洲國政府或是縣公署部門也新設了許多像是事務員或打字員等職缺，使女性更有機會投入這些在日本國內並不多見的女性專屬工作。另外，我們也可以從不少回憶錄中發現隨著日本人人口的增加，有的人自初等、初中教育以來，就希望自己將來也能成為教師，也有女性為了致力於外族教育，並實踐民族協和的夢想而遠渡重洋跑到滿洲。

然而，女性前往滿洲的最大原因，主要仍是因為滿洲的開拓移民。特別是舉家遷徙的話，這些女性從一開始就意識到自己身為妻子或母親的角色。除此之外，有的女性成為「鞠躬盡瘁以利開拓聖業的年輕拓士之妻」遠渡滿洲國，她們被叫作「大陸新娘」。

一九三二年第一批移民的彌榮村在隔年就陸陸續續出現罹患「屯墾病」而退團的人。當時有人開始質疑移民的可能性，甚至發起幹部排斥運動。東宮鐵男[30]及加藤完治[31]等人覺得讓這些苦惱於「屯墾病」的男性結婚，可以使他們獲得家庭的慰藉，這樣就能在滿洲

30〔編註〕東宮鐵男（1892-1937），日本陸軍軍人，是移民到滿洲的關鍵人物，被稱為「滿蒙開拓移民之父」。以滿洲為中心活動時，參與暗殺東北軍閥張作霖的皇姑屯事件。

31〔編註〕加藤完治（1884-1967），日本教育學者、農本主義者。東京帝國大農學部畢業後，在愛知縣安城農村學校任教。一九一五年就任山形縣立自治講習所首任所長。一九二六年在茨城縣友部町創立國民高等學校，自任校長。自九一八事變後，成為日本移民侵略政策的積極推行者，曾提出《滿蒙移殖民事業計劃書》與《滿洲開拓青少年義勇軍募集綱要》。

安安穩穩地生活下去了。因此開始推行「大陸新娘」政策，他們將新娘的派送組織化，來因應於一九三六年開始實施的「二十年百萬戶移民計劃」，以及於一九三八年結訓的滿蒙墾拓青少年義勇軍隊員的派駐。具體來說，由滿洲移民協會為首，他們從設置在日本各地的新娘講習會、拓務省主辦的女子拓殖講習會、農林省開設的農村新娘學校等地方選出女性，讓這些女性與預計移居滿洲者或是從當地回國尋找新娘的男性們相親結婚，再一同前往滿洲。也有女性被當作待嫁新娘遠渡滿洲。

除此之外，一九四〇年後也有不少女性是在婚前先進入被稱作「開拓女塾」的女子義勇隊訓練所，先接受適應滿洲生活的訓練後，再於當地結婚。雖然大多數進入女子義勇隊訓練所的女性是在國內應徵新娘者，但其中也有人是聽聞女塾是新娘學校或職業訓練學校才前往滿洲的。她們被半威脅道，「如果不結婚就不能回日本」，有些人就這樣參加了集體相親後，踏入了婚姻。不用說，不少人滿懷期望，為的是脫離被戰爭與貧窮困住的日本生活，並憑藉自己的力量開拓未來。但到頭來，我們不可否認有某種力量在驅使這些人的婚姻。無論男女，他們在少數的選擇下，無法按照自己的意思做選擇。

順帶一提，被譽為「日本第一位女性電影導演」、「共榮圈唯一女性導演」的坂根田鶴子，就以這些新娘為故事，於一九四三年由滿映製作，拍攝了電影《拓墾的新娘》。電影描述一對年輕夫妻生活在滿洲這個男女平等的勞動環境下，他們彼此相愛，孕育新的生命。電影本身想必是依據國策拍攝的作品，不過我們也能看出這部電影以民族協和為前提，將重點放在兩性協調。戰後的日本內地非大學畢業者是不能拍攝電影的。因此，對第一位女性導演坂根小姐而言，滿映提供了她發揮的舞台，只要你有能力就能成為導演，而且還可以跟男性平起平坐。滿洲國在其眼裡或許就是這樣的存在。

無論如何，滿洲開拓以各種方式尋求女性的到來。一九四二年拓務省發表了《女子拓殖指導者提要》，其中的〈女子拓殖綱要〉明確指出日滿兩政府應如何定義女性在滿洲國的存在意義。此文舉出，這些人作為女性角色，應遵從幾項原則，如「為確保民族資源，必須增強開拓居民的穩定性」、「確保民族資源的數量，以及保持大和民族的純血」、「將日本婦道移植大陸，創建滿洲新文化」。女性們在滿洲的任務並不是實現自我願望或充實自己，而是為了讓開拓移民的男性們安穩地居住在滿洲。我們可以很清楚地理解，她們的存在只是為了延續指導滿洲國的大和民族。

即使文中也有提到「達成民族協和」，但這一項只不過是毫無主體意識的補充說明，況且文中還強調了「保持大和民族的純血」。雖然日本人嘴巴上喊著民族協和，但卻又主張「不允許任何一滴混血，必須要自行前往擔任血液防衛部隊」，他們堅決反對與其他民族進行通婚。也就是說，女性被期待的角色既不是在滿洲國與其他民族進行交流、達成民族協和的目標，也不是創造滿洲新文化，而是被期待當個「開拓農民的優秀助耕者」、「開拓家庭的優秀慰安者」、「第二代的優良保育者」。換句話說，在滿洲日本人的社會中貢獻己身良好的勞動力、提供男性開拓者慰安、促進民族增長的「良母」，才是這群女性真正被期待的角色。原本「二十年百萬戶移民計劃」就是預計要在二十年內讓滿洲國的日本人人口數達到五百萬的一個人口增殖計劃，因此這個計劃的成功與否，可說關鍵在於「大陸新娘」的生殖能力。

由於開拓團的生活，除了與日本內地完全不同的嚴峻氣候條件外，也缺少多元的娛樂，生活極為單調，他們馬上就會對滿洲幻想破滅。許多女性因為無法習慣、融入開拓團的生活方式，而終日悶悶不樂。儘管如此，實際上這些女性就算感到再怎樣的絕望與厭倦，一旦嫁到滿洲就無法再回日本老家，也沒有錢回日本老家，只能自己想辦法去適應當地的生活。

當然也有些女性因為對滿洲國的「王道樂土、五族協和」理念產生共鳴，因而無論在家庭內外，都想要向中國人女性推廣這個理念，她們有著實現日滿親善的使命感。小說《滿洲人的少女》的作者——小泉菊枝——正是一位這樣的女性。小說中出現一位名叫作李桂玉的十四歲僕人，她抗辯日本人口中的「匪賊」實際上是「愛國軍」，也爭論起「滿洲人不是狗或貓」。日本人深信只有教導李桂玉什麼是「天皇御恩」，才能達成「日本人的信念」——「日滿親善」。另外，日本評論家望月百合子認為將來的文化是建立在兩性協和的基礎上，在滿日本女性肩負著滿洲國的民族協和責任，因此她設立了大陸文化學園，教育這些女性成為指導者。雖然這些女性的活動是否真的對民族協和有所幫助仍有疑問，但我們無法否認這群日本女性用最適合自己的方式，努力實現民族協和的理念。

只不過，不只是小泉菊枝和望月百合子，在滿洲國的這些女性同樣從「總體戰」時期開始，就被剝奪了自由，她們和日本國內（內地）的女性一樣，被動員支援戰爭。隨著九一八事變的爆發，武藤能婦子（關東長官武藤信義的夫人）發起組成一個名為「全滿婦人團體聯合會」的團體，強制在滿日本女性參加，喊著「以婦人的身分投入建設和平與正義的活動，共同創造理想家鄉」。她們致力於開設士兵之家，或是派遣人員到日本遊說。另外，在日本內地的愛國婦人會與大日本國防婦人會，也要求在滿洲設置分部，這些女性不但從事軍事援護與國防家庭建設的相關工作，同時也一面推動「中國婦人日本化」的工作，對於實現滿洲國建國理念而言，在滿日本女性是很重要的存在。

問題17 對日本人以外的民族而言，滿洲國具有什麼樣的意義呢？

這個問題實在無法一概而論，首先必須要確認的是，中國對滿洲國存續的十三年半期間，稱之為「東北淪陷十四年」。淪陷意味著「土地陷落後，被敵方佔領」，從這個稱呼本身可以感受到被敵人踐踏蹂躪的屈辱感，而且也同時意味著在反滿抗日活動獲勝之前，都算是苦難的歲月。也就是說，即便因滿洲國建立而有部分協助者獲得利益，但大部分農民因為土地遭賤買失去了生活的基礎，所以被迫選擇為五斗米折腰成為佃農或苦力，或者只能移居關內，也就是中國本部。到處查看開拓團的日本小說家島木健作寫道，「最先被僱用的是開拓地區內的原住民，但是早晚會有從日本來的開拓居民移居，因此原住民們將會面臨失去這塊土地的命運」（《滿洲紀行》，一九四〇年），因此叫日本人「匪賊」的人們在這種境遇中，投身反滿抗日運動或共產主義運動，或者支援參與這些運動的人。此外，也有中國人女性成為日本人的情婦或小妾，被稱之為「滿妻」，但在日本男性進出的社會中，這樣的關係是不被容許的。當然，滿洲國的中國人女性也被要求對國家忠誠，她們被編排在滿洲帝國國防婦女會底下，從事軍事援護或對日協助。一九三八年日本人團體國防婦人會滿洲分部，被合併組成滿洲帝國國防婦人會，滿洲國總理張景惠夫人徐芷卿，被推戴為名譽會長，更進一步地強化了組織。

人們在這種處境下，究竟應帶著何種心情過活呢？大家在「淪陷」期愛唱張寒暉作詞作曲的《松花江上》，內容唱出人們被驅離故鄉，在不認識的土地上過著苦難漂泊的每一天，人們發誓有朝一日定要奪回故地，透過這首歌詞，多少可以窺見人們的心情。另外，周璇於一九三七年的電影《三星伴月》中演唱日本歌手渡邊濱子的歌曲時，將歌詞中的「君」換成發音相同的「軍」來唱。李香蘭演唱的《何日君再來》也是著名的例子，意思就是何日中國軍才會再來驅逐滿洲國的日本人，大家流行唱這些抗日歌，引頸盼望中國軍的到來。

至於朝鮮人，他們在滿洲建國之前也實施水田耕作，但是因為日本開拓居民的進駐，土地遭到賤買，不得不成為佃農。而滿洲建國之後，朝鮮總督府透過鮮滿拓殖公司，將缺乏耕地的朝鮮南部農民半強制地移入滿洲國。滿洲建國時的朝鮮人有六十七萬人，一九四五年因而增加到二百一十六萬人。滿洲國的朝鮮人官僚也隨之增加到二千三百人。一九四〇年以後，朝鮮青年義勇隊也遭動員進入滿洲國拓墾。滿洲國時期的日本人被叫作「東洋鬼子」，朝鮮人則在日本人之下，被叫作「二鬼子」，這些在滿朝鮮人於二戰之後處於非常艱困的環境，許多人因為經濟上的因素無法歸國，所以近一百一十二萬人被迫留在滿洲。

朝鮮族是僅次於日本人的「滿洲國重要組成分子」，因此也被課以國防任務。同時他們也因為是「皇國臣民」而遭徵兵、徵用，派往中國與南方戰線。戰爭結束後，許多都被當成戰犯，有不少人被拘留在西伯利亞。可是他們在二戰後失去了日本國籍，因此也得不到保護或賠償。

我還曾經遇過一位滿洲出身的朝鮮族男性，他到日本留學，學習社會學，戰後在美國從事研究工作，獲得相當高的評價，隨後被招聘到歐洲。他對我說：「我也覺得滿洲國的統治絕不是什麼好事。但以我的一生來看，能夠到日本留學是個良機。如果沒有這個機會，我大概一輩子就只是個農民而已。」當然，如果日本不統治滿洲的話，他可能還可以開創其他的可能性，我們不能一般化這一個案。不過，出身貧農卻當上韓國總統的朴正熙[32]，如果他沒有獲得公費、就讀滿洲國的陸軍軍官學校與日本的陸軍士官學校的話，就無法進入軍隊中樞，當然也不太可能參政。

在極度狹義的解釋上，我們確實不能否認滿洲國統治下的「民族協和」或「五族協和」只是個口號。但也因為有這個口號，所以學校或公家機關規定，必須錄取一定比例的中國人與朝鮮族。不過，如果沒有日本殖民統治，或許還有更多人可以獲得更多更好的機會以一展長才也說不定。儘管一切只是夢幻泡影，只要「民族協和」這個國家方針還存在，滿

32〔編註〕朴正熙（1917-1979），大韓民國陸軍上將、獨裁者、政治家，第五至九任大韓民國總統，於一九六一年發動「五一六軍事政變」成功奪取政權，擔任總統長達十八年之久，直至一九七九年遭暗殺身亡。

洲國就必須打開公家官廳與教育機關的門戶，歡迎這些日本人以外的其他民族，雖然人數極少，但這是不爭的事實。

如果更進一步談及其他民族，有些過往一直遭受壓抑的少數民族，因為滿洲國建國所提出的民族協和理念，讓他們有了一絲民族自立的希望。

其中一例是布里亞特蒙古族的烏爾金（Urjin Garmaev）。他是生於西伯利亞赤塔的俄羅斯職業軍人。俄國革命時，日本出兵西伯利亞，支援格里戈里・謝苗諾夫[33]，烏爾金加入了謝苗諾夫的軍隊，戰敗後逃到內蒙古。他進入滿洲國，成為興安省警備軍蒙古人部隊的中樞人物。滿洲國滅亡後，他向蘇聯自首，並在軍事法庭上因為有擔任日本特務的嫌疑，最終遭槍斃結束了一生。我們並不清楚對烏爾金而言，滿洲國的「民族協和」理念究竟有多少真實感？但他有著強烈的反共意識，歷經蒙古系部隊反叛，最後成為興安軍官學校校長，並貫徹了自己的義務這點是無庸置疑的。此外，謝苗諾夫也在滿洲國集結了反革命派的白系俄羅斯人，並等待反攻蘇聯的機會，但是在滿洲國滅亡後，他遭蘇聯軍事判處死刑。

在這超過三十種民族融合的國家——滿洲國——住著白系俄羅斯人、猶太人、波蘭人等等。滿洲國為了取得蘇聯的情報，保護了反蘇意識強烈的白系俄羅斯人以及從中亞逃亡而來的穆斯林。也有白系俄羅斯的學生就讀建國大學等學校。因此，對白系俄羅斯人與穆斯林而言，滿洲國提供了遭蘇聯壓迫的人們一處生活據點，是一個庇護所。但這也成了戰後蘇聯侵略時壓迫他們的原因之一。滿洲國的所作所為看似積極地提供了這些人們安全的住所，實際不然。因為滿洲國藉由西伯利亞鐵路，成為世界史上重要的聚集地，因此為了準備與實踐對蘇聯及美國的戰爭，滿洲國有其必要仔細考量如何善加利用猶太人、穆斯林、波蘭人等民族。

問題 18 滿洲國為了使猶太人定居，還提出了「六族協和」的構想。實際上，包括日本政府在內，是如何採用、實施猶太人政策的呢？

在滿洲國除了從俄羅斯革命中脫逃出來的舊俄羅斯與波蘭猶太人之外，還有在歐洲受納粹迫害逃來的猶太人。這些猶太人居住在滿洲國的規模聽說僅次於上海的居住地。可是哈爾濱等處的蘇聯共產黨指導者多數是猶太人，因此在滿洲國裡深藏著強烈的反猶太氣息，其中又以白系俄羅斯人為主。實際上，多數的猶太人認為與其定居在滿洲國，更希望以滿洲國為踏板，前往美國。

在這樣的情勢下，滿鐵總裁松岡洋右與滿洲重工業開發會社社長鯰川義介等人，開始檢討能否實踐一個五萬人規模的猶太人定居計劃，包括哈爾濱特務機關的樋口季一郎與陸軍的安江仙弘、海軍的犬塚惟重等軍人，以及猶太教研究者小辻節三等，都在摸索實施方

33〔編註〕格里戈里・謝苗諾夫（Grigory Semyonov, 1890-1946），俄國外貝加爾省人，是一九一七年至一九二〇年間貝加爾湖地區白俄領袖、白衛軍中將。

法。關於這個定居計劃，鮎川義介原先期待導入美國資本，可是日產財閥移駐滿洲國而斷了他的糧道，松岡洋右則打算刺激停滯的滿洲經濟，如果這個定居計劃成功，他們便可藉此利用猶太人的資本與技術達成他們的目標，而且還可以利用在美猶太人的大眾媒體與對政治界的影響力，促使美國改變對滿洲國採取不承認的政策。另一個顧慮是，哈爾濱經常發生猶太人綁架與襲擊事件，國際上一直懷疑是滿洲國政府在背後操作，如果能夠達成定居計劃，實現「六族協和」，肯定會是相當有效的宣傳，可以消除這些國際上的疑慮。

滿洲國的猶太人政策在這麼多錯綜複雜的考量下實施，一九三七年十二月第一次遠東猶太人大會在哈爾濱舉行，他們提出了「日滿兩國不壓迫弱小民族」的宣言。在此之前，約有兩萬猶太人離開歐洲，卻遭滿洲國拒絕入境，他們被迫在蘇聯領地奧托普過著難民生活。滿洲國在一九三八年三月才發給這些人過境許可。樋口季一郎費盡千辛萬苦才讓滿洲國發給他們過境許可。樋口不得不批評，連波蘭跟蘇聯都發了過境許可了，可是「以『五族協和』為信條、呼喊『萬民安居樂業』的滿洲國卻採取這樣的態度，令人百思不得其解」（《阿圖．基斯卡軍司令官回想錄》）。其實滿洲國外交部因為顧忌德國政府，所以對接受猶太人始終站在消極的立場。

另一方面，日本政府於一九三八年十二月，由近衛文麿首相召開五相會議，此會議認為排斥猶太人違反了人種平等的原則，並提到：「再加上為了執行戰爭，日本尤其該在經濟建設上接納外資，並避免對美關係惡化。」站在這一觀點上，他們決議比照其他國家人民，採取公平公正的態度來對待居住在日本、滿洲國、中國的猶太人，但也不會積極地排除或邀請這些人民，不過，在但書中則備註：「如資本家、技術員等有利用價值者則不在此限。」很明顯，日本還是積極地邀請這些有利用價值的猶太人。

但是到了一九四〇年九月，因為日德義三國同盟成立，已經無法寄望利用猶太人扭轉與英美的關係，對日本與滿洲國來說，猶太人這張牌已經毫無作用了。因此，預計在一九四〇年十二月於大連舉辦的第四次遠東猶太人大會，在舉辦前臨時喊卡，安江被解任大連特務機關長，樋口與犬塚被調離猶太相關業務。

一九四二年三月美日開戰後，日本政府的聯絡會議認為，根本已經無須再顧及偏向英美的國際輿論，大會決議從滿洲國到日本佔領地的範圍，實行以下決策：「猶太人除非有特殊事由，否則一律禁止入境」、「嚴加監視猶太人於當地的業務，如有對其反彈者，應予排除及鎮壓」、「禁止一切支援猶太人民族運動之行為」。這個決議讓滿洲國設立猶太人移居區或自治區的構想，還未有結果就凋零了。這個構想本身就極具政治謀略色彩，日本國內從一九三〇年代以後，陸軍軍人四天王延孝與學者酒井勝軍等人，因為蘇聯共產黨多為猶太人，所以他們提倡反共主義，把猶太人稱為「赤魔」，指控猶太人策劃讓共產黨滲透到日本社會，他們高聲宣揚反猶太思想。因此，滿洲國想要實現「六族協和」是非常受限的。

問題19　一九四五年八月九日，因為蘇聯對日宣戰，而使在滿日人陷入悲慘的境地，這在日本敗戰的處理上沒有問題嗎？

八月十四日，日本公告承認《波茨坦宣言》後，戰爭並沒有就此結束。之後還須進一步交涉如何解除日軍武裝與執行投降條件。日本為此派遣河邊虎四郎中將當全權負責，命令他前往聯軍總司令麥克阿瑟將軍位於馬尼拉的作戰本部，協調停戰協定。他於一九四五年八月二十日收下了投降文書。當時的總司令部收到蘇聯軍隊並不受聯軍指揮的通知，所以委託當地的關東軍處理日本對蘇聯的交涉，可是最終並未派遣負責人員到蘇聯遠東軍總司令馬利諾夫斯基[34]處進行交涉。因為蘇聯軍隊不認同關東軍是日本政府的官方代表，所以這個本來應該進行的停戰協商並未執行。蘇聯軍持續軍事行動，不只舊滿洲國，連留在朝鮮、庫頁島、千島群島等地的日本人與朝鮮人都蒙受苦難。

只是，在歐洲戰線結束後，美蘇雙方在決定統治區域時，採取了「佔領地主義」，也就是基於實際上佔領的地區來劃分領土。蘇聯依據這些佔領實績，要求美國持續佔領北海道北部，蘇聯甚至無視停戰交涉或停戰協定，持續引起戰爭。這是因為還有機會繼續擴張佔領地區。但日本政府也沒有明確表達要將交涉權委由關東軍處理，這樣剛好給了蘇聯一個絕佳的進攻藉口。舊滿洲停戰於八月二十日，庫頁島休戰於八月二十六日，千島則到九月五日為止。因為蘇聯軍隊持續攻擊這些地區的關係，乃至死傷者數及滯留者數不斷攀升。

問題20 日本人在滿洲國消滅後的處境如何呢？

一九三一年九月九一八事變爆發之際，在滿日本人約有二十三萬人，到一九四五年八月的時候，增加到將近一百五十五萬人，是原先人數的六點七倍。統治臺灣時期的在臺日本人約四十萬人，統治朝鮮時期的在朝鮮日本人約九十萬人。與之相比，日本人在短時間內大量增加。「日本太擁擠了，前往滿洲吧！」、「沃野千里招募土地戰士！」等廣告標語，某種程度上也反映出日本人苦惱於人口增加與失業問題。在滿日本人當中，大約有二十七萬開拓居民。結果這些人在最終撤退的時候，約有八萬人於歸國途中共赴黃泉，極其悲慘。

此外，因為不當處理停戰交涉與解除武裝，造成六十餘萬人被拘留在西伯利亞，其中六萬多人慘死異鄉。這樣的拘留明顯違反了《波茨坦宣言》中的內容：「日本軍隊完全解除武裝後，軍人各自返回家庭，可獲得和平與過生產性生活的機會。」這個違反國際法的行為一直到一九五六年才結束，拘留時間最長達到十一年。

滿洲國消滅後，該地區陷入國民黨軍與共產黨軍重複此消彼長的內戰狀態，加上蘇聯軍的影響力，使情況更為複雜了。在這種時局下，戰敗國國民的日本人被當成「日僑俘虜」

34〔編註〕羅季翁・雅科夫列維奇・馬利諾夫斯基（Rodion Yakovlevich Malinovsky, 1898-1967），前蘇聯紅軍軍事領袖及元帥，領導俄軍第二次世界大戰作戰及擔任一九五〇年代末至一九六〇年代初蘇聯國防部長；他參與領導史達林格勒攻防戰擊敗納粹德國與戰爭末期領蘇聯紅軍攻入中國東北，俘虜近六十萬日本關東軍及溥儀。

遭到遣送。因為要配合撤退船隻的安排，許多人不得不生活在收容所中。戰敗時的在滿日本人有一百五十五萬人，其中超過十八萬人於逃亡之中自殺或遭到虐殺身亡，也有人撤退前就被擴散的傳染病或營養失調給奪走了生命。

在這樣的生活中，有的人為了糊口，到中國國民黨或中國共產黨等機關工作，或者受僱於當地公司。有的人則對日本人過去的行為感到罪惡，欲加以贖罪，所以他們主動提供自己的專門知識與技術。許多技術人員、士兵、醫師、護士等，自願留在中國當地，並參加、應徵了建設新中國的活動。這些人被稱為「留用」者，包括他們的家人，在舊滿蒙地區估計約有兩萬人。例如，與電影相關者，有前文介紹過的女性導演坂根田鶴子與內田吐夢。其中，內田吐夢歸國後，還拍了《飢餓海峽》與《宮本武藏》等作品。另外還有拍攝《千羽鶴》等反核電影，並推動和平運動的木村莊十二等人。這些人在中國共產黨的指導下，繼續留在東北電影公司；持永只仁也製作了中國最早的人偶動畫，之後前往上海，貢獻了不少力量重建中國動畫電影。關於留用問題，也包括了那些非自願、遭強制拘留的人們，其問題非常複雜。同樣的，在滿洲以外的地區思考日本人該以何種形式參與二戰後的亞洲重建時，尚須綜合考量當地人對日本人的評價。

問題21 滿洲國於一九四五年八月十八日滅亡，我們應該如何思考這件事對戰後的亞洲世界有著什麼樣的意義？

首先，我們不能無視因為滿洲國滅亡而發展出來的東亞新國際秩序的重要性。中國共產黨強調自九一八事變以來，該黨就團結一致地對抗日本侵略，他們消滅了不被承認的「偽國家」——滿洲國——的主權，贏得了從一九三一年到一九四五年的抗日戰爭，來鞏固自己的正統性。要是日本人主張滿洲國並非「假的國家」而是正統的國家的話，我們就必須思考這是否等於否定了中國共產黨的正統性與新中國成立的依據。

另一方面，同樣是政權與國家正統性的微妙問題，在思考二戰後的東亞世界時，也不能忽略滿洲國在朝鮮半島上的意義。

大韓民國從大同學院畢業的人，除了朴正熙大總統之外，還有崔圭夏[35]大總統。姜英勳[36]總理與閔機植陸軍參謀總長等人則畢業於建國大學。我們不可否認滿洲國培育出來的人才在二戰後的一段時期中，成為了韓國政界的要角。這個問題又牽涉到韓國「親日派」的歷史性意義，頗為複雜，也是今後韓國應繼續探討的項目。

我個人認為，曾待過滿洲國的人們，比起留學日本的人，更加獨立自主、更有自由主義的身段。另外，金日成政權主張朝鮮民主主義人民共和國的正統性也是基於當時在滿游擊隊指導反滿抗日戰爭並取得了勝利。金日成這個名字本來是流傳在間島地區朝鮮人社會中的傳奇民族英雄的名字，能窺見朝鮮與滿洲國間的交集中緊緊紮根於此的民族情感。

35〔編註〕崔圭夏（1919-2006），曾為大韓民國第十二任總理、第十任總統。任職總統後隨即在全斗煥發動的肅軍政變及五一七緊急戒嚴後被迫下台，故其總統任期僅約滿八個月，從未實際掌權。

36〔編註〕姜英勳（1922-），韓國軍事、政治人物、外交官，陸軍中將，學者。曾任韓國總理。

分析思考中國與朝鮮半島的戰後政治時，必須加入滿洲國這個要素，才能看出這政治空間中的整體關聯性。

問題22 日本的官僚或政治家，不僅被派遣到滿洲國，也被派遣到中國各地，這與二戰結束後的政治有何關聯性？

吉田茂[37]於外交官的時代，曾在天津及奉天等地擔任總領事；重光葵[38]則全權負責於密蘇里艦上的投降簽訂，他於戰後擔任外務大臣有過不少貢獻，更曾經以中華民國駐劄全權大使身分駐留南京。過去的日本首相之中，除了岸信介之外，福田赳夫[39]在南京擔任過兩年中華民國經濟顧問，當時還兼任了外務書記官。大平正芳[40]在張家口的興亞院蒙疆聯絡部工作過一年半，協助內蒙古進行戶口調查。至於岸信介，雖然只在滿洲國值勤三年半，但在該地獲得的人脈與資金，對戰後的日本政界具有相當大的意義。在滿洲國跟岸信介有著同樣統治經歷的人不少，像是椎名悅三郎、根本龍太郎、平島敏夫、始關伊平等執政黨內的人員。星野直樹、松田令輔、古海忠之、鮎川義介等人則在財經界建構相互支援的體制。岸信介有段出名的逸事，他從滿洲國歸國時曾說，「金錢這東西，只要過濾一下就能使用」，這種思考方式反映了他之後對政治資金的態度。身為甲級戰犯的岸信介靠著滿洲的人脈與資金，在離開巢鴨監獄之後，僅花了八年時間就爬上了權力的頂端。就這層意義來看，執政黨至今為止還有著某種程度的金權政治傾向，或許可以推測滿洲國正是這個傾向的起源。像是木下產商的木下茂，他在處理戰後印尼賠償上與岸信介關係密切。他的事業也是在滿洲事變後，從處理鐵材、鐵屑開始的。

一九六〇年代，岸信介在《美日安保條約》[41]改訂之際，赴美之前，先行到東南亞拜訪。依照岸信介自己的說法，日本與美國交手之前，必須先取得亞洲盟主的地位。如此一來，才能以對等的立場與美國進行《美日安保條約》的改訂。從他的看法中可以窺見以石原莞爾為表率的東西文明思想，而從這個思想中可以看到美日對決的世界觀。另外，岸信

37〔編註〕吉田茂（1878-1967），日本政治家。二戰後曾任內閣總理大臣（第四十五任、第四十八至第第五十一任），原外務省官僚，大佬牧野伸顯的女婿。從一九五〇年十月到一九五二年八月，在美國佔領當局的支持下，吉田茂政府先後為十八萬舊日本軍國主義分子解除「整肅」，重返日本政界。

38〔編註〕重光葵（1887-1957），日本在二戰結束時的外務大臣，活躍於第一次世界大戰以後至第二次世界大戰日韓滿政壇，幕後參與甚至主導許多日本侵略各國統治及外交政策制定，並代表日本與盟國簽訂投降條約，最著名謀略為利用溥儀建立滿洲國。

39〔編註〕福田赳夫（1905-1995），日本政治家。第六十七任日本內閣總理大臣。

40〔編註〕大平正芳（1910-1980），曾任日本第六十八任、第六十九任內閣總理大臣，因心肌梗塞於任內病逝，由鈴木善幸接任。

41〔編註〕《美利堅合眾國與日本國之間互相合作與安全保障條約》（*Treaty of Mutual Cooperation and Security between the United States and Japan*，簡稱《美日安保條約》）是由美國與日本於一九六〇年一月十九日在華盛頓簽訂的互助條約，此條約宣示兩國將會共同維持與發展武力以抵抗武裝攻擊，同時也將日本領土內一國受到的攻擊認定為對另一國的危害，也包括美軍駐日的條文。此條約在冷戰時期強化了美日關係，也包括了後來進一步的國際合作與經濟合作的條款。

介在受訪時直言：「在我的認知中，日本必須成為亞洲盟主的主張，其實與前往滿洲國時的想法一致。我的想法在大戰結束後也未曾消失，始終如一。在我心中如有大亞細亞主義的話，那完全與我在滿洲國時的想法一脈相通」。

我們暫且不討論岸信介的大亞細亞主義是否自前往滿洲國後，就一直貫徹始終，但他認為日本想要在國際社會上生存，就必須立足於亞洲是事實。從吉田茂開始，岸、福田、大平時期的幾位首相，對亞洲有切身的體會，因為有這層認識，才不至於使日本一味追隨美國，還仍能努力爭取在亞洲的日本定位。一九七七年，福田赳夫提出「日本身為亞洲各國的真誠朋友，必須建立心靈相通的相互信賴關係」，這就是所謂的福田主義。一九八〇年，大平正芳提出了環太平洋合作構想，主張「使太平洋地區成為一個區域社會」，他也在田中角榮內閣中擔任外交大臣，盡力恢復中日建交，又於一九八〇年在北京設立了「全國日語教師培訓班」，通稱「大平學校」。這所學校日後改名為「北京日本學研究中心」，培養出許多「知日家」的日語教師、日本研究者、媒體相關者等，成果卓越。

的確岸信介等人原先是為了殖民地統治而前往大陸，但親身經歷過大陸的遼闊、大陸的空氣、民族的多樣性、眾多的人口以後，更能體會統治上的可怕以及統領不同文化民族的苦楚。他們無法遠離亞洲盟主意識，可能也與這些經歷息息相關。

概觀滿洲國對戰後政治的影響，其提供了戰後政治為數不少的人才。比方說，畢業於大同學院的根本龍太郎擔任過農林、建設大臣；曾當過滿洲國總務廳長的大達茂雄之後成為文部大臣；同樣後來成為文部大臣的，還有擔任過總務廳人事處科長的荒木萬壽。除了先前舉例的自民黨政治家之外，菅太郎、薄田美朝、塩原石三郎等人當上眾議員；岸良一、楠見義男則當上參議院議員。在地方行政方面，擔任過滿洲國總務廳次長的松木俠成為山形縣鶴岡市長；擔任過人事處長的木田清成為山形縣新庄市長。警務總局長星子敏雄成為之後的熊本市長；總務廳次長源田松三擔任廣島縣加計町長。不用說，滿洲國與戰後政治的歷史意義是今後更須進一步驗證的課題。

問題23 應以什麼樣的觀點來研究滿洲國呢？我們應該如何掌握這件事的意義？

思考滿洲國的問題時，當然首先必須在中國東北的時空背景下，考察歷史脈絡，思考整個涵意。特別是當我們要解釋包括滿洲國滅亡後的現代中國史時，將兩兩相互對照是不可或缺的作業過程。今後這樣的觀點也會成為中國研究的主流吧。

如果只是解釋滿洲國自身的歷史，也就是只看這段自我完結的滿洲國史，已經不太具有其意義。更重要的是將滿洲國當作世界近代史或東亞近代史的一環來思考。我對滿洲國這個研究對象真正開始感興趣是在蒐集史料的時候。當時我從「思想連鎖」的角度，去探討亞洲近代史在世界史這個長流中該如何定位，並在研究過程中注意到了滿洲國。

另一方面，滿洲國是「殖民帝國—日本」這個統治體制（Regime）的主要構成因素之一。因此，我們也必須思考在日本近代史中，該如何定位滿洲國？日本在處於與「萬國對峙」

的國際環境中，以殖民地統治為軸心企圖自我擴張領土，而這就是滿洲抑或是滿洲國對近代日本的意義。在研究時如果欠缺了這層考察，可能罔顧整個事實的核心。

當我們回首從古至今的日本帝國研究時，臺灣、朝鮮以及大東亞共榮圈往往是個別討論的，很少議論與滿洲國的關聯性。我們不應該這麼做，而應以滿洲國為出發點進行觀察。日本將之前統治臺灣、朝鮮的統治形式及統治人才派到滿洲國，接著再從滿洲國派遣人才，將其套用到大東亞共榮圈內的各區域，日本就像這樣漸漸地連接亞洲，實踐了殖民帝國大夢。我們必須重新以這樣的角度重新探討歷史。

如何伴隨上述的觀點與研究方法將「空間」概念整合起來，是今後我在滿洲國研究中重要的課題。

從古至今的人文社會科學研究都只將時間當作主要的研究對象。與此相對，我認為應該從空間本身的概念以及對空間的認知，來重建人文社會科學研究。我認為這個概念會漸漸成為二十一世紀重要的課題。人類在迥異的自然環境及不同的人文風土中是如何獲得啟發、如何思考的呢？又或是對人類而言空間究竟是什麼呢？這些問題我們應該追本溯源、重新思考。

回到滿洲國的問題，在日本我們很容易將自己侷限在封閉的空間裡。我們可以藉由上述提到的觀點，試著假設有那種捕捉不了的空間概念、空間心性的發想。這是很基本的研究前提，尤其是以滿洲國為研究對象的日本精神史與日本人生活誌。

舉個例子，日本詩人安西冬衛有一首題名為《春》的短詩，描寫道：「一隻蝴蝶翩然渡過韃靼海峽。」如果沒有實際體驗過滿洲這個生活空間，是絕對不可能體會詩中的空間感的。我初次佇立在那塊大地上時有種被束縛的感覺，除此之外，那裡的天空與土地，對比人類的渺小，兩者之間如天地之別，讓我不斷反省過去自己對空間感受的不察。一望無際的大平原彼方，連續無邊無界的地平線，另一端深紅的夕陽西下，這是在日本生活時絕對無法體驗的空曠感，只有佇立於這個空間，才有可能達到日本常識中所無法言喻的時間感與空間感。異次元的氛圍環繞，這世界彷彿要將我吸入體內一般，幻化為語言，如此意境才是這首詩的真諦。

此外，這或許只是我個人的感想。日本人對自然和空間的感受只停留在自己身體的延長線上，那是一種與自己「等身大」的感受。自然和身體間產生出的距離感差異，與日本人在滿洲或滿洲國創造出的各種局面息息相關。這個空間的問題當然不只限於對滿洲國的研究，換個角度來看，可以將研究滿洲國當作一個開端，打開空間問題這一扇窗，讓空間問題變成研究人文社會科學的準則。

此外，研究滿洲國與其他歷史的決定性差異，極高的可能在於滿洲國歷史的思想及倫理次元所涵蓋的意義比重。一般的人文社會科學研究都會要求客觀性與自由價值。研究不混入主觀價值判斷，才不會過於武斷，這是做研究很基本的要求。但在研究滿洲國時，我認為不能完全避開任何價值判斷。滿洲國利用王道樂土、民族協和的理念，來引誘人們前往滿洲，最後導致許多人的生命被剝奪是事實。如果避而不談的話，研究就無法成立。為何我會那麼說呢？因為語言、理念能驅使人心，如果我們無視語言如何拴住人們、蠱惑人們，那麼同樣的事情只會一再發生。我認為從這個角度去思考探究人類「思想」行為的本質是不可或缺，兩者是密不可分的。

也有許多人批評我在這本書中所提出的滿洲國的歷史意義。不管這些批判是否得當，我確實收到過一些嚴厲的意見。實際上，針對本書的新聞書評中，有人認為只要是殖民地統治，必然會出現民族歧視與經濟榨取，不應該將這些事情特別拿出來討論，應該重視的是投入資本以利產業開發的部分。如果滿洲國沒有提倡民族協和等概念，只有進行民族歧視與經濟榨取，恐怕我也會自負地評價那就是殖民地統治的常態。只是如果我們換個角度思考，答案便呼之欲出了。有些人自誇且深信自己待對方不薄，認為「我與你是對等的，可是只有我才會為你犧牲奉獻」，他們不會察覺到自己的這片心意，其實是在打擊對方的意志、踐踏對方的希望。實際上，這可說是背叛行為，只會帶給對方痛苦。完全就是賣給對方「假人情」，才不會有人買帳。與其如此，不如先瞭解彼此的利害關係並不一致，理性地推測兩人間究竟有多少部分可以共通共存，才會使關係更加圓融。只是一味要求對方與自己感同身受，這只會使對方感到憤怒吧。這個問題不僅出現在日本的殖民地統治上，倡導「文明化使命」或「白人責任」的歐美殖民地統治，也有相同的問題，這在今後的殖民研究中也被當成重要的課題。表面上接受理念或思想並不是件難事。倡導的理念乍看愈是高遠宏大，愈是讓人們嚮往的話，我們就必須愈嚴格地追究這些理念的內部結構。我認為這點才是歷史研究中無可避免的核心問題。這絕對不是自比為制裁過往、追究他人的倫理責任。畢竟那是做不到的事情。

當我在閱讀滿洲國相關史料與論述時，經常感到不自在。因為我發現了「對他人無意識過剩」[42]的存在。對民族協和理念深信不疑且親身實踐的人們的信念中必然潛藏著「自溺式的善意」與「自我意識過剩」，與這些一體兩面的便是「對他人無意識過剩」。當我逐漸意識到這點，除了對作者們的持論感到不自在之外，當自己跟海外研究者、留學生們交流時，也會以這個想法為借鏡，時時提醒自己是否也潛藏著「對他人無意識過剩」。

當然，我在本書中最盡力的是希望以自己的眼光，客觀地描繪出「滿洲國的肖像」。可是身為一個研究者，同時身為一個人，我更想闡明思想及理念等是如何透過語言衍生出自我欺瞞的系統。我更進一步希望從滿洲國的實際樣貌中，找出貫穿全世界人類歷史的道義性與倫理性，這對我而言是更加重要的課題。不管受到怎樣的批評，只要滿洲國研究擁有這層意義，今後也沒有必要否定這項研究。我對自己充滿信心，但是完全不想強迫他人也接受我的想法。

問題24 最後我想探討的是，研究已經滅亡半世紀以上的滿洲國還具有什麼意義？

確實，在物理時間上，滿洲國已經消滅超過半個世紀了。但滿洲國留下的問題，至今

42〔編註〕意指「過度無視他人」。

還未全數解決。除了滯留在中國的婦人、孤兒問題之外，舊日本軍在中國東北各地遺棄的化學武器（日本推測六十萬發、中國推測一百八十萬發）尚須處理，另外還有七三一部隊細菌戰、平頂山事件國家賠償訴訟問題等，都擺在我們眼前，這些問題並沒有隨著歷史而消逝。即使將滯留的婦人、孤兒接回日本國內，問題也不會解決。與他們一同回到日本的家人要如何才能適應日本社會？該如何面對沒有年金保障、沒有人陪伴聊天的老年生活？這些殘酷的問題每天都在現實生活中上演。永久歸國的人數約有兩萬人，其中有六成歸國孤兒為了老年生活保障，發起國家賠償訴訟。滿洲國的戰時與戰後責任問題還堆積如山，這些是必須多層次思考的課題，也是眼下的「現實」。

目前經歷過滿洲國歷史的人，並非只有日本人，中國、朝鮮、臺灣也有不少人是如此。各地區的學校或軍隊同學會、戰友會等仍活躍地運作中。其中在中國有所謂的植林運動，透過照顧中國與韓國留學生等形式，重新面對滿洲國經歷。二戰後在日本出生的滿洲國相關人士的子孫，透過重現他們父祖輩的經驗，讓這些後世子孫們交往認識，以各式各樣的形式嘗試創造出更好的「民際」交流。

伴隨這些現實問題，思考滿洲國為何存在？國家與人類、國家與個人之間最終存在著什麼樣的關係？這也是我們考慮「眼下」這個問題時必須同時面對的。

例如，滿洲國滅亡後的一年半，居住於瀋陽的日本作家安部公房寫下《野獸們嚮往故鄉》這部小說。這部小說以滿洲國毀滅的經驗，說明國家比任何東西都容易損毀，揭發「易碎物國家」的真實樣貌。不僅如此，當我們想要從國家、民族、階級中切割出來，傍徨追求一個純然自我可以回歸的空間時，最終卻變成了無處可去、無法得到救贖的存在。對我而言這是一部突顯、省視存在主義的小說。所有社會基準都徹底崩解，沒有任何事物是長久的。在這種狀態下，生命每天都備受威脅。這時候的人還稱得上是人嗎？這種情形又該歸納為什麼樣的社會狀態呢？這應該是該小說的核心問題。在霍布斯政治學的重要課題「人對人像狼一樣」的概念下，與自然狀態相對照，我們應該如何思考國家這種狀態？這個問題大概是滿洲國消滅之後，日本人在自己歷史上，首次必須面對的痛切提問。但對於這個提問，在這個問題下必然會出現沈重的犧牲。我們能找出一個完美完整的解答嗎？

關於這點，恐怕只能抱持著懷疑的態度了。對我們日本人而言，國家或社會是一種經常性的存在。在我們的觀念中那是自然交給我們的東西，但是那原本應該也蘊含著某種「創造」的契機。所以我們創造了滿洲國，又讓滿洲國崩壞。我一直強調滿洲國的人工性、人為性，也是因為與此提問有所相關。

當然，我們不用回到這種政治學上的提問，光是看幾個事實就可以讓我們回到現實當中，例如，本來應當防衛國家、保護人民的關東軍拋開原本的責任。這裡其實潛藏著一個線索，讓我們去思考對國家而言，軍隊究竟是什麼？戰勝是軍隊存在的最高課題，但是堪稱精銳的關東軍，他們的選擇明確地顯示出最終守護的對象是自己，他們的目的就是自己，並一心一意地將自我損害降到最低點，這就是關東軍的本質。

當然這不過是眾多觀點中的其中一個，關於滿洲國，不僅可以思考應該如何解釋國家、軍隊、個人以及個人與國家間如何產生關聯，也可以從另一個角度思考，這個由外族以人為方式建造的國家，湧入大量移民，之後又被不同民族的軍隊消滅。在這層意義上，這種國家也算是人類歷史中罕見的歷史性實驗。滿洲國的滅亡導致十八萬人死亡，西伯利亞遭拘留的六十餘萬人中有超過六萬人死亡，這是付出慘痛代價的歷史性實驗。但是正因為如此，二十世紀的國家對人類有何意義？這其中個人又應該如何生存？當我們在面對不同國籍的人們、探討多元民族共存的問題時，二十世紀的國家提供了一種思想上的糧食給身處二十一世紀的我們。為此，我們有必要繼續研究滿洲及滿洲國這段歷史。

提起已經滅亡的滿洲空間，研究滿洲國這個國家議題，或許會讓人覺得過時了。但是能讓悲慘的犧牲獲得一些救贖，藉此引導出人類的睿智，為了把這些概念傳承下去，我們絕對不能遺忘過去。

滿洲國除了孕育出這樣的思想課題，也應該成為一個「永遠的現在」而持續下去。

增補版後記

本書所呈現的絕不是什麼愉快的內容，而是一本愈讀愈沉重的書。各位讀者不介意本書如此陰鬱，甚至過分容忍我辭不達意的部分，我在此向各位表達由衷的感謝。我花了四年的時間執筆，於書寫的過程中，我不只精神緊繃，而且情緒亢奮，尤其是最後的半年，這樣的狀態在我人生中幾乎可說是獨一無二的經驗了。那時候的我幾乎每天精疲力盡，成天昏睡如爛泥。那時，支撐著我持續執筆的動力，是多年前的一篇文章。

這要說起三十年前，已故的竹內好老師在一九六三年十月發表的一篇小短篇〈研究滿洲國的意義〉。竹內老師在文中提到：「日本這個國家並未舉辦滿洲國的葬禮，就像偷吃東西後，卻又抹乾嘴巴般裝作不知道。這根本是對歷史及理性的背信行為。」他也寫道：「不論多麼主觀地厭惡面對問題，都不應該蒙蔽雙眼、逃避責任。」這篇文章最後以一行文字做結尾，問道：「滿洲國究竟是什麼？日本人總有一天必須回答這個問題。」

這篇文章彷彿上天給我的一記當頭棒喝。對日本人來說，滿洲國究竟是什麼？我認為如果日本人仍舊不試著去理解滿洲國，對於日本人的理性與道義而言，都是一種破產。這股感受，成了我執筆時的最大動力。

日本人在歷史上，頭一遭經歷了多民族國家的形成，也嚐到了這個烏托邦失敗的慘痛代價。滿洲國的悲慘經驗，對於今後日本人該以什麼樣的態度迎接二十一世紀，又該打造什麼樣的社會，都具有指標性的意義。因此我認為應該將這個悲慘的經驗化為未來活動的方向，更是為了與其他民族在歷史上共存共榮。

前段文字是本書獲得「吉野作造獎」時，我在頒獎典禮上發表的得獎感言中的一小部分。後來被森聰記者刊載在《朝日新聞》（一九九三年十月二十一日晚報）中的專欄──〈言葉抄〉──之中。一轉眼過了十載，那時我述懷的心情，到今日益發強烈──只要自己作為日本人的一份子活在這個世上，「滿洲國究竟是什麼？」這個問題就會毫不留情地被提及，情勢不會容許我們逃避這個問題，這是日本人窮盡一生歲月也必須追尋的答案。我從無一日忘記過這樣的念頭。

當然，我執筆的最主要契機，如同我在初版的〈後記〉中所提及，是一九八九年六月刊載在《中央公論》上的〈閱讀最後的《滿洲國》風潮之感〉那篇文章。

只要你曾主動參與過滿洲國的形成或是經營，或於青壯年時期曾在滿洲生活過，不分你我，你都可以加入這波滿洲著作的熱潮。我自己本身就像那篇文章的標題所示，是這波潮流中最後的高點，我希望將來能將這些記憶刻在自己的墓碑上頭。

這波出版熱潮大都是滿洲國經歷者所撰寫的回憶錄或手記，原本熱潮已經達到高峰，但鈴木隆史的《日本帝國主義與滿洲》（塙書房）、山本有造編譯的《「滿洲國」的研究》（京都大學人文科學研究所）等研究書籍相繼出刊，接著安彥良和的漫畫《彩虹色的托洛斯基》（潮出版）以及四季劇團的《李香蘭》歌舞劇皆蔚為風潮，再加上因為蘇聯解體，而使滿洲電影協會（滿映）的電影能夠轉換成錄影帶，在這樣一波又一波的潮流中，產生了所謂媒體混合的現象，這又喚起了人們對滿洲國的關注，甚至成了催促滿洲國論問世的開端。我沒想到會正面迎擊這天外飛來一筆的事態，我還記得自己當時有些困惑。中國對滿洲的意識也逐漸顯露，關於滿洲的新史料相繼出刊，這些刊物既不能毀壞「偽滿洲國」的論調，卻又必須正視歷史上的問題。又或者該說，中國對這方面的研究才正要起步。其後，就像本書隨後附錄的文獻及論文，這些新的研究不只在日本，就連在韓國、美國等國家，都如雨後春筍般地冒了出來。

直至今日，滿洲國已然成為一個歷史研究的領域，但另一方面，也出現了一個現象——有些學者生在與滿洲國不同的時代，他們沒有經歷過滿洲國的生活。在他們的滿洲國研究中，已經感覺不到有何必要追究自己的研究動機與研究的存在價值了。

姑且不論他們的是非對錯，我自己本身確實因為這本書的問世，大大地左右了我往後的人生道路。當然我無法知道這是好是壞，沒有人能知道結局為何。

我只知道我必須找出自己的道路，以思想連鎖的角度去思考「滿洲國在近代世界史中的角色為何？」在我還沒有找到答案以前，我都不能放棄我的研究。這本書使我下了這個新的決心。從初版發行以來至今，讀者們給了我許多鼓勵的話語，更加激勵了我，這份決心隨著年紀的增長愈發茁壯。

許多雜誌與報紙都有刊載本書的相關書評，我還收到了四方各地讀者們的回響，其中也有反對的意見。報紙刊載的書評中，有一位讀者用社會階層制度的江戶幕府跟在饑荒時還吃米飯的將軍等為例，認為在滿洲國的民族歧視是理所當然的，因此把這個問題拿出來討論並不適切。也有些歷史學者的評論欠缺歷史考究，讓我瞠目結舌、不敢置信。我很慚愧自己拙劣的文章只能喚起這樣淺薄的意見，更遑論談及是否有人曾經為這些民族歧視而苦惱萬分。正因為有各位讀者的寶貴批判跟感想，我的雙眼才能更加雪亮、才能對人類的心靈深處及孕育出的真實更加敏銳。這深刻的感覺不得不使我回頭省視——將歷史研究當作專職，究竟代表著什麼？

在眾多書信中，也曾收到司馬遼太郎[1]先生貴重的來信。信中描寫到他曾在滿洲國牡丹江省寧安縣，擔任過戰車第一連隊的見習士官，記載了許多他自己的經歷以及對滿洲國的見解。有一位在滿洲國度過青少年時期的讀者在信中寫道：「我在當時就有許多的疑問，也覺得很多事情並不合理，讀完這本書，我總算是明白了。差點就要帶著謊言進棺材了。」還有一位讀者用鮮明濃厚的黑墨水在信上寫著：「我撇眼開始讀這本書，漸漸地書中的情境融入了我的腦海，最後我用心讀完這本書。現在，我淚流滿面。」讀信時，我拿著這封信箋的手開始顫抖，最後全身豎起了雞皮疙瘩，這在我的生涯中是非常罕見的體驗。

除此之外，我也得到難能可貴的機會，可以聽到讀過這本書的海內外滿洲國相關人士分享的寶貴經驗談。其中不少人雖然已經與世長辭，仍音容宛在，願逝者得到安息。還聽說建國大學的某個同學會上，有個人激動地譴責道：「絕對不能原諒那個作者。」但我始終沒有機會與這位畢業生見上一面。

另外，我自己周遭的親戚朋友中也有相關人士。我去年才從家父口中聽聞姑姑跟姑丈兩夫妻曾在滿洲國經營軍需相關的工廠。我一直以來都擅自認為自己的周邊沒有與滿洲國相關的親人或親戚，因此受了不小的衝擊。聽北九州出身的父親說，在我們身邊遠渡朝鮮半島或滿洲國的人並不算稀奇，因為不曾仔細問過他們這些事情，所以事到如今也不好開口。姑姑和姑丈似乎正是造成家父對滿洲國沒有什麼好印象的原因。

姑姑夫婦在滿洲國事業成功，當時也算是有頭有臉的人物，只是回國後，他們或許是因為無法捨棄榮耀與奢侈的生活，所以栽進了投機買賣事業，就這樣在成功與失敗間來來回回。他們對待員工的方式，感覺也像是滿洲國時代遺留下來的態度。父親說完這些事後，嘟囔著「他們的人生或許也被滿洲搞得人仰馬翻」，我從父親的話語中，可以感受到父親對滿洲國不好的印象。聆聽父親的記憶，再次讓我深感沉重，重要的不只是撤回日本後那悲慘的經驗，還有回國後，因為滿洲國的生活記憶深植於他們的行為模式及生活方式之中，大大地左右了這些人的人生。我們必須思考這些回國者將在戰後的日本生存下去，代表著什麼樣的意義？

雖說如此，即便我的書已經出版近十餘年，但家父未曾開口提過姑姑與姑丈的事情。

1〔編註〕司馬遼太郎（1923-1996），日本大阪出身的小說家。本名福田定一。專攻歷史小說。筆名司馬遼太郎意指「遠不及司馬遷」。被認為是日本大眾文學的巨匠，也是日本國民中最受歡迎的作家。

大概是因為父親埋頭於照顧生病的母親，而我自己也不曾詢問。我原本專攻法律學與政治學，跟滿洲毫無干係，或許一直以來，父親沒有想到我會如此拘泥於滿洲國，因而感到訝異、無法理解吧。那一夜的對話之後深深地刻印在我的記憶中，原來傳承一個關係到家族的歷史經驗是何等困難的事情，我彷彿窺視了父親心中不可告人的秘密。

話說回來，小說家中西禮以自己的母親為藍本，將滿洲國經驗寫成小說——《紅色的月亮》。他在與藤原作彌的對談〈滿洲經驗塑造了我的人生〉（《潮》，二〇〇一年十月號）中，提到他知道自己在執筆的時候，沒有考慮到皇國史觀，也沒有考量到唯物史觀。不過對談中也明記了他的感想：「自己的感覺果然還是會與在當地生活過的人們有落差。」藤原氏對這句話回應道：「融合普遍性的歷史事實要素與個人的真實經驗是非常重要的。」有同樣體悟的恐怕不只這兩位，其他經歷過滿洲國的人也感同身受吧。我不得不承認一定會出現同樣質疑的批判，就連我自己也很感慨沒有經歷過同時代的作者卻描寫戰後的日本社會，或許與這樣的心情是同性質的吧。以我自己的經驗為借鏡，我認為即使生在那個時代，也並不代表能夠全面瞭解那個時代。中西氏也在對談中指出：「曾在滿洲生活的人們的甘苦談就像是自己的經歷，所以這和整體的歷史沒有太大關係，我們只要依照自己的方式來解釋當時政府及軍方的相關資料就好。」就如中西氏所述，因為人們可能會鞏固自己的正當性，所以自己在當時的經驗有時反而會侷限住自己的視野。

不用說，從不同的視角觀察國家的肖像，皆能瞧見各種不同的面貌，我自己更不曾認為這本書所描繪的滿洲國肖像是唯一的解釋。不過我不否認，我認為自己因為沒有經歷過那個時代，所以不會拘泥於個人的體驗，反而得以拉長鏡頭的焦距，捕捉到全體的形象。

如果記錄歷史不是這麼一回事，那又有何其存在的意義呢？在這層意義上，今後滿洲國的歷史會呈現各種不同的相貌，因而產生不同的轉變。描述滿洲國或許會成為一個試金石，考驗這些沒有個人經歷及真實體驗的作者能否逼近歷史的真實面貌。

總歸而言，我將一部分在初版發行時得到的回響及研究狀況，還有一些描寫我自己的滿洲國經驗與感慨自己身為同時代的文章，以及相關書籍的書評都收錄在我的著作《從歐亞大陸的岸邊到同時代的亞洲》，其中也收錄了前述的文章〈閱讀最後的《滿洲國》風潮之感〉。各位宅心仁厚的讀者們如果有機會翻閱，那是我的榮幸。

此外，以這次增補版為原型，也出版了本書的英譯版，由傅佛國（Joshua Fogel，加州大學聖塔芭芭拉分校）翻譯，另外韓語版由尹大石（首爾大學）翻譯。世界各地的讀者們都站在不同的角度，透過這些翻譯本，想必會收到許多來自讀者們的回應及批判，我會虛心接受，也必須為我的滿洲國研究劃下一個句點。兩位教授的寶貴時間本應花在自己的出版工作上，但他們卻耗費了不少時間及精力在我的著作上，才讓這本書超越了日語的鴻溝，能夠傳遞到更多人手中。我由衷地感謝兩位的幫忙，在此致上最深的敬意。

另外我在初版的〈後記〉最後，提到了家母與家父。《產經新聞》的專欄〈斜斷機〉（一九九三年十一月八日）中，有一篇名為〈謝辭與私事〉用匿名投稿的文章，文中除了閱讀後整體的心得評論外，還提到了「小小的瑕疵」，這位匿名人士批判道：「對山室父母的健康祈願及愛情讚揚，跟這部作品的成立根本毫無關係吧？」，「我也不是不懂作者的心情，但這根本是作者個人的私事」。這位讀者的質疑確實非常正確，只不過當時我認為自己一定要寫進書中是有原因的。家母在我執筆的時候，徘迴在生死邊緣，成天與病魔搏鬥，但是我因為正在執筆，所以就連回去探病的時間都沒有。那時的每一天，每當電話響起，我的心臟彷彿就要停止一般，這對我來說是人生中第一次遇到親人生死與情感交織的問題。人們的性命被滿洲國奪走，或是在他們撤回日本時，被迫與自己的父母和子女、兄弟姊妹分離。因此我不認為我對自己親人的死亡感到恐懼這件事情，與那些人在滿洲國的際遇無關。日本學者野家啓一評價本書──「文體有著一股哀傷的氛圍」（《圖書新聞》，一九九三年十二月二十五日號）。這或許是因為當時的我在執筆時，正面對著母親死亡的恐懼，彷若在與時間拔河，像被催促般的心情，就這樣無意識地與曾生活在滿洲的人們層層相疊。野家氏敏銳地看穿了我的文章上頭有一層灰黯的烏雲。即使如此，那或許只是單純的感傷，對歷史敘述是有害的感情投射。我不否認這不能拿來當藉口回答這些質疑。關於此事，這又是和本書的誕生無緣的「私事」，如果說這只不過是掩飾自己的著作缺乏客觀性的辯解，我就不多做解釋了……。

最後，請容許我反其道而行，寫下自己的私事。家母與病魔搏鬥了十一餘年，最後回到西方極樂淨土了，享年七十四歲。說也奇怪，剛剛提到的《從歐亞大陸的岸邊到同時代的亞洲》的校對完稿時，我還是從母親的火葬場裡打過去確認的。

我記得在小學低學年時，從收音機聽到的落語引子說著，「子欲養而親不待，雖說如此，但也無法拿衣物到墓裡給父母穿」，當時家母總是笑著聽我模仿這段引子。母親對於因為工作繁忙而無法返家的我，總是微笑以對，還反過來關心我的健康，她總是說：「只要你身體健康，好好加油，這對我來說就是最好的孝順了。」

時光飛逝，家母過世已逾一年。本書伴隨著母親一同與病魔搏鬥，也經歷了母親的辭世。這本增補版將會供奉在母親靈前，希望總是笑容滿面的母親能以我為榮。

櫻花飄舞的季節，幼年時，我與母親抬頭仰望那稍縱即逝的淡紅色背後，有一望無際廣闊的藍天。本書獻給如今在天上的母親。

二〇〇四年四月　山室信一

主要引用、史料與參考文獻

一　主要引用文献

満洲国史編纂刊行会編，《満洲国史・総論》，満蒙同胞援護会，一九七〇年。
満洲回顧集刊行会編，《あゝ　満洲―国つくり産業開発者の手記》，同会刊，一九六五年。
古海忠之，〈満洲国の夢は消えない〉，古海・片倉衷，《挫折した理想国―満洲国興亡の真相―》，現代ブッグ社，一九六七年。
片倉衷，《回想の満洲国》，経済往来社，一九七八年。
星野直樹，《見果てぬ夢―満洲国外史―》，ダイヤそンド社，一九六三年。
武藤富男，《私と満州国》文藝春秋，一九八七年。
伊東六十次郎，《満洲問題の歴史》上・下，原書房，一九八三―四年。
角田順編，《石原莞爾資料・国防論策》，原書房，一九六七年。
小林龍夫・島田俊彦編，《現代史資料・7・満洲事変》みすず書房，一九六四年。
稲葉正夫・小林龍夫他編，《太平洋戦争への道・別巻・資料編》，朝日新聞社，一九六三年。
林久治郎著，馬場明解説，《満洲事変と奉天総領事　林久治郎遺稿》，原書房，一九七八年。
外務省編，《日本外交文書・満州事変》，一九七七―八一年。
小林龍夫・島田俊彦・稲葉正夫編，《現代史資料・11・続満洲事変》みすず書房，一九六五年。
愛德加・史諾著，梶谷善久譯，《極東戦線》，筑摩書房，一九八七年。
周君適，《偽満宮廷雜憶》，一九八一年（鄭然権譯，《悲劇の皇帝　溥儀》，恒文社，一九八四年）。

石原莞爾，《滿洲建国と支那事変》，東亜聯盟協会関西事務所，一九四〇年。
滿洲青年聯盟史刊行委員会編，《滿洲青年聯盟史》，一九三三年（原書房，一九六八年復刻）。
宮内勇編，《滿洲建国側面史〉，新経済社，一九四二年。
矢内原忠雄，《滿洲問題》，岩波書店，一九三四年。
池田秀雄，《滿洲統治論》，日本評論社，一九三四年。
高須祐三編，《滿洲事変と滿洲青年聯盟》，滿洲青年聯盟懇話会，一九七三年。
仲摩照久編，《滿洲国の解剖》，新光社，一九三二年。
溥儀，《私の前半生（我的前半生）》小野忍・野原四郎他譯，《わが半生》，筑摩書房，一九七七年。
平野零児，《滿州の陰謀者》，自由国民社，一九五九年。
莊士敦著，入江健子・春名徹譯，《紫禁城の黄昏》，岩波書店，一九八九年。
駒井徳三，《大滿洲関建設録》，中央公論社，一九三三年。
石射猪太郎，《外交官の一生〉，太平出版社，一九七二年。
古海忠之，《忘れ得ぬ滿洲国》，経済往来社，一九七八年。
滿洲帝國政府編，《滿洲建國十年史》，原書房，一九六九年。
国際善隣協会編，《滿洲建国の夢と現実》，国際善隣協会，一九七五年。
山口重次，《滿洲建国の歴史─滿洲国協和会史─》，栄光出版社，一九七三年。
小磯国昭，《葛山鴻爪》，中央公論事業出版，一九六三年。
佐々木到一，《ある軍人の自伝》，普通社，一九六三年（増補版，勁草書房，一九六七年）。
李念慈，《滿洲国記実》，一九五四年（沈雲龍主編・近代中国史料叢刊続編第八十二輯）。
菊池貞二，《秋風三千里─中国四十年の回顧》，南北社，一九六六年。
約瑟夫・格魯著，石川欣一譯，《滯日十年》，毎日新聞社，一九四八年。
山口重次，《消えた帝国滿洲》，毎日新聞社，一九六七年。

木戸日記研究会編，《木戸幸一関係文書》，東京大学出版会，一九六六年。
神尾式春，《まぼろしの満洲国》，日中出版，一九八三年。
平塚柾緒編，《目撃者の語る昭和史・第3巻・満州事変》，新人物往来社，一九八九年。
小山貞知編，《満洲国と協和会》，満洲評論社，一九三五年。
横山臣平，《秘録　石原莞爾》，芙蓉書房，一九七一年。
武藤富男，《甘粕正彦の生涯―満洲国の断面》，西北商事株式会社，一九五六年。
森島守人，《陰謀・暗殺・軍刀》，岩波新書，一九五〇年。
岸信介・矢次一夫・伊藤隆，《岸信介の回想》，文藝春秋，一九八一年。
馬場明，《日中関係と外政機構の研究》，原書房，一九八三年。
《財星》雜誌編集部編，熊沢安定譯，《「大日本帝国」の研究》，現代史出版会，一九八三年。
小山貞知，《満州協和会の発達》，中央公論社，一九四一年。
劉恵吾・劉學照主編，《日本帝国主義侵華史略》，華東師範大学出版社，一九八七年。
山口淑子・藤原作弥，《李香蘭・私の半生》，新潮社，一九八七年。
林懐秋・石上正夫編，《中国少年の見た日本軍》，青木書店，一九八五年。
朝日新聞山形支局編，《聞き書き　ある憲兵の記録》，朝日文庫，一九九一年。
満史会，《満州開発四十年史》，満州開発四十年史刊行会，一九六四―五年。
太田青丘他選，《昭和萬葉集》巻三，講談社，一九七九年。
満洲国史編纂刊行会編，《満洲国史・各論》，満蒙同胞援護会，一九七一年。
愛新覚羅浩，《「流転の王妃」の昭和史》，主婦と生活社，一九八四年。
高宮太平，《順逆の昭和史》，原書房，一九七一年。
湯治万蔵編，《建国大学年表》，建国大学同窓会，一九八一年。
再者，因篇幅被割愛的，有關國內外滿洲國的相關資料與文獻（第一手史料在內），其所在與意義在井村哲郎，〈「満洲国」関係資料解題〉（山本有造編，《「満洲国」の研究》京都大学人文科学研究所，一九九三年）中有詳細的介紹與分析。

二　主要史料文献

外務省編，《日本外交年表竝主要文書》，日本国際連合協会，一九五五年（原書房，一九六五年復刻）。

満洲帝国協和会中央本部，《建国之精神》（第七版），一九四三年。

満洲国国務院総務庁，《満洲国政府公報》（周光培主編，《偽満洲国政府公報》，遼瀋書社，一九九〇）。

満洲国史編纂委員会編，《満洲国年表》，滿蒙同胞援護会，一九五六年。

政協吉林省委文史資料委員会編，《偽満洲国大事記》，大連出版社，一九九〇年。

帝国地方行政学会編，《満日対訳・満洲国六法全書》，同会刊，一九三三年。

加藤豊隆編，《満洲国治安関係法規集成》元在外公務員援護会，一九七九年。

長谷鎮廣，《満洲帝国主要法令解説》，清水書店，一九四〇年。

本庄繁，《本庄日記》，原書房，一九六七年。

駐日満洲国大使館，《満洲国関係詔書及国政資料》，一九四二—三年。

外務省情報部編，《満洲態政府要人調》，一九三三年。

今村俊三他著，《満洲国人傑紹介号》，日支問題研究会，一九三六年。

満洲国国務院総務庁編，《満洲国官吏録》，一九三三—四一年。

《康徳元年版・満洲国名士録》，人事興信所，一九三四年。

中西利八編，《満洲紳士録》満蒙資料協会，一九四〇年（日本図書センター，一九八九年復刻）。

橘樸・山口慎一編，《最新満洲辞典》，〈改造〉一九三二年七月号付録。

陸軍省調査班，《満洲国の容相》一九三二年七月，同《第一続編》一九三三年五月。

太平洋問題調査会，《満洲問題研究》，日本評論社，一九二九年。
保々隆矣監修，《打倒日本・支那排日教材集》，邦文社，一九三一年。
亨利・劉易斯・史汀生著，清澤洌譯，《極東の危機》，〈中央公論〉一九三六年十一月号付録。
信夫淳平，《満蒙特殊権益論》，日本評論社，一九三二年。
大連商工会議所，《満洲事変前に於ける我が権益侵害事例》，同所刊，一九三一年。
旭範彦，〈日本の大陸建国〉，平凡社，一九三二年。
金崎賢，《満洲経綸の精神》，満洲文化協会，一九三二年。
橘樸他著，《建国批判論集》，満洲評論社，一九三二年。
片倉衷，《天業・満洲国の建設》，満洲評論社，一九三二年。
浮田和民編著，《満洲国独立と国際連盟》，早稲田大学出版部，一九三二年。
東亜事局研究会編，《大満洲国》上・下，一九三三年。
武田胤雄他著，〈満洲問題の基調〉，創建社，一九三三年。
古賀元吉，《支那及満洲に於ける治外法権撤廃問題》，日支問題研究会，一九三三年。
中央委員会編，《建国一年回顧録》，一九三三年。
日満実業協会，《建設途上の満洲国》，一九三四年。
布勢信平，《満洲国をめぐる各国国籍法》東亜法制研究所，一九三四年。
帝国在郷軍人会本部編，《対満観念の確立と機構の調整に就て》，一九三四年。
国務院総務庁情報処，《満洲国大系・民政篇》，一九三五年。
国務院総務庁情報処，《躍進過程の満洲帝国》，一九三五年。
木村武盛編，《日満関係の現在及将来》満洲日日新聞社，一九三六年。
国務院総務庁情報処，《満洲建国五年小史》，一九三七年。
国務院総務庁情報処，《満洲帝国施政の実績と第二期建設計画の展望》，一九三七年。

南満洲鉄道株式会社調査部編，《満洲・五箇年計画立案書類》，一九三七年。
織田五郎，〈建国七年の満洲帝国〉，満洲国通信社出版部，一九三九年。
太平洋問題調査部，《満洲国の政治と経済》，日本国際協会，一九三九年。
満洲産業調査会編，《満洲国政指導総覧》，一九四三年。
満洲日報社編，《満洲年鑑》一九三三—四五年。
拓務大臣官房文書課，〈満洲と朝鮮人〉，一九三三年。
能勢政秀，《日本人発展報告書》，満洲日日新聞社，一九三六年。
満洲帝国協和会中央本部調査会，《国内に於ける鮮系國民実態》，一九四三年。
南満洲鉄道株式会社編，《満洲事変と満鉄》，一九三四年（原書房，一九七四年復刻）。
満洲国治安部警務司編，《満洲国警察概要》，一九三五年。
満洲国治安部警務司編，《満洲国警察史》，一九四二年（元在外公務員援護会，一九七五年復刻）。
満洲開拓史復刻委員会，《満洲開拓史》，全国拓友協議会，一九八〇年。
国務院総務庁統計処編，〈満洲帝国年報〉，一九三六年。
満洲事業案内所編，《満洲帝国概覧》，一九四〇年。
岡崎雄四郎。《建国十周年記念版・光輝満洲・政治篇》，満洲事情案内所，一九四二年。
満山帝国協和会編，《満洲帝国協和会組織沿革史》，一九四〇年（不二出版，一九八二年復刻）。
矢野仁一，〈満洲国歴史〉，目黒書店，一九三三年。
口田康信，《新東洋建設論》，建設社，一九三三年。
稲葉岩吉，《満洲国史通論》，日本評論社，一九四〇年。
徳富蘇蜂，《満洲建国読本》，明治書院，一九四〇年。
田崎仁義，《皇道日本と王道満洲国》，満洲行政学会，一九四〇年。
小関巳太郎，《満洲国論》，大同印書館，一九四三年。

金井章次，《満洲行政瑣談》，創元社，一九四三年。
作田荘一，《満洲建国の原理及び本義》，満州冨山房，一九四四年。
工藤忠，《皇帝溥儀—私は日本を裏切ったか—》，世界社，一九五二年。
高碕達之助，《満州の終焉》，実業之日本社，一九五三年。
藤本治毅，《石原莞爾》，時事通信社，一九六四年。
成澤米三，《石原莞爾》，経済往来社，一九六九年。
伊藤武雄，《満鉄に生きて》，勁草書房，一九六四年。
片倉衷，《戦陣随録》，経済往来社，一九七二年。
山口重次，《満洲建国—満洲事変正史—》，行政通信社，一九七五年。
金井章次・山口重次，《満洲建国戦史》，大湊書房，一九八六年。
山田昭次編，《近代民衆の記録・6　満州移民》，新人物往来社，一九七八年。
高崎隆治編，《十五年戦争極秘資料集・第一集》，龍溪書舍，一九七六年。
加藤豊隆，《満洲国警察小史》，満蒙同胞援護会愛媛県支部，全三巻，一九六八、七四、七六年。
満洲国軍刊行委員会，《満洲国軍》，蘭星会，一九七〇年。
楳本捨三，《大関東軍史》，国書刊行会，一九八四年。
長尾和郎，《関東軍軍隊日記》，経済往来社，一九六八年。
林三郎，《関東軍と極東ソ連軍》，芙蓉書房，一九七四年。
笠木良明遺芳録出版会編，《笠木良明遺芳録》，笠木良明遺芳録刊行会，一九六〇年。
藤原彰・功刀俊洋編，《資料日本現代史・8　満洲事変と国民動員》，大月書店，一九八三年。
福田實，《満洲奉天日本人史》謙光社，一九七六年。
藤川宥二，《実録・満洲国県参事官》，大湊書房，一九八一年。
大同学院史編纂委員会編，大同学院同窓会刊《大いなる哉　満洲》（一九六六年）、《碧空緑野三千里》（一

九七二年）、《渺茫として果てもなしい》（一九八一年）。
中国帰還者連絡会，《三光》光文社，一九八二年。同会編，《私たちは中国でなにをしたか》，三一書房，一九八七年。
小澤征爾編，《父を語る》，小澤さくら発行，一九七二年。
前野茂，《満洲国司法建設回想記》，私家版，一九八五年。
木島三千男編，《満州　一九四五年》，地久館，一九八六年。
趙欣伯，《新国家大満洲》，東京書房，一九三二年。
黄竹堂，《新興満洲国見聞記》，臺北・満洲国見聞記発行所，一九三三年。
鄭孝胥，《鄭総理大臣王道講演集》，福文盛印書局，一九三四年。
臧式毅，〈満洲図の使命と施政方針〉《旬刊講演集》（東京講演同好会刊），一九三五年十月号。
王子衡，〈日寇在偽満進行掠奪的三光政策〉、谷次亨，〈所謂「北辺振興計画」的内幕〉（文史資料研究委員会編，《文史資料選輯》第三十九輯，一九六三年，所収）。
遼寧省檔案館編，《「九・一八」事変檔案史料精編》，遼寧人民出版社，一九九一年。
遼寧省檔案館他編，《「九・一八」事変前後的日本与中国東北》，遼寧人民出版社，一九九一年。
中央檔案館他編，《日本帝国主義侵華檔案資料選編——九・一八事変》，中華書局，一九八八年。
王慶祥，《偽帝宮内幕》，長春市政協文史資料研究委員会，一九八四年。
遼寧省檔案館編，《溥儀私藏偽満密檔》，檔案出版社，一九九〇年。
武強主編，《東北淪陥十四年教育史料》，吉林教育出版社，一九八九年。
東北抗日連軍闘争史編写組，《東北抗日連軍闘争史》，人民出版社，一九九一年。
James A. Scherer, *Manchukuo; A bird's-eye view*, The Hokuseido Press，1933.
Heinrich Schnee, *Völker und Mächte im Fernen Osten*, Deutsche Buch-Gemeinschaft，1933. 金森誠也譯，《「満洲国」見聞記》，新人物往来社，一九八八年。

Owen Lattimore, *The Mongols of Manchuria*, 1934. 後藤富男譯，《満洲に於ける蒙古民族》，善隣協會，一九三四年。

George Bronson Rea, *The Case for Manchukuo*, 1935. 田村幸策譯，《満洲国出現の合理性》，日本国際協會，一九三六年。

三、主要參考文獻

（一）著書

浅田喬二・小林英夫編，《日本帝国主義の満州支配》，時潮社，一九八六年。

浅田喬二，《日本植民地研究史論》，未来社，一九九〇年。

安藤彦太郎編，《近代日本と中国》，汲古書院，一九八九年。

伊藤隆，《十五年戦争》，小学館，一九七六年。

井上清・衛藤瀋吉編，《日中戦争と日中関係》，原書房，一九八八年。

今井清一編，《体系・日本現代史・2　十五年戦争と東アジア》，日本評論社，一九七九年。

臼井勝美，《満州事変》，中公新書，一九七四年。

栄沢幸二，《日本のファシズム》，教育社歴史新書，一九八一年。

江口圭一編，〈体系・日本現代史・1　日本ファシズムの形成》，日本評論社，一九七八年。

江口圭一，《十五年戦争の開幕》，小学館，一九八二年。

ＮＨＫ「ドキュメント昭和」取材班編，《皇帝の密約》，角川書店，一九八七年。同班編，《十字架の上の日本》，角川書店，一九八七年。

緒方貞子，《満州事変と政策の形成過程》，原書房，一九六六年。

岡部牧夫，《満州国》，三省堂選書，一九七八年。

小野信爾，《人民中国への道》，講談社現代新書，一九七七年。
上笙一郎，《満蒙開拓青少年義勇軍》，中公新書，一九七三年。
北岡伸一，《日本陸軍と大陸政策》，東京大学出版会，一九七八年。
栗原健編著，《対満蒙政策史の一面》，原書房，一九六六年。
桑島節郎，《満州武装移民》，教育社歴史新書，一九七九年。
小林英夫，《「大東亜共栄圏」の形成と崩壊》，御茶の水書房，一九七五年。
小峰和夫，《満州》，御茶の水書房，一九九一年。
佐治芳彦，《石原莞爾》上・下，現代書林，一九八四年。
佐藤誠三郎，《「死の跳躍」を越えて》，都市出版，一九九二年。
津地久枝，《もうひとつの満洲》，文春文庫，一九八六年。
島田俊彦，《関東軍》，中公新書，一九六五年。
鈴木隆史，《日本帝国主義と満州》上・下，塙書房，一九九二年。
竹内実，《日本人にとっての中国像》，岩波書店，一九九二年。
田中武夫，《橘樸と佐藤大四郎―合作社事件・佐藤大四郎の生涯》，龍溪書舎，一九八〇年。
田辺敏雄，《追跡　平頂山事件》，図書出版社，一九八八年。
筒井清忠，《昭和期日本の構造》，有斐閣，一九八四年。
角田順，《満州問題と国防方針》，原書房，一九六七年。
角田房子，《甘粕大尉》，中公文庫，一九七九年。
仲條立一・菅原一彪編，《石原莞爾のすべて》，新人物往来社，一九八九年。
西村成雄，《中国近代東北地域史研究》，法律文化社，一九八四年。
野村浩一，《近代日本の中国認識》，研文出版，一九八一年。
秦郁彦，《軍ファシズム運動史》，河出書房新社，一九六二年。

馬場明，《満州事変（日本外交史・第十八巻）》，鹿島研究所出版会，一九七三年。
馬場伸也，《満州事変への道》，中公新書，一九七二年。
古屋哲夫編，《日中戦争史研究》，吉川弘文館，一九八四年。
細川嘉六，《植民史》，東洋経済新報社，一九四一年。
松沢哲成，《アジア主義とファシズム》，れんが書房新社，一九七九年。
松沢哲成，《日本ファシズムの対外侵略》，三一書房，一九八三年。
松本栄一・香内三郎他著，《満洲　昨日今日》，新潮社，一九八五年。
松本俊郎，《侵略と開発》，御茶の水書房，一九八八年。
満州史研究会編，《日本帝国主義下の満州》，御茶の水書房，一九七二年。
満州移民史研究会編，《日本帝国主義下の満州移民》，龍溪書舎，一九七六年。
三輪公忠編，《日本の一九三〇年代》，彩光社，一九八〇年。
森正孝編著，《中国の大地は忘れない》，社会評論社，一九八六年。
山口猛，《幻のシネマ・満映―甘粕正彦と活動屋群像―》，平凡社，一九八八年。
山本秀夫，《橘樸》，中央公論社，一九七七年。
山本秀夫編，《橘樸と中国》，勁草書房，一九九〇年。
山本有造，《日本植民地経済史研究》，名古屋大学出版会，一九九二年。
山本有造編，《「満州国」の研究》，京都大学人文科学研究所，一九九三年。
依田憙家，《日本帝国主義と中国》，龍溪書舎，一九八八年。
和田春樹，《金日成と満州抗日運動》，平凡社，一九九二年。
易顕石，《日本の大陸政策と中国東北》，六興出版，一九八九年。
易顕石・張徳良他著，《「九・一八」事変史》，遼寧人民出版社，一九八二年（早川正譯，《「九・一八」事

変史—中国側から見た「満洲事変」》，新時代社，一九八六年）。
王魁喜・常城他著，《近代東北人民革命闘争史》，吉林人民出版社，一九八四年（志賀勝譯，《満州近現代史》，現代企画室，一九八八年）。
王承礼主編，《中国東北淪陷十四年史綱要》，中国大百科全書出版社，一九九一年。
《東北淪陷十四年史研究》第一輯（吉林人民出版社，一九八八年），第二輯（遼寧人民出版社，一九九一年）。
姜念東・伊文成他著，《偽満洲国史》，吉林人民出版社，一九八〇年。
金静美，《中国東北部における抗日朝鮮・中国民衆史序説》，現代企画室，一九九二年。
崔菜主編，《朝鮮族簡史》，一九八六年（高木桂蔵譯，《抗日朝鮮義勇軍の真相》，新人物往来社，一九九〇年）。
石剛，《植民地支配と日本語》，三元社，一九九三年。
張輔麟，《漢奸祕聞錄》，吉林教育出版社，一九九〇年。
方正・兪興茂他編，《張学良和東北軍》，中国文史出版社，一九八六年。
朴永錫，《万宝山事件研究》，第一書房，一九八一年。
馬越山，《「九・一八」事変実録》，遼寧人民出版社，一九九一年。
兪辛焞，《満洲事変期の中日外交史研究》，東方書店，一九八六年。
李剣白主編，《東北抗日救亡人物伝》，中国大百科全書出版社，一九九一年。
Gavan McCormack, *Chang Tso-lin in Northeast China, 1911-1928*, Stanford University Pass，1977.
Edward Bear, *The Last Emperor*, Bantam Books，1987. 田中昌太郎譯，《ラスト・エンペラー》，早川書房，一九八七年。

（二）論文（前列著書中已收錄之論文，原則上予以省略）

粟屋憲太郎，〈日本ファシズムと官僚制〉（江口朴郎他編，《世界史における一九三〇年代》，青木書店，一九七一年，所収）。
五百旗頭真，〈満洲事変の一面〉，《政経論叢（広島大学）》二一巻三号，一九七一年。
池井優，〈一九三〇年代のマスメディア―満州事変への対応を中心として〉，（三輪公忠編，《再考・太平洋戦争前夜》，創世記，一九八一年，所収）。
井上清，〈『満州』侵略〉，（《岩波講座日本史・20》，岩波書店，一九七六年，所収）。
今井清一，〈総動員体制と軍部〉，（《ファシズム期の国家と社会・6》，東京大学出版会，一九七九年，所収）。
尹健次，〈植民地日本人の精神構造〉，《思想》，一九八九年四月号。
岡田英樹，〈「満州国」における「文化交流」の実態〉，《外国文学研究（立命館大学）》六二号，一九八四年。
尾形洋一，〈瀋陽における国権回収運動〉，《社会科学討究》七二号，一九八〇年。
岡部牧夫，〈植民地ファシズム運動の成立と展開〉，《歴史学研究》四〇六号，一九七四年。
岡部牧夫，〈笠木良明とその思想的影響〉，《歴史評論》二九五号，一九七四年。
奥村弘，〈「満州国」街村制に関する基礎的考察〉，《人文学報（京都大学）》六六号，一九九〇年。
梶村秀樹，〈一九三〇年代満州における抗日闘争にたいする日本帝国主義の諸活動〉，《日本史研究》九四号，一九六七年。
河村一夫，〈鄭孝胥と交渉のあった日本各界の人々〉，《政治経済史学》二四三号，一九八六年。二九〇号，一九九〇年。
姜在彦，〈在満朝鮮人の抗日武装闘争〉《朝鮮民族運動史》五号，一九八八年。
北岡伸一，〈陸軍派閥対立（一九三一―三五）の再検討〉《年報近代日本研究・1》，一九七九年。
金賛汀〈「満州」・そこに打ち捨てられし者〉，《世界》，一九八七年二、三、五月号。
黒沢文貴，〈満蒙侵略と国家改造〉〈紀尾井史学〉五号，一九八五年。
小林英夫，〈日本の「満州」支配と抗日運動〉（野沢豊他編，《講座中国近現代史・6》，東京大学出版会，一九七八年，所収。）

島川雅史，〈現人神と八紘一宇の思想〉，《史苑》四三巻二号，一九八四年。
清水秀子，〈対満機構の変遷〉，《国際政治》三七号，一九六七年。
須崎慎一，〈アジアの中のファシズム国家〉，（《講座日本歴史》，東京大学出版会，一九八五年，所収）。
鈴木隆史〈満州国協和会史試論〉(1)(2)〉，《季刊現代史》二、五号，一九七三、七四年。
副島昭一〈中国東北侵略と十五年戦争の開始〉（藤原彰・今井清一編《平洋戦争史・1》青木書店，一九八八年，所収）。
中塚明，〈制朝鮮支配の矛盾と「満州事変」〉，《季刊現代史》一号，一九七二年。
野村章，〈旧「満洲国」の皇民化教育〉，《教育研究》二二号，一九八七年。
野村浩一，〈満州事変直前の東三省問題〉，《国際政治》一五号，一九六一年。
西澤泰彦，〈「満洲国」の建設事業〉（前掲，山本編，《「満洲国」の研究》所収）。
浜口裕子，〈一九三〇年代半ばの対満政策立案に関する一考察〉（中村勝範編，《近代日本政治の諸相》，慶応通信，一九八九年，所収）。
浜口裕子，〈満洲事変と中国人〉，《法学研究》六四巻一一号，一九九一年。
判沢弘，〈「満州国」の遺産は何か〉，《中央公論》一九六四年七月号。
平野健一郎，〈満州事変前における在満日本人の動向〉，《国際政治》四三号，一九七〇年。
平野健一郎，〈満州国協和会の政治的展開〉，《日本政治学会年報・一九七二年》，一九七三年。
松野周治，〈半植民地―「満州」―〉（小野一一郎編，《戦間期の日本帝国主義》世界思想社，一九八五年，所収）。
御厨貴，〈国策統合機関設置問題の史的展開〉，《年報近代日本研究・1》，一九七九年。
三谷太一郎，〈満州国家体制と日本の国内政治〉（若林正丈編，《近代日本と植民地・2》岩波書店，一九九二年，所収）。
緑川勝子，〈万宝山事件および朝鮮内排華事件について〉，《戦鮮史研究会論文集》六号，一九六九年。

村田裕子，〈「満洲国」文学の一側面〉（前掲，山本編，《「満洲国」の研究》所収）。
安冨歩，〈「満洲国」経済開発と国内資金流動〉（前掲，山本編，《「満洲国」の研究》所収）。
柳沢遊，〈一九二〇年代刊「満州」における日本人中小商人の動向〉，《土地制度史学》九二号，一九八一年。
山室信一，〈「満洲国」の法と政治—序説〉，《人文学報（京都大学）》六八号，一九九一年。
山室信一，〈「満洲国」統治過程論〉（前掲，山本編，《「満洲国」の研究》，所収）。
Gavan McCormack, "Manchukuo; Constructing the past," *East Asian History*, No.2, Australian National University, December, 1991.

増補版收錄文獻一覽

（一）史料

新井利男・藤原彰編，《侵略の証言—中国における日本人戦犯自筆供述書》岩波書店，一九九九年。
磯問一雄他編，《在満日本人用教科書集成》全十巻，柏書房，二〇〇〇年。
井村哲郎編，《満鉄調査部—関係者の証言》，アジア経済研究所，一九九六年。
内原訓練所史跡保存会事務局編，《満州開拓と青少年義勇軍—創設と訓練》内原訓練所史跡保存会，一九九八年。
王慶祥編，銭端本等譯，《溥儀日記》，学生社，一九九四年。
大村益夫・布袋敏博譯，《旧「満洲」文学関係資料集》全二巻，大村益雄，二〇〇〇—二〇〇一年。
荻野富士夫編，《特高警察関係資料集成》第二十巻，不二出版，一九九三年。
解学詩監修，《満洲国機密経済資料》全十八巻，本の友社，二〇〇〇年—二〇〇一年。
外交時報社編，《中国及び満洲関係条約及公文集》上・下，龍渓書舎，一九九三年。
川村湊監修，《日本植民地文学精選集・満州編》，全十二巻，ゆまに書房，二〇〇〇—二〇〇一年。

北博昭，《十五年戦争重要文献シリーズ・14　満州建設勤労奉仕隊関係資料》，不二出版，一九九三年。
吉林省圖書館偽満洲國史料編委会編，《偽満洲國史料》，全三十三冊，全國圖書館，二〇〇二年。
《旧植民地家計調査集2—4（満州編1—3）》，青史社，二〇〇〇年。
《旧日本植民地および「満洲」関係統計資料目録》，一橋大学経済研究所附属日本経済統計情報センター，二〇〇一年。
全國政協文史資料委員會編，《改造戰犯紀實》，中國文史出版社，二〇〇〇年。
孫邦・主編，《偽満史料叢書》，吉林人民出版社，一九九三年。
竹中憲一編，《「満州」植民地日本語教科書集成》，全七巻，緑蔭書房，二〇〇二年。
中央檔案館他編，《偽満憲警統治》，中華書局，一九九三年。
中央檔案館他編，《偽満傀儡政權》，中華書局，一九九四年。
中央檔案館編，《偽滿洲國的統治與內幕》，中華書局，二〇〇〇年。
中華民國司法行政部編，清水金二郎、張源祥譯，《支那満洲民事慣習調査報告》總則・物權編（アジア学叢書六六）、債權編〈アジア学叢書六七〉，大空社，一九九九年。
東京文理科大学・東京高等師範学校紀元二千六百年記念会編，《現代支那満洲教育資料》大空社，一九九八年。
東洋協会調査部編，《東洋協会調査資料》全五巻，日本図書センター，二〇〇二年。
内務省警保編，《外事警察資料》第一巻，不二出版，一九九四年。
野村章編，《「満洲・満洲国」教育資料集成》全二十三巻，エムティ出版，一九九三年。
服部龍二編著，《満洲事変と重光駐華公使報告書—外務省記録〈支那ノ対外政策関係雑纂，《革命外交》〉に寄せて》，日本図書センター，二〇〇二年。
林銑十郎著・高橋正衛解説，《満洲事件日誌》，みすず書房，一九九六年。
林道夫譯，小林英夫・児島俊郎編解説，《七三一細菌部隊・中国新資料》，不二出版，一九九五年。

松野誠也編，《十五年戦争極秘資料集・補巻20・満洲国軍ノ現状》，不二出版，二〇〇三年。
《満州国国務院国勢調査報告》第一冊—第十五冊・補遺，文生書院，二〇〇〇年。
満洲帝国協和会編，《協和運動—満洲帝国協和会機関誌—》(《日本植民地文化運動資料七》)，緑蔭書房，一九九四年。
《満洲ニュース映画》(ビデオ・全十巻)テンシャープ，一九九五年。
《満洲農業移民文献目録》，索文社図書，二〇〇一年。
《満洲文藝年鑑》，葦書房，一九九三年。
満鉄経済調査会編，《満洲産業統計一九三一—一九三二》，文海出版，一九九三年。
南満州鉄道産業部編，《経済調査会立案調査書目録》，全三巻，本の友社，一九九六年。
《美濃部洋次満州関係文書目録》，一橋大学経済研究所附属日本経済統計情報センター，二〇〇〇年。
山口猛監修，《満州の記録—映像の証言—》(ビデオ・全三十巻)，テンシャープ，一九九四年。
山下晋司他編，《アジア・太平洋地域民族誌選集》(満州関係・二九—三四)クレス出版，二〇〇二年。
遼寧省檔案舘，《南満州鉄道株式会社社報》(微巻・全八十巻)，柏書房，一九九四年。
遼寧省檔案舘，小林英夫編，《満鉄経済調査会史料》全六巻，柏書房，一九九八年。
遼寧省檔案館，《滿鐵與侵華日軍》全二十一巻，廣西師範大學出版社，一九九九年。
勞祖德・整理，《鄭孝胥日記》全五冊，中華書局，一九九三年。
呂元明，鈴木貞美，劉建輝監修，《満洲浪漫》全六巻，ゆまに書房，二〇〇二年。

(二) 著書

相庭和彦等，《満洲「大陸の花嫁」はどうつくられたか—戦時期教育史の空白にせまる》，明石書店，一九九六年。
蘭信三，《「満州移民」の歴史社会学》，行路社，一九九四年。

岩野裕一，《王道楽土の交響楽—満洲・知られざる音楽史》，音楽之友社，一九九九年。
尹輝鐸，《日帝下「満洲国」研究》，（韓語）一潮閣，首爾，一九九六年。
上田誠吉，《司法官の戦争責任—満洲体験と戦後司法》，花伝社，一九九七年。
臼井勝美，《満洲国と国際連盟》，吉川弘文館，一九九五年。
江成常夫，《まぼろし国・満洲》，新潮社，一九九五年。
王智新編，《日本の植民地教育・中国からの視点》，社会評論社，二〇〇〇年。
岡田英樹，《文学にみる「満洲国」の位相》，研文出版，二〇〇〇年。
解学詩，《偽滿洲國史新編》，人民出版社，一九九五年。
解学詩・江田憲治・松村高夫編，《満鉄労働史の研究》，日本経済評論社，二〇〇二年。
風間秀人，《満州民族資本の研究—日本帝国主義と土着流通資本》，緑蔭書房，一九九三年。
河田宏，《満洲建国大学物語—時代を引き受けようとした若者たち》，原書房，二〇〇二年。
川村湊，《満洲崩壊—「大東亜文学」と作家たち》，文藝春秋，一九九七年。
川村湊，《文学から見る「満洲」—「五族協和」の夢と現実》，吉川弘文館，一九九八年。
姜在彦，《満州の朝鮮人パルチザン—一九三〇年代の東満・南満を中心として》，青木書店，一九九三年。
韓錫政，《満洲国建国の再解釈—傀儡国の国家効果一九三二—一九三六》，（韓語）東亜大学校出版部：釜山，一九九九年。
韓哲曦，《日本の満州支配と満州伝道会》，日本基督教団出版局，一九九九年。
許雪姬，《日治時期在「滿洲」的台灣人》，中央研究院近代史研究所：臺北，二〇〇二年。
久保尚之，《満州の誕生—日米摩擦のはじまり》，丸善ライブラリ，一九九六年。
克里斯多福・索恩（Christopher Thorne）・市川洋一著，《満州事変とは何だったのか—国際連盟と外交政策の限界》，草思社，一九九四年。
軍事史学会編，《再考・満洲事変》，錦正社，二〇〇一年。

小池聖一，《満州事変と対中国政策》，吉川弘文館，二〇〇三年。
胡昶・古泉著，横地剛・間ふさ子譯，《満映―国策映画の諸相》發行：パンドラ，販售：現代書館，一九九九年。
小林金三，《白塔―満洲国建国大学》，新人物往来社，二〇〇二年。
小林英夫編，《近代日本と満鉄》，吉川弘文館，二〇〇〇年。
駒込武，《植民地帝国日本の文化統合》，岩波書店，一九九六年。
小山貞知，《小山貞知と満洲国》上・中・下，信山社出版，一九九六年。
呉養鎬，《日帝強占期満洲朝鮮人文学研究》，文藝出版社，一九九六年。
齊紅深著，竹中憲一譯，《「満洲」オーラルヒストリー―「奴隷化教育に抗して」―》，皓星社，二〇〇四年。
嵯峨井建，《満洲の神社興亡史―日本人の行くところ神社あり》，芙蓉書房出版，一九九八年。
佐藤慎一郎選集刊行会編・刊行，《佐藤慎一郎選集》，一九九四年。
山大柏，《我是日軍翻譯官―偽満「江上軍」親歴記》，春風文芸出版社，二〇〇〇年。
徐敏民，《戦前中国における日本語教育―台湾・満洲・大陸での展開と変容に関する比較考察》，エムティ出版，一九九六年。
沈潔，《「満洲国」社会事業史》，ミネルヴァ書房，一九九六年。
陣野守正，《歴史からかくされた朝鮮人満州開拓団と義勇軍》，梨の木舎，一九九八年。
杉山春，《満州女塾》，新潮社，一九九六年。
鈴木健一，《満洲教育史論集・古希記念》，山崎印刷出版部，二〇〇〇年。
蘇崇民著，山下睦男等譯，《満鉄史》，葦書房，一九九九年。
宋斗会，《満洲国遺民》，風媒社，二〇〇三年。
太平洋戦争研究会，《図説満州帝国》，河出書房新社，一九九六年。
高橋泰隆，《日本植民地鉄道史論》，日本経済評論社，一九九五年。

高橋泰隆，《昭和戦前期の農村と満州移民》，吉川弘文館，一九九七年。
高橋幸春，《絶望の移民史―満州へ送られた「被差別部落」の記録》，毎日新聞社，一九九五年。
拓殖大学創立百年史編纂室編，《満州開発論》，拓殖大学，二〇〇三年。
武田徹，《偽満州国論》，河出書房新社，一九九五年。
竹中憲一，《「満州」における教育の基礎的研究》，柏書房，二〇〇〇年。
竹葉丈，三浦乃利子，《異郷のモダリズム―淵上白陽と満州写真作家協会》，名古屋市美術館，一九九四年。
田中恒次郎，《「満州」における反満抗日運動の研究》，緑蔭書房，一九九七年。
強輔鱗，《偽満末日》，吉林教育出版社，一九九三年。
鄭雅英，《中国朝鮮族の民族関係》，アジア政経学会，二〇〇〇年。
塚瀬進，〈満州国―「民族協和」の実像》，吉川弘文館，一九九八年。
中村勝範，《満州事変の衝撃》，勁草書房，一九九六年。
西澤恭彦，《図説「満州」都市物語ハルピン・大連・瀋陽・長春》，河出書房新社，一九九六。
西澤恭彦，《図説満鉄「満州の巨人」》，河出書房新社，二〇〇〇年。
西村成雄，《張学良―日中の覇権と「満州」》，岩波書店，一九九六年。
日本社会文学会編，《近代日本と「偽満州国」》，不二出版，一九九七年。
野村章，《「満州・満州国」教育史研究序説》，ニムティ出版，一九九五年。
馬場明，《日露戦後の満州問題》，原書房，二〇〇三年。
浜口裕子，《日本統治と東アジア社会―植民地期朝鮮と満州間の比較研究》，勁草書房，一九九六年。
彼得・杜斯（Peter Duus）著，小林英夫編，《帝国という幻想》，青木書店，一九九八年。
溥傑著，金若静譯，《溥傑自伝―「満州国」皇弟を生きて》，河出書房新社，一九九五年。
藤原作弥，《満州の風》，集英社，一九九六年。
厳原作弥，《わが放浪―満州から本石町まで》，時事通信社，二〇〇一年。

淵上白陽、満州写真作家協会撮影，《淵上白陽と満州写真作家協会》，岩波書店，一九九八年。
古屋哲夫、山室信一編，《近代日本における東アジア問題》，吉川弘文館，二〇〇一年。
毎日ムック，《満州国の幻影》〈シリーズ二〇世紀の記憶・大日本帝国の戦争1〉，毎日新聞社，一九九九年。
幕内満雄，《満州国警察外史》，三一書房，一九九六年。
松本俊郎，《満州国から新中国へ》，名古屋大学出版会，二〇〇〇年。
満州帝国協和会編，《協和―思い出・記録》一・二，協和会，二〇〇二年。
《満州とは何だったのか》〈環：歴史・環境・文明〉一〇，藤原書店，二〇〇二年。
満州日本人四十年心史研究会，《かなしみの花と火と》上・中・下，涙々社，一九九五。
水口春喜，《大いなる幻影―満州建国大学》，光陽出版社，一九九八年。
宮沢恵理子，《建国大学と民族協和》，風間書房，一九九七年。
安田敏明，《帝国日本の語言編成》，世織書房，一九九七年。
安富歩，《「満州国」の金融》，創文社，一九九七年。
山内昌之ほか編，《帝国とは何か》，岩波書店，一九九七年。
山口猛，《哀愁の満州映画―満州国に咲いた活動屋たちの世界》，三天書房，二〇〇〇年。
山田豪一，《満州国の阿片専売―「わが満蒙の特殊権益」の研究》，汲古書院，二〇〇二年。
山根幸夫，《建国大学の研究―日本帝国主義の一断面―》，汲古書院，二〇〇三年。
山本有造，《「満州国」経済史研究》，名古屋大学出版会，二〇〇三年。
山本有造編，《帝国の研究―原理・類型・関係―》，名古屋大学出版会，二〇〇三年。
山室信一ほか，《満州の記録―満映フィルムに映された満州―》，集英社，一九九五年。
芳地隆之，《ハルビン学院と満州国》，新潮社，一九九九年。
李相哲，《満州における日本人経営新聞の歴史》，凱風社，二〇〇〇年。
路易・楊格（Louise Young）著，加藤揚子ほか譯，《総動員帝国―満州と戦時帝国主義の文化―》，岩波書店，二〇〇一年。
Praesejit Duara, *Sovereignty and Authenticity; Manchukuo and the East Asian Modern*, Rowman and Littelfield, 2003.
Rana Mitter, *The Manchurian Myth Nationalism, Resistance and Collaboration in Modern China*, University of California Press, 2000.

（三）論文

安孫子麟，〈「満州」移民政策における分村送出方式の意義〉，《季刊中国》七六号，二〇〇四年。
飯島満，〈満州国における「軍警統合」の成立と崩壊〉，《駿台史学》一〇八号，一九九九年。
飯島満，〈「満州」における警察業務の統一過程と「憲警統合」政策〉，《明治大学人文科学研究所紀要》四七号，二〇〇〇年。
飯島みどり，〈ある「親日国」の誕生─「満州国」問題と一九三〇年代エル・ザルパドル外交の意図─〉，《岐阜大学教養部研究報告》三二号，一九九五年。
尹輝鐸，〈「満州国」の「二等公民」〉，《歴史学報》（ハングル・ソウル）二八九号，二〇〇一年。
岡田英樹，〈満州国首都警察の検閲工作〉，《立命館文學》五六七号，二〇〇一年。
岡田英樹，〈消し去られた文字─「満州国」における検閲の実相，《立命館平和研究》三号，二〇〇二年。
岡村敬二，〈日満文化協会にみる「満州国」の文化活動〉，《人間文化研究》七号，二〇〇一年。
小都晶子，〈「満州国」政府による日本人移民政策実施体制の確立と「日満一体化」〉，《現代中国》七七号，二〇〇三年。
川瀬千春，〈「満州国」と国策宣伝の年画〉，《中国研究月報》一号，五三巻，一九九九年。
韓錫政，〈地域体系の虚実─一九三〇年代朝鮮と満州の関係〉，《韓国社会学》（ハングル・ソウル）三七集五号，二〇〇三年。

熊谷正秀，〈満州と朝鮮人移民について〉，《兵庫史学研究》四七号，二〇〇一年。
神戸輝男，〈東北抗日聯軍第一路軍の指導者楊靖宇〉，《大分大学教育福祉科学部研究紀要》二四巻二号，二〇〇二年。
木場明志，〈満州国の仏教〉，《思想》九四三号，二〇〇二年。
志々田文明，〈「満州国」建国大学に於ける銃剣道教育〉，《武道学研究》三二巻一号，一九九九年。
志々田文明，〈「満州国」建国大学に於ける騎道教育〉，《武道学研究》三四巻三号，二〇〇二年。
周一川，〈「満州国」の留学政策と留日学生—概況と事例研究〉，《アジア教育史研究》八号，一九九九年。
申奎燮，〈初期「満州国」における朝鮮人統合政策〉，《日本植民地研究》九号，一九九七年。
申奎燮，〈在満朝鮮人の「満州国」観および「日本帝国」像〉，《朝鮮史研究会論文集》三八号，二〇〇〇年。
沈潔，〈日中戦争期における「満州国」の婦人活動について〉，《歴史評論》五五二号，一九九六年。
沈潔、魯岩，〈「満州国」における女性団体の構成及び対抗〉，《高知女子大学紀要・社会福祉学部編》五二号，二〇〇三年。
鈴木健一，〈満州国政権の成立と社会教育政策〉，《アジア教育史研究》二号，二〇〇二年。
孫江，〈宗教結社、権力と植民地支配—「満州国」における宗教結社の統合〉，《日本研究》二四号，二〇〇二年。
高嶋弘志，〈満州移民と北海道〉，《釧路公立大学地域研究》一二号，二〇〇三年。
竹内桂，〈「満州国」の白系ロシア人〉，《駿台史学》一〇八号，一九九九年。
竹内桂，〈満州事変における北満政策〉，《年報・日本現代史・6》，二〇〇〇年。
田中隆一，〈「満州国」における憲法制定問題〉，《日本史研究》四四九号，二〇〇〇年。
田中隆一，〈満州国協和会の「在満朝鮮人」政策と徴兵制—青年文化運動との関連から〉，《帝塚山学院大学日本文学研究》三三号，二〇〇二年。
田中隆一，〈「満州国民」の創出と「在満朝鮮人」問題—「五族協和」と「内鮮一体」の相剋〉，《東アジア近代史〉六号，二〇〇三年。
田中隆一，〈「満州国」と日本の帝国支配―その方法論的探求〉，《歴史科学》一七三号，二〇〇三年。
中城正堯，〈中国年画と「満州」〉，《季刊民俗学》二〇巻二号，一九九六年。
西田もとつぐ，〈キメラの国の俳句―中国東北部（旧満州国）俳句史序論〉，《俳句文学館紀要》九号，一九九六年。
任誠模，〈日本帝国主義と満州国〉，《韓国民族運動史研究》（ハングル・ソウル）二七号，二〇〇一年。
早川紀代，〈女性の対抗するアイデンティティー〉，《ジェンダー研究》五号，二〇〇二年。
平井廣一，〈満州国特別会計予算の一考察―一九三二―一九四一〉，《経済学研究》四八巻三号，一九九九年。
平井廣一，〈満州国地方財政における「省地方資」の成立〉，《経済学研究》五三巻三号，二〇〇三年。
廣岡浄進，〈在満朝鮮人の「皇国臣民」言説―総力戦下の満州国協和会を中心に〉，《朝鮮史研究会論文集》四一号，二〇〇三年。
広川佐保，〈モンゴル人の「満州国」参加と地域社会の変容―興安省の創設と土地制度改革を中心に〉，《アジア経済》四一巻七号，二〇〇〇年。
古川隆久，〈張燕卿と「満州国」に関する覚書―《式部六蔵日記》を中心に〉《横浜市立大学紀要・人文科学系列》八号，二〇〇一年。
劉含発，〈満州穆民の入櫛による現地中箇燦民の強制移住〉，《現代社会文化研究》二一号，二〇〇一年。
劉含発，〈日本人満州移民用地の獲得と現地中箇人の強制制移住〉，《アジア経済》四四巻四号，二〇〇三年。
Borjigin Sergeien，〈満州国の東部内モンゴル統治〉，《本郷法政紀要》一一号，二〇〇二年。
Moya Maria de los Angeles，〈満州占領（一九三一―四五年）下の日本のプロパガンダ―戦時下初期における「楽土」の表象〉，《社会学研究科年報》八号，二〇〇一年。

滿洲國的實相與幻象

キメラ——満洲国の肖像

作者　山室信一
譯者　林琪禎、沈玉慧、黃耀進、徐浤馨
總編輯　富察
責任編輯　許奕辰
企劃　蔡慧華
封面設計　莊謹銘
內頁排版　黃暐鵬

社長　郭重興
發行人兼出版總監　曾大福
出版／發行　八旗文化／遠足文化事業股份有限公司
二三一新北市新店區民權路一〇八－二號九樓
電話　（〇二）二二一八－一四一七
傳真　（〇二）二二一八－八〇五七
客服專線　〇八〇〇－二二一－〇二九
信箱　gusa0601@gmail.com
部落格　gusapublishing.blogspot.com
臉書　www.facebook.com/gusapublishing
法律顧問　華洋國際專利商標事務所／蘇文生律師
印刷　成陽彩色印刷股份有限公司
出版　二〇一六年五月初版一刷
二〇二一年五月初版三刷
定價　四五〇元

滿洲國的實相與幻象／山室信一著；林琪禎等譯.
－初版.－新北市：八旗文化出版：遠足文化發行，2016.05
譯自：キメラ——満洲国の肖像
ISBN 978-986-5842-86-4（平裝）
1.偽滿州國
628.47　　　105003940